重庆师范大学基金项目资助（项目编号：14XYY044）

2016年重庆市社会科学规划重点委托项目（项目编号：2016ZDWT18）

重庆市城乡创业
公共服务均等化研究

肖陆军　著

中国社会科学出版社

图书在版编目（CIP）数据

重庆市城乡创业公共服务均等化研究／肖陆军著. —北京：中国社会科学出版社，2017.12

ISBN 978-7-5203-1775-7

Ⅰ.①重… Ⅱ.①肖… Ⅲ.①社会服务–研究–重庆 Ⅳ.①D669.3

中国版本图书馆 CIP 数据核字（2017）第 323427 号

出 版 人	赵剑英	
责任编辑	许　琳	
责任校对	鲁　明	
责任印制	李寡寡	

出　　　版	中国社会科学出版社
社　　　址	北京鼓楼西大街甲 158 号
邮　　　编	100720
网　　　址	http：//www.csspw.cn
发 行 部	010-84083685
门 市 部	010-84029450
经　　　销	新华书店及其他书店

印刷装订	北京君升印刷有限公司
版　　　次	2017 年 12 月第 1 版
印　　　次	2017 年 12 月第 1 次印刷

开　　　本	710×1000　1/16
印　　　张	18
插　　　页	2
字　　　数	280 千字
定　　　价	78.00 元

目　　录

第一章　绪　　论

第一节　选题背景及研究意义

一　选题背景

随着改革开放的不断深化，社会主义市场经济体制确立并逐步完善，市场在资源配置中的作用正向着"决定性"发展。改革开放的伟大进程，根本性地解放了社会生产力，解放了计划经济体制中严重的生产关系困局，释放了人们的发展热情，增强了社会活力，我国政治、经济、社会、文化等领域的发展取得了举世瞩目的成绩。2010年我国经济总量已经超过日本，成为世界第二大经济体；按购买力平价标准计算，已于2014年超过美国，跃居世界第一。2015年我国经济在国际金融海啸的冲击下和世界经济普遍下滑的大背景下，继续保持6.9%的增长率，国内生产总值达到67.7万亿元，在世界主要经济体中位居前列；全国居民人均可支配收入实际增长7.4%，城镇新增就业1312万人，农村贫困人口减少1442万人，常住人口城镇化率超过55%；全年新登记注册企业增长21.6%，平均每天新增1.2万户；消费对经济增长的贡献率达到66.4%，单位国内生产总值能耗下降5.6%；服务业在国内生产总值中的比重上升到50.5%，首次占据"半壁江山"，高技术产业和装备制造业增速快于一般工业。① 在改革开放和社会主义现代化建设取得令人瞩目的重大成就的背后，我们应

---

① 李克强：《2016年政府工作报告》。

当清醒地看到，较高的经济增长率在普遍提高人民生活水平的同时，也积累了众多的问题和不稳定、不确定因素。经济和社会发展不平衡、不协调、不可持续问题仍然突出，地区、城乡发展失衡，体制、制度、资源环境等因素对经济社会发展制约性凸显。

根据现有的研究和对现状的分析，继续分解现存的差距和失衡现象，可以看出，经济发展差距、居民收入差距、公共服务供给差距，以及城乡发展失衡、区域发展失衡、经济和社会发展失衡、对内改革和对外开放发展失衡等所表现出的广大农村和落后地区经济发展落后、居民收入水平低、公共服务严重缺乏等问题，成为我国现阶段全面发展的症结所在。其中，"农村基本公共服务问题已经成为城乡协调发展、区域协调发展和经济社会协调发展的三大全局问题的矛盾汇集点"。① 如果提取这些矛盾和问题的关键词，我们发现，差距、失衡已经成为我国现阶段矛盾和问题的症结。所以，如何破解差距和失衡就成为我国现阶段经济社会发展的关键环节。

然而，公共需求的全面快速增长与公共服务总量不足、质量不高、供给不均衡的突出矛盾日益成为新阶段中国经济社会发展主要矛盾的新焦点。② 城乡创业公共服务和城乡创业型经济是相互依赖和相互促进的。随着知识经济时代的到来，"创业活动对经济复兴、革新和增长的贡献日益显著，创业已成为一国或地区繁荣的基础。……创业经济的比重和发展变化特征，可以在一定程度上反映一个国家和地区经济发展的总体特征"。③ 可见，着力提高城乡创业公共服务水平，着力促进城乡创业公共服务均等化，逐步缩小城乡创业公共服务的差距，才能激发城乡之间以创业资源流动配置为引导的资源配置活力，才能真正实现城乡基本公共服务均等化和城乡创业型经济的协调发展。因此，大力发展创业公共服务和实现城乡间创业公共服务的均等

---

① 吕新发：《均等化目标下农村基本公共服务制度创新研究》，博士学位论文，河北农业大学，2010年。

② 参见迟福林《以参与公共服务为主要目标的民间组织发展》，载中国（海南）改革发展研究院：《聚焦中国公共服务体制》，中国经济出版社2006年版，第281页。

③ 胡振华：《创业经济学》，北京大学出版社2013年版，第6—7页。

化问题，就合乎逻辑地进入我们的研究视野。

实现经济的平衡可持续发展和社会的和谐稳定是我国现阶段全面深化改革的主要目的。城乡创业公共服务均等化是使我国社会成员普遍地享受经济社会发展成果的重大战略选择。它一方面立足于促进社会公平，着眼于城乡统筹协调和创新创业，连接和助力"大众创业万众创新"和增加公共服务供给的"双引擎"，通过不断优化创业政策环境、制度环境、社会文化环境，不断完善和改进创新创业机制，推动经济可持续发展，最大限度地调动一切积极因素和资源，集中全社会智慧和力量，参与社会主义现代化建设，共享社会主义现代化建设成果；另一方面旨在尊重人的价值，发挥人的首创精神，注重个人发展素质的培养和发展能力的提升，注重保障人们的各项自主创新创业权益，激发个人主动改善自身生活水平的发展意识和发展潜力，激发为美好生活奋进不止的精神活力，以人的自由全面发展为中心，满足人们更高层次、更多方面的发展需求。

除此之外，提出促进重庆市城乡创业公共服务均等化的研究主题，还出于新一届党中央和国务院对我国总体发展战略的顶层设计，尤其是"十三五"时期发展目标以及发展举措的考量。具体来说包括以下几个方面：

第一，中央政策指向的变迁聚焦城乡创业公共服务均等化反映出的迫切要求。继中共十六大将统筹城乡经济社会发展作为解决"三农"问题的关键之后，十六届三中全会正式提出了"五个统筹"战略，并将统筹城乡发展作为首要任务，用统筹城乡发展的战略思想，直接指出了现阶段经济社会发展的一个关键着力点；自十六届四中全会胡锦涛同志提出建立"五个统筹"的有效体制机制的要求及"特别要重视解决的农业、农村、农民问题"的手段倾向，[①] 十六届五中全会首次提出"公共服务均等化"的改革命题、十六届六中全会提出"城乡基本公共服务均等化"后，分别在十七大、十七届三中全

[①] 中央政府门户网站：《中共中央关于加强党的执政能力建设的决定》，http://www.gov.cn/test/2008-08/20/content_ 1075279. htm，2004年9月19日。

会、十七届五中全会上进一步强调"城乡公共服务均等化"的重要性；国务院在 2012 年 7 月颁布的《国家基本公共服务体系"十二五"规划》中更加明确提出"十二五"期间"推进基本公共服务均等化取得明显进展"、到 2020 年"争取基本实现基本公共服务均等化"的工作目标、任务、要求；① 之后中共十八大报告中提出"鼓励创业"的方针和"促进创业带动就业""完善就业服务体系"的要求，② 在十八届三中全会通过的《中共中央关于全面深化改革若干重大问题的决定》中，被进一步深化为"完善城乡均等的公共就业创业服务体系"，创业公共服务与公共就业服务联系在一起作为基本公共服务的重要内容被提出来，并明确了创业公共服务领域要努力实现"政府激励创业、社会支持创业、劳动者勇于创业"的创业公共服务总体建设目标和建设理念。③

中央政策从两个方面聚焦城乡创业公共服务均等化及其体系建设。一是抓住新型城镇化建设这一中国未来发展的最大潜力所在领域。2014 年 3 月，中共中央、国务院颁布了明确未来城镇化的发展路径、主要目标和战略任务的《国家新型城镇化规划（2014—2020年）》，强调统筹相关领域制度和政策创新，从宏观性、战略性、基础性层面推动城乡发展一体化和公共服务均等化，以指导全国城镇化健康发展。④ 以城乡一体化和公共服务均等化为抓手的新型城镇化已经纳入国家建设规划。另一方面是打造创业创新引擎。2013 年 10 月至 2015 年 2 月，国务院常务委员会先后 15 次研究讨论创业创新工作，全力打造"大众创业万众创新"引擎。从中央政策的变迁中，

---

① 中央政府门户网站：《国家基本公共服务体系"十二五"规划》，http：//www. gov. cn/zwgk/2012-07/20/content_ 2187242. htm，2012 年 7 月 20 日。

② 胡锦涛："坚定不移沿着中国特色社会主义道路前进　为全面建成小康社会而奋斗——在中国共产党第十八次全国代表大会上的报告"，载《中国共产党第十八次全国代表大会文件汇编》，人民出版社 2012 年版，第 32—33 页。

③ 新华网：《中共中央关于全面深化改革若干重大问题的决定》，http：//www. sn. xinhuanet. com/2013-11/16/c_ 118166672. htm，2013 年 11 月 16 日。

④ 中央政府门户网站：《国家新型城镇化规划（2014—2020 年）》，http：//www. gov. cn/gongbao/content/2014/content_ 2644805. htm，2014 年 3 月 16 日。

我们应该清晰地看出，在城乡统筹一体化发展的新型城镇化建设过程中，其潜力的挖掘和发挥必须依靠创业创新，"大众创业万众创新"引擎所伴随的另一半是增加公共服务供给，二者共同构成未来中国发展的动力驱动系统，而动力所要解决的短板在"三农"领域、在城乡统筹协调，驱动的重要载体就是推动新型城镇化建设。这在本质上逐步具体地指向了创业公共服务均等化目标，表明了对创业和城乡公共服务均等化的高度重视和迫切要求，明确了创业公共服务的总体目标，标志着推进城乡创业公共服务均等化已经成为党和国家实现统筹城乡发展的方针政策和战略目标。2015 年，党的十八届五中全会提出"创新、协调、绿色、开放、共享"的发展理念，在描绘出我国未来发展战略图景的同时，也提出当下发展的整体要求。其中，创新发展将引领未来发展全局，是把我国建设成为富强民主文明和谐的社会主义现代化国家的核心驱动所在，"协调发展""绿色发展""开放发展""共享发展"不仅从各个领域、各个层面指出发展的更高要求，而且共同支撑"创新发展"的实现。"创新"驱动力的获得需要凝聚亿万中国人的智慧和力量，需要"大众创业万众创新"引擎激荡"草根创业""人人创新"的力量，需要增加公共服务供给为"创新发展"扫清障碍、铺路架桥。同时，创新发展引领下的未来发展是协调的发展、绿色的发展、开放的发展、共享的发展，这与城乡创业公共服务均等化的目标和过程也是高度契合的：城乡协调是协调发展的重要内容，绿色创业是新兴业态的重要增长点，融入式开放是我国企业未来的发展出路，人人共享发展成果是服务创业、增加创业的根本目标。

第二，城乡创业公共服务均等化是妥善解决严重的"三农"问题的最佳助推器。中国特色社会主义是亿万中国人民几十年艰难探索的"人间正道"，是实现美好生活向往和自身解放的必由之路。同时，在农民占人口大多数的中国，中国特色社会主义更是广大农村人民的事业。尊重人民主体地位、充分体现人民当家作主权利的关键点，发动人民、依靠人民"补齐短板"、推进全面建成小康社会的重点和难点，以及进一步释放新一轮改革红利、挖掘新型城镇化的"最大潜力"的重要环节，都集中在"三农"上。一方面，不合时宜但影响仍然存在的城乡割据的户籍政策，将城乡居民"分为在社会地位、公民权利和发展机会方面极不平等的两大集团"，①农村土地、劳动力等资源得不到合理的流动和优化配置，人们选择适合自己发展方向和发展环境的空间被人为地压缩，人民的首创精神受到压抑、全面发展需求受阻，人民的主体地位无法充分体现；另一方面，从经济发展阶段上看，工业化初始阶段，农业部门为工业部门积累支持和贡献太多但未得到及时有效补偿，它与二元户籍制度相遇时，即使是在户籍制度改革已经取得巨大进展，法律意义上的二元分化正在消失的情况下，长期的二元户籍制度所产生的城乡分割和距离农民发展期望还有很大差距的农业体制改革等影响依然在延续且短时间内难以彻底消除，以农业发展滞后、农村公共服务水平落后、农民收入水平和消费能力低下为表征的严重"三农"问题已成为制约农村人民主体地位体现、实现农村农民和城镇居民共同发展共享发展成果的重要梗阻。农民仍然是我国社会结构中的最大群体，更是我们国家创新发展、协调发展、绿色发展、开放发展、共享发展的短板所在。"十三五"时期，围绕全面建成小康社会这一战略目标而打响的最后一轮扶贫攻坚战，核心对象是贫困农民、主要战场在农村、关键领域在农业。同时，农民创业是国家创业的主力军，也是我国经济社会发展的主力军和依靠力量，更是公共服务发展的主要对象。但是，广大农村地区农民利益边缘化依然严重，不能或不能充分实现人民的基本权利和发展机会，不能平等地享受中央及地方支持发展的各项政策措施，不能充分地表达公共服务需求和参与公共政策制定、社会主义现代化建设，不能公平地享受经济社会发展成果。这在客观上拉大了城乡之间的差距，制约了城乡间相互促进相互协调的发展，削弱了农村人民的正当权益，降低了农村人民当家作主的主人翁地位，阻碍了社会阶层的自由发展和流动，增加了社会不稳定因素和社会矛盾，不符合以协调发

---

① 樊继达：《统筹城乡发展中的基本公共服务均等化》，中国财政经济出版社 2008 年版，第 9 页。

展、共享发展理念为特征的战略考量，更不符合中国特色社会主义对公平正义的内在要求和共同富裕的根本原则。因此，通过创业公共服务均等化的实施，在逐步建立以创业权利公平、机会公平、规则公平为主要目标的城乡创业公共服务体系的基础上，努力营造公平的城乡发展环境，充分发挥"三农"各类资源要素的优势，实现城乡各类资源有序流动和市场环境的优势互补，突出保证农村农民公平参与、平等发展的权利，积极鼓励支持农民创业，实现农民的自我发展、农村的自由发展、农业的创新发展。因此，城乡创业公共服务均等化是妥善解决严重的"三农"问题的最佳助推器。

第三，破解城乡之间公共服务的非均等化供给障碍的突破口。城乡之间公共服务的非均等化供给是拉大城乡差距的主要因素之一。改革开放之初，家庭联产承包责任制解放了农村生产力，实现了农业的快速发展，为"先富带动后富"发展方针的落实，赢得了稳定的空间。这个空间的存在，一方面在一定程度上缓和了工农业"剪刀差"所造成的城乡差距带来的城乡矛盾，使之继续产生深刻影响；另一方面，土地生产关系的解放本身所具有的保障功能，使有限的公共资源也开始向发展条件更好的城镇集中，城乡之间的公共服务差距扩大局面继续向更深层次发展。改革开放30多年来，以经济建设为中心的方针政策导向，市场机制在促进效率、激发活力和解放生产力方面作用凸显的同时，政府机制和社会机制等方面的配套改革相对较慢，市场经济作用与传统政治体制的弊端的融汇交互使得经济利益既得者已经形成以资金为中心的城乡利益"固化藩篱"，在利益分配中，尤其是在公共服务资源及其可获得性上形成城市的强势地位，改革阻力相对较大。受其影响，农村地区公共产品的相对匮乏和公共服务的不到位，使得市场机制不能自愿、自觉地向农村"弱势地区"提供与城市相当的服务，公共服务产品的必然选择和自动实现社会公平公正的内在缺陷以及"经济增长驱动型人类发展模式"①的弊端逐渐暴露。

---

① 联合国开发计划署：《中国人类发展报告（2007—2008）：惠及13亿人的基本公共服务》，中国对外翻译出版公司2008年版，第15页。

因此，我国创造的世界经济奇迹，并没有使城乡差距缩小，反而越来越大。我国城乡居民收入比从 1984 年的 1.71∶1，扩大到 2009 年的 3.33∶1，达到历史最高位。之后虽有所下降，但至今仍在 3 倍以上。[①] 同时，我国农民的收入主要来源于实物收入和劳务收入等显性收入，加之初次分配结构的不合理，资本收入不足，劳动所得偏少，城乡间"非货币化收入"的公共服务不均衡分配，更加大了城乡间的实际差距。[②] 正如迟福林所说，我国城乡收入差距表面上是 3.3∶1，但如果把基本公共服务等再分配要素的因素考虑在内，城乡实际收入差距将达到 5∶1—6∶1，这样，公共服务因素使城乡居民实际收入的比例至少扩大了 30%—40%，[③] 这个论断在学界获得了比较广泛的认可。[④] 城乡居民收入差距对居民总体收入差距贡献率达到 64.45%。[⑤] 其中，公共服务对发展环境的改善作用和对发展实体的引力效应，在城乡居民收入差距形成过程中的"贡献率"可能更高。我国依然是世界上城乡收入差距最大的几个国家、地区之一，公共服务供给不均成为拉大城乡差距的主要因素之一，甚至在某些地区还是根本性因素。值得肯定的是，虽然城乡之间公共服务存在非均等化供给且并未得到有效扭转，但是农村地区的基本公共服务水平和质量较改革之前已有所突破，基础设施和普惠式社会保障、医疗卫生保障网络已经建立，就业创业公共服务已经初具规模。在农业边际劳动生产率的提高难续奇迹、农村剩余劳动力继续转移大势难缓的情况下，农民通过转移就业或通过自主创业寻找新的收入来源的愿望愈加强烈。

① 吴业苗：《城乡公共服务一体化的理论与实践》，社会科学文献出版社 2013 年版，第 10 页。
② 安应民等：《构建均衡发展机制——我国城乡基本公共服务均等化研究》，中国经济出版社 2011 年版，第 29 页。
③ 石洪斌：《农村公共物品供给研究》，科学出版社 2009 年版，第 61 页。
④ 参见董立人《推进城乡基本公共服务均等化的路径选择》，载《苏州大学学报》（哲学社会科学版）2009 年第 3 期；王林霞：《城乡基本公共服务均等化问题浅析》，载《辽宁行政学院学报》2013 年第 1 期等。
⑤ 中国网：《中国财富集中度超美国，1% 的家庭掌握 41% 的财富》，http：//news.china.com.cn/txt./2010-06/08/content_ 20205958.htm，2010 年 6 月 8 日。

此时，促进城乡之间创业公共服务均等化，尤其是专门针对农村、农民的创业公共服务，不仅能够迅速激发农民的创业热情，而且能够改善农村地区的发展条件和发展环境，能够较快地提升农村地区的发展能力和促进发展潜力的进一步挖掘，使之成为打破城乡公共服务非均等化的突破口。

第四，城乡创业公共服务均等化是深化改革、拉动内需的催化剂。"经济发展就是经济运行，引导经济运行最重要的是激发经济自身的动力机制和约束机制，机制的转变就需要靠改革"，[①] 而 "大众创业万众创新" 新引擎的打造已经表明，创业是激发 "经济自身的动力机制" 的最好途径。全球创业观察项目（Globe Entrepreneurship Monitor，GEM）通过把不同国家、地区的 TEA（Total Entrepreneurship Activity）指数（用于衡量一个国家或地区的创业活跃程度）与 GDP 增长率进行时间序列回归分析得出，[②] 创业活跃的国家和地区的经济增长率一般都比较高，创业活动与当年经济增长率之间是呈正相关的。GEM 项目的研究还进一步指出，创业对经济增长的贡献主要表现在扩大就业、促进创新、提高生产力和成长性三个方面。[③] 当前，我国正处于经济发展方式从外向型向内生型转变的过程中，"三驾马车" 的经济增长拉动能力及三者的角色地位也发生了相应的变化：投资的边际效应递减率作用明显，回报率下降显著，"消费对经济的拉动作用超过外贸和投资之和，消费成为中国经济发展的'稳定器'"，[④] 尤其要重视中等收入群体的消费。过去十年，我国长期保持 42% 左右的高投资率，依赖于国内的高储蓄率，相应地居民消费率

---

① 洪虎：《以科学发展为主题的'十二五'改革》，载迟福林主编《聚焦"十二五"改革——改革是加快转变经济发展方式的强大动力》，中国经济出版社 2011 年版，第 5 页。

② 李政、柳春江：《创业与经济增长理论研究述评》，载《当代经济研究》2005 年第 12 期。

③ 高建、程源、李习保、姜彦福：《全球创业观察中国报告（2007）——创业转型与就业效应》，清华大学出版社 2008 年版，第 8—19、56 页。

④ 孙博洋：《"大众创业、万众创新"这波利好千万别错过》，人民网，http://finance. people. com. cn/n/2015/0311/c1004-26672945. html，2015 年 3 月 11 日。

从 2001 的 61.4%降至 2006 年的 50%，"消费和投资的失衡使宏观经济稳定面临着风险"，不利于经济的稳定和可持续发展。然而，在一般基本公共服务保障乡村地区人口生存条件、发展前提的基础上，创业公共服务和城乡创业公共服务均等化，对改变差距现状、提高自身生活条件的向往将转化为激发农村人口的改变收入来源、生产方式、就业方式等发展方式积极性的根本力量，从而培育新的消费需求增长点，带来的发展能力的提升。在此意义上，创业公共服务及城乡创业公共服务均等化成为促进经济可持续发展的催化剂。另外，"创业和创新的成果也有收益保障。这些是激发大众创业、万众创新激情和实干精神的必要条件"。① 在此基础上，消费与创业创新的相互拉动和促进作用，最终将激发"大众创业万众创新"双引擎的强大拉力。在这个过程中，中等收入群体无论是收入增长可能性，还是资产增值对收入增长的贡献能力，相对于高等收入者来说，都是不可同日而语的；高等收入则正好相反，大比例的资本增值收入和创业的风险大大降低了他们成为创业主体的可能性。这样中等收入群体就成为新兴创业主体的主要来源。服务创新创业、发展创新创业，无论是增加就业岗位还是扩展收入来源，在一定程度上就是直接地提高中等收入群体的收入水平，增加中等收入群体的消费能力，使之成为名副其实的扩大消费需求的主体。同时，通过鼓励发展创业和城乡创业公共服务均等化，促进人力资本积累和增值，提高居民消费能力和投资水平，增加我国经济内生动力，从而摆脱外资依赖，增加经济发展稳定性，必将成为我国经济发展的战略选择。而在我国农村的现实情况是，由于基本公共产品和公共服务供给不足，农民用于教育、医疗、住房等基本公共服务类消费的比重过大已成为农村家庭头号支出，严重影响农民预期消费水平的提高，内需严重不足，阻碍着有效消费的增加，制约着内需对经济拉动作用的有效发挥。有研究表明，基本公共服务能够增强广大社会成员的经济安全感和消费预期，具有刺激消费、拉动

---

① 张世贤：《努力打造"双引擎"确保经济稳增长》，载《中国经济周刊》2015 年第 12 期。

内需的潜在功能。[1] "改革就是最重要的内生式发展途径，它不仅能创造供给，还能制造需求。"[2] 因此，城乡创业公共服务均等化更能在促进落后地区尤其是广大农村地区的经济增长和产出能力、增加就业和居民实际收入的同时，促进经济政治社会发展机制的有效转变和优化，从根本上提高居民消费水平和生活水平，成为深化改革、拉动内需、刺激消费，保持中长期经济持续稳定发展的催化剂。

第五，城乡创业公共服务均等化是供给侧结构性改革的政策支柱之一，是打开"五大任务"新局面的重要路径。在经济新常态的大逻辑下，供给侧结构性改革是未来一段时间我国经济社会发展的一条主线。它以"去产能、去库存、去杠杆、降成本、补短板"为核心任务，旨在调整经济结构，以供给侧的劳动力、土地、资本、创新等要素的优化配置，促进需求侧"三驾马车"的传统驱动向与创新驱动协调转换，实现要素的最优配置，就是从提高供给有效性和高质量出发，用改革的办法推进结构调整和驱动力的转换，从而使扭曲的要素配置得到矫正，无效的和低端的供给减少或改造升级，进一步使有效的和中高端的供给扩大效应、提高效能，增强供给结构对需求变化的灵活性和适应性，扩大要素供给、提高全要素生产率，进而提高社会生产力水平，提升经济增长的质量和数量，以更好满足广大人民群众的需要，促进经济社会持续健康发展，落实好以人民为中心的发展理念。从创业公共服务及其均等化本身来说，创业公共服务及其均等化与供给侧结构性改革的核心目标具有同一性。本研究认为，传统基本公共服务及其均等化是创业公共服务及其均等化的基础条件；创业公共服务是在传统基本公共服务及其均等化已经达到一定程度的基础上，对传统基本公共服务的一次层次深化和向更高水平发展的升华。在这个意义上，传统基本公共服务及其均等化在一定程度上是创业公

---

[1] 吕新发：《农村基本公共服务制度创新——基于均等化目标下的研究》，光明日报出版社 2012 年版，第 6 页。

[2] 洪虎：《以科学发展为主题的'十二五'改革》，载迟福林主编《聚焦"十二五"改革——改革是加快转变经济发展方式的强大动力》，中国经济出版社 2011 年版，第 4 页。

共服务及其均等化的基本组成部分，创业公共服务及其均等化是对传统基本公共服务及其均等化已经取得成果的巩固和提升，是对其服务内容、供给效能的补充和供给效益的扩大。最重要的是，创业公共服务及其均等化是针对传统基本公共服务无效供给和无序供给的进一步优化，是实现包括创业公共服务在内的基本公共服务有效供给的关键路径。另一方面，从创业公共服务及其均等化的功能与供给侧结构性改革的任务来说，二者同样具有高度统一性。新创企业能够承载结构调整的冲击力、承载结构调整的"去产能"过程中保留下来的有益部分。这与供给侧结构性改革的化解产能过剩任务相一致；创新与创业之间的相互促进作用，尤其是创业企业生存压力所转化的创新驱动力量在创业公共服务支持下，能够在技术、金融、制度、管理、产品、人力、市场、资源要素等各个方面形成创新潜力，这与供给侧结构性改革提高全要素生产力相一致；创业公共服务及其均等化致力于优化和创造更利于企业成长和发展的环境，其主要成果在于给企业松绑、为企业降低成本，这与供给侧结构性改革降成本的任务是一致的；创业公共服务及其均等化推进过程中所要求的户籍改革、生产要素优化等内容与供给侧结构性改革的去库存、优化资源配置的任务是一致的；创业公共服务及其均等化强调金融创新与改革，促进实体经济的发展，又是供给侧结构性改革去杠杆的重要任务。因此，城乡创业公共服务均等化不仅是供给侧结构性改革的政策支柱之一，而且是打开"五大任务"新局面的重要路径。

第六，在社会主义国家，促进城乡创业公共服务均等化是实现社会公平、促进社会稳定和构建和谐社会的内在要求。社会公平正义是人类社会永恒的价值追求和行为准则，是中国特色社会主义的内在要求，[①] 也是现代政府的重要责任。社会公平正义"必须体现在经济社会发展过程中，体现在社会成员之间的资源利用和利益分配中，体现

---

① 王欣欣：《中国特色社会主义公平正义的实现路径研究》，载《重庆理工大学学报》（社会科学版）2014 年第 12 期。

在社会成员对于经济发展成果的共享之中"。① 但是我国当前城乡差距的广泛存在和扩大，在经济转轨和体制转型的过程中，"公平的矛盾更加尖锐"②，"极易造成城乡社会结构离散、分化、断裂"③，威胁着社会稳定，阻碍着社会主义和谐社会的构建。同时，改革开放30多年来，中国经济持续高速增长，却并没有带来充分的就业，经济每百分点增长带动就业增长从改革初期的0.4%，下降到了2000年的0.1%，形成典型的"高增长低就业"现象，④ 而且这种情况在供给侧结构性改革的影响下还有进一步加剧的趋势。然而，创业带动就业的效应已经成为学界研究和各国实践得出的不争事实，据GEM对我国创业带动就业效应的调查研究表明，每增加一个创业者，可在5年内提供2.77—5.90个就业岗位。⑤ 就业是个人获得尊重和收入的主要来源，是支撑家庭稳定和谐幸福的重要支柱，也是参与社会分配和获得其他基本公共服务的主要途径。促进城乡创业公共服务均等化有利于增加中等收入人群基数，加速和巩固以中等收入为主的"纺锤型"社会结构，增加社会稳定因素。因此，着眼于创业带动就业的城乡创业公共服务均等化是实现社会公平、促进社会稳定与构建和谐社会的内在要求，是推动城乡经济协调可持续发展的战略选择。通过不断优化创业政策环境和完善制度设计，最大限度集中城乡之间广大人民群众的智慧和力量，调动一切积极因素和自愿投入经济社会建设的激情，以创新促进创业，以创业带动就业，以就业推动社会和谐稳定，使社会成员公平地参与资源利用、利益分配和社会主义现代化建设，充分地普遍地平等地共享经济社会发展成果。

① 任宗哲、卜晓军：《中国公共服务城乡均等化供给——基于制度分析的视角》，社会科学文献出版社2013年版，第9页。
② 陈广胜：《走向善治——中国地方政府的模式创新》，浙江大学出版社2007年版，第48页。
③ 吴业苗：《城乡公共服务一体化的理论与实践》，社会科学文献出版社2013年版，第10页。
④ 胡振华：《创业经济学》，北京大学出版社2013年版，第6页。
⑤ 高建、程源、李习保、姜彦福：《全球创业观察中国报告（2007）——创业转型与就业效应》，清华大学出版社2008年版，第8—19、62—63页。

　　第七，重庆地区的特殊情况更显露对城乡创业公共服务均等化研究的迫切需求。2007 年 6 月，国务院批准设立"成渝全国统筹城乡综合配套改革试验区"，是我国统筹城乡发展进程的重大部署，标志着统筹城乡发展已经成为我国新时期构建社会主义和谐社会的国家战略。① 重庆市成为我国最年轻的直辖市以来，"西部地区的重要增长极、长江上游地区的经济中心、城乡统筹的直辖市初步显现，国家级中心城市形象逐步展现"。② 但是不容否认的是，重庆市大城市、大农村、大库区、大山区、大民族区集于一体的特殊情况没有改变，这使得重庆市城乡二元结构矛盾及其造成的影响相比其他地区更加突出、更加严重，"成渝全国统筹城乡综合配套改革试验区"的设立、"五大功能区"发展规划正是基于这个基本情况的考虑。九大主城区及綦江、大足等 21 个发达区（县）所构成的"一小时经济圈"都市走廊，从经济发展水平、人口密集程度、城区规划、基础设施建设、公共服务水平等方面来看，堪比我国一线城市，甚至可与国际知名大都市相媲美。同时，地辖广阔的重庆地区，还存在着普遍而广泛的农村、山区、民族地区等落后区域，像以万州区为中心的渝东北地区 11 个区县和以黔江区为中心的渝东南地区 6 个区县等远离主城区的"两翼"地区还面临着巨大的发展难题。以主城区为代表的"大城市"与渝东北、渝东南为代表的"大农村"，构成了重庆市迫切需要统筹城乡发展的巨大差距格局。落后地区居民极速向公共服务供给相对充足的城区涌入更说明了城乡间公共服务供给失衡这一事实。同时，作为三峡库区的重点移民区，进一步增加了重庆地区统筹城乡发展的难度。另一方面，重庆地区"一圈"带"两翼"的协调发展机制和"五大功能区"发展规划，为破解"小马拉大车"困局，"创新构建'一头在内、一头在外'和'两头在内'的产业链招商及加工

---

① 唐晓平：《统筹城乡发展：新时期构建和谐社会的国家战略》，载《重庆工商大学学报》（西部论坛）2008 年第 3 期。

② 周放、文国伟：《重庆——充满活力的直辖市》，重庆出版集团、重庆出版社 2013 年版，第 60 页。

贸易模式",① 围绕农民工问题搞户籍制度改革、社会保障制度改革、住房制度改革等实践，大力鼓励支持中小微企业创业发展、推进基本公共服务均等化，为我们研究城乡创业公共服务均等化问题提供了丰富的实践经验和研究材料。2013 年 9 月，重庆市在"都市经济发达圈""渝西经济走廊""三峡库区生态经济区"和"一圈两翼"区域发展战略基础上，进一步提出重庆市"五大功能区"战略，从全局性、基础性、战略性出发，科学划分功能区域、明确区县功能定位，以城市发展新区为统筹城乡发展重点，加强基本公共服务等配套建设，提升都市核心区和都市拓展区城市服务辐射带动能力，提高渝东北生态涵养区和渝东南生态保护区的自身发展能力，为积极探索重庆市城乡创业公共服务均等化发展，实现重庆市经济社会可持续发展提供了战略参考。国内外的实践已经证明，单纯地用控制和缩小城乡居民收入差距是不能解决根本问题的。要从根本上统筹城乡发展，缩小城乡差距，必须从创业入手，让政府担负起统筹城乡创业公共服务的责任，积极创造条件鼓励创业，增加企业存量和农村地区自我发展能力，以增加农民的创业收入和财产性收入，促进我国社会经济的发展和国内消费能力的提升，改善市场配置资源的有序流动和提升城乡居民自我发展的可行能力双管齐下，才能从根本上缩小城乡差距，形成城乡之间的平衡与协调格局，实现城乡统筹发展。因此，在全面建成小康社会的关键时期，促进创业公共服务发展，努力实现重庆市城乡创业公共服务均等化具有十分重要的理论和实践意义。

二　研究意义

重庆市城乡创业公共服务均等化问题研究既是立足于公共行政、公共政策学科的理论，以及创业学、创业经济学等理论研究，同时也是着眼于国内地区，尤其是重庆地区，和国际经验的实践梳理研究；既是完善城乡统筹协调发展的一个重大的理论问题，又是现阶段我国

① 高兴明：《与时俱进的体制机制创新——探秘统筹城乡发展背景下的重庆实验与基本经验》，载《农村工作通讯》2011 年第 24 期。

经济社会发展、建成全面小康社会面临的一个重大实践问题。研究这一问题旨在通过为重庆市创业公共服务均等化建言献策，促进重庆市城乡之间发展资源和要素的统筹协调配置，改善城乡之间，尤其是农村等落后地区的发展环境、发展能力，对于促进社会公平正义、实现城乡协调发展具有重大的理论意义和现实意义。

（一）理论意义和学术价值

首先，在对创业学、创业经济学、公共行政和公共政策等理论的梳理基础上，阐述促进创业公共服务、城乡创业公共服务均等化的内涵外延、研究背景和重要意义，厘清和提出重庆市城乡创业公共服务均等化的基础概念。目前学术界尚未对创业公共服务做出普遍认可的界定，国家政策体系中，尤其是在国务院 2012 年颁布的《国家基本公共服务体系"十二五"规划》中，也只是将创业公共服务作为公共就业服务的部分内容做出了规划。本研究认为，我国多年来在公共服务领域，尤其是基本公共服务领域取得的成果和发展，结合现阶段重庆地区经济社会发展的实际情况和对创业公共服务普遍实践需求，对"就业"概念的传统理解已经不适应当前发展需求，实现"雇用就业"向"雇用就业"和"自我雇用就业"平衡发展转化，并将创业公共服务及其均等化研究纳入我国基本公共服务的研究范围是具有重要战略意义的。因此，定义创业公共服务，厘清重庆市城乡创业公共服务均等化基础理论问题，明确创业公共服务与传统基本公共服务的关系，明晰城乡创业公共服务均等化在我国基本公共服务均等化进程中的作用，进一步厘清创业相关政策措施的基础，能够从理论上探索相关政策的发展和落地，有助于拓展基本公共服务及其均等化理论的研究视野，丰富基本公共服务均等化理论的研究内容，创新基本公共服务体系和基本公共服务均等化的研究思路。

其次，将国内城乡创业公共服务均等化理论和实践与国外相关理论和实践结合进行系统分析，并在此基础上对重庆市 A 县 X 街道和 Y 镇创业公共服务供给现实情况的对比分析，有助于完整、深刻地剖析重庆市城乡创业公共服务均等化的制约因素。国内对城乡公共服务均等化，尤其是基本公共服务均等化问题，已经取得了众多理论研究成果，得到了广泛的认同和关注，成果的实践应用也在部分地区取得了突破性的进展，这为深入展开对城乡创业公共服务均等化的研究提供了丰富的理论支撑和研究素材。发达国家和部分发展中国家对公共服务均等化问题的研究起步较早，尤其是从经济学角度展开的区域经济发展差距等领域的研究，已经形成了比较完整的理论框架和完善的配套政策措施。本研究将国内城乡创业公共服务均等化理论和实践与国外相关理论和实践结合起来，结合重庆地区的特殊情况，对重庆市 A 县 X 街道和 Y 镇创业公共服务供给情况的系统分析，从根源上剖析重庆市城乡创业公共服务均等化的制约因素，找出促进重庆市城乡创业公共服务均等化进程的缺口和短板，为提出促进重庆市城乡创业公共服务均等化的总体思路、基本原则和具体实施策略进行探索性研究奠定基础。

最后，通过探究重庆市城乡创业公共服务均等化的评估指标体系，补充国内基本公共服务体系中创业公共服务供给和评估研究空白，从而推动基本公共服务标准化、规范化研究进程，促进政府管理绩效、基本公共服务供给效能等方面的研究。在对基本公共服务的研究中，大多数学者认为基本公共服务具有低度量性的特性。无论从供给的数量来看，还是从供给的质量来看，对基本公共服务供给、需求、政府作为效果等的分析评价，以及建立创业公共服务数量和质量的最低标准，都会随着时间的推移和经济社会的发展而不断变化。与其他基本公共服务不同的是，创业公共服务是针对创业活动展开的，其对创业公共服务的需求具有阶段普遍性和稳定性的特点，并且创业公共服务主要以政策促进、法律保障、财政投入、税收减免、平台建设等可测性指标构成。因此，在借助大量的中间指标和技术手段的基础上，探究重庆市城乡创业公共服务均等化的评估指标体系是能够实现的。本研究试图通过对创业公共服务均等化所不同于其他基本公共服务的直接的经济、社会"双效应"特性，结合重庆市典型地区典型问题的特殊性和实践经验，有针对性地分析提取重庆市城乡创业公共服务均等化的目标层、领域层、指标层，科学地选取评价指标、确定指标权重，进而科学整合评估指标体系结构，探究重庆市城乡创业公共服务均等化的评估指标体系，推动更大范围的基本公共服务标准化研究进程。

（二）现实意义和应用价值

首先，在经济建设方面。创业对经济的拉动作用已毋庸置疑，通过公共服务均等化的方式实现对创业的鼓励支持和促进，发挥创业公共服务投资的乘数效应，作用是间接的，促进经济增长的效应却是直接的。对重庆市城乡创业公共服务均等化问题的研究，有助于城乡居民普遍地平等地享受创业公共服务，满足其对创业公共服务的需求，提高创业者自身素质和创业能力水平，促进人力资本积累替代单纯物质资源投入；加之创业公共服务均等化有公共财政税收、金融体制、市场进入等领域的配套改革的具体要求，这将有助于降低创业企业的创业融资、行政管理、产品交易、产品流通等环节的成本，从而提高劳动生产率和资源利用效率，形成对经济稳定持续增长的长效驱动机制，促进经济的持续发展；重庆市城乡创业公共服务均等化过程将着重针对中等收入人群、农民等弱势群体创业热情和创业活跃度的激发，如此大范围、大容量的创业政策，有助于直接壮大创业者队伍，扩大创业产业的领域、范围，增加经济主体存量和经济发展的内生动力，推动科技创新和新兴产业发展，促进重庆市经济发展方式的转变和经济产业结构的优化升级，推动创业型经济的发展和经济水平的提高；有助于增强广大社会成员的经济安全感和提高消费预期，减少居民预防性储蓄和公共服务支出，有效刺激消费和拉动内需，统筹国内国际两个市场，减少对出口和外资投入的依赖，保障经济安全稳定和可持续发展。

其次，在社会建设方面。城乡创业公共服务均等化能够通过增加居民可支配收入而保障和改善民生，通过加快政府职能转变而推进社会体制改革，通过激发创业热情而促进人民广泛参与社会主义现代化建设，通过创业公共服务均等化的配套改革而形成现代社会组织体制和社会管理体制。对重庆市城乡创业公共服务均等化问题的研究，有助于有效发挥创业对就业的带动效应，增加就业岗位，降低就业门槛，扩大就业范围，实现多渠道多形式就业，减少失业和失业带来的社会不稳定因素，拓展居民财产性收入渠道，增加居民资本等要素收入，进而增加居民可支配收入，提高居民消费能力和消费水平，从根本上保障和改善民生；有助于提升政府在公共服务供给和实现公共服务均等化等方面的责任感，推动政府职能从管理型向服务型转变，强调政府在城乡创业公共服务均等化体系及其配套改革过程中的作用，以及政府采用多种形式，如购买公共服务，提高公共服务供给能力，从而形成政府主导的社会化公共服务组织的产生，加快现代社会组织体制和社会管理体制的形成，实现城乡居民有序有效表达公共需求；有助于激发城乡居民创业热情，通过政府引导的市场化资源配置方式，广泛参与社会主义"大市场"体制建设和社会主义市场经济建设，促进社会结构优化和阶层有序流动，保障社会公平和社会稳定，使城乡居民更有效地参与社会主义现代化建设、公平地享受经济社会发展成果。

再次，在政府和制度建设方面。城乡创业公共服务均等化是体现社会公平的基本价值和以人为本的基本原则，是为弥补市场失灵和规范市场调节而强调政府职能转变和制度创新的过程。城乡创业公共服务均等化更加注重公共性、更加强调政府责任和主导作用，这将有助于增强政府在城乡创业公共服务均等化过程中的决心和意志，勇于承担在城乡创业公共服务均等化过程中的责任，增强政府的主动性，积极转变职能，完善体制改善机制，有助于政府在供给过程中的主导性、发展过程中的引导性、服务过程中的辅助性作用的发挥；城乡创业公共服务均等化依赖于科学合理的制度安排，所以，更加强调制度创新和体制机制优化对城乡创业公共服务均等化体系的支撑作用，有助于城乡创业公共服务均等化制度体系的完善和优化创新，促进城乡创业公共服务体系的创新和完善，推动城乡一体化协调发展。

最后，在文化和生态建设方面。科学发展观贯穿城乡创业公共服务均等化的整个过程，既注重创业主体，尤其是创业者个人的自由全面发展，又强调创业精神、创业制度、创业行为及创业物质所承载的创业文化环境建设；既注重社会公平正义价值追求，又强调服务效率和服务质量的提升；既强调外溢性技术转化在创业活动中的重要性，又强调保持生态和谐和可持续发展的内在要求。城乡创业公共服务均等化在创业主体培育和创业者能力素质提升的过程中，强调尊重知识、尊重首创、鼓励创新、宽容失败的创业文化要求和求同存异、勇于创新、包容发展的创业文化内容，有助于传承和弘扬中华民族优秀文化。从重庆地方创业开始挖掘中国文化基因、发展文化产业，有助于丰富中国特色社会主义文化内涵，有助于促进社会主义核心价值体系建设、提高公民道德素质和自由发展的可行能力，有利于创业文化引领风尚、教育人民、服务社会、推动发展作用的发挥；城乡创业公共服务均等化引导的科技创业、绿色创业的方向，通过鼓励高新技术、文化、服务、生态循环等产业发展，抑制高耗能、高污染的产业发展，科学规划创业孵化基地、创业工业园区等创业平台，建立健全既鼓励创业又保护生态的制度体系，促进空间优化开发、资源高效利用，推动生态文明建设。

第二节 研究思路和研究方法

一 研究思路

本研究是围绕重庆市城乡创业公共服务均等化，按照理论分析、现状分析、对策探索的思路展开的，分为三个阶段：

第一阶段是理论分析阶段。通过整理和评价国内外研究成果等理论研究，结合重庆地区的具体情况，分析重庆市城乡创业公共服务均等化的相关概念、内涵、特征、结构和功能，提出研究的基本思路，确定研究的基本方法，达到明确重庆市城乡创业公共服务均等化问题研究的整体背景、理论意义和实践意义，并对研究做时间上和内容上的安排。

第二阶段是现状分析阶段。首先，在科学构建重庆市城乡创业公共服务均等化评价体系的基础上，从重庆市城乡创业公共文化服务、创业教育培训服务、创业公共孵化服务、创业公共基础设施服务、创业公共信息服务、创业公共融资服务、创业公共科技服务、创业社会保障服务等方面展开重庆市城乡创业公共服务均等化的现状调研，分析重庆市创业公共服务均等化取得的成绩和存在的问题；其次，在此基础上，深度剖析重庆市城乡创业公共服务均等化问题的制约因素，为重庆市城乡创业公共服务均等化基本思路的提出奠定坚实的理论和实践基础；再次，分别从美洲、欧洲、亚太等地区，涉及美国、加拿大、拉丁美洲国家、英国、意大利、德国、澳大利亚、日本、泰国、印度尼西亚、巴西和马来西亚等国家和地区，展开对国外城乡创业公共服务均等化的理论与实践研究，梳理出国外促进城乡创业公共服务均等化的理论成果和实践经验教训，总结国外理论研究和实践经验对重庆市城乡创业公共服务均等化问题研究的启示；最后，结合之前阶段的研究结论，提出重庆市城乡创业公共服务均等化的指导思想、基本原则、目标选择、模式设计和总体思路，为下一步的对策探索奠定实证基础。

第三阶段是对策探索阶段。根据之前阶段的研究结论，进而从组织保障机制、需求表达机制、政策促进机制、法律保障机制、公共财政投入机制、创业平台支撑机制、多元化供给机制、绩效评价机制等方面探索建立城乡创业公共服务均等化的长效机制。

研究基本框架结构如图 1-1 所示。

二　研究方法

第一，文献法：围绕研究主题，系统收集和整理国内外相关研究成果，并进行归纳、对比和提炼，获取对本研究内容的基本理论认识和判断，为研究的深度展开奠定理论基础。

第二，实证调查法：运用访谈、问卷调查等手段对重庆市 A 县 X 街道和 Y 镇进行实地调查，有计划地收集影响重庆市城乡创业公共服务均等化各因素的客观数据，通过对数据的整理，综合评价重庆市城乡创业公共服务均等化的发展现状和制约因素，并探究重庆市城乡创业公共服务均等化的解决思路。

第三，定量研究法和比较研究法：结合调查资料和国内外理论研究及实践经验比较，以重庆市 A 县 X 街道和 Y 镇为例，对重庆市城

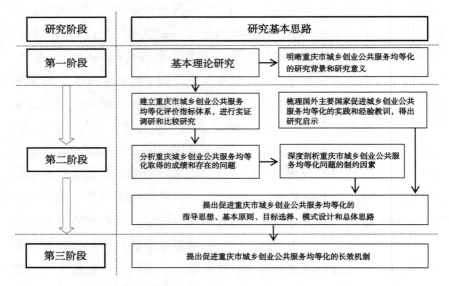

图 1-1　重庆市城乡创业公共服务均等化研究基本框架结构

乡创业公共服务均等化问题进行定量研究和比较分析，掌握重庆市城乡创业公共服务均等化问题的现状与差距，明晰实现城乡创业公共服务均等化需要重点突破的难题。

第三节　研究内容和基本观点

本研究将围绕城乡创业公共服务均等化问题，以国内外理论与实践经验为参考，科学构建重庆市城乡创业公共服务均等化评价指标体系，以调查重庆市城乡创业公共服务的实际差距为基础，深层剖析制约重庆市城乡创业公共服务均等化的各种因素，并以此为依据探究重庆市城乡创业公共服务均等化的思路和对策。

一　研究内容

第一，厘清我国城乡创业公共服务均等化的基本问题，在第一章、第二章、第三章中进行阐述。其中第一章是本研究的引言部分，主要包括重庆市城乡创业公共服务均等化研究的选题背景和研究意义，研究思路、方法内容和基本观点，以及指出本研究可能的创新点和不足之处。第二章在提出创业公共服务概念的基础上，重点对创业公共服务、城乡创业公共服务均等化内涵的表述，与其他基本公共服务均等化间的关系分析，及其他相关基本理论问题的说明；整理和评述国内外针对相关问题的研究成果。第三、四章是通过对促进重庆市城乡创业公共服务均等化的理论依据研究和现实条件分析，进一步阐明本研究的科学性、必要性和重要性，为第二章的内容做理论上的补充。主要包括从社会公平正义理论、福利经济学理论、行政生态学理论、新制度经济学理论、公共产品与公共服务理论、治理理论等方面展开的理论依据研究和从中央政策支持、重庆市经济实力、重庆市服务型政府建设、城镇化推进等方面展开对现实条件的分析，以期达到研究理论初步形成、思路基本确定的目的，为下一步的实证研究奠定理论基础。

第二，重庆市城乡创业公共服务均等化的现状调查和制约因素分析，是本研究的主体部分，在第五至第七章中进行阐述。其中第五章是重庆市城乡创业公共服务均等化评价指标体系的构建，包括指标体系的层次划分、指标选取；在层次划分部分涉及目标层次、领域层次、指标层次的确定和划分，在指标选取部分涉及指标选取的原则、依据，以及各级指标的内容阐述。第六章是依据设计制定的评价指标对重庆市城乡创业公共服务均等化问题进行实地调查研究。在对调查样本进行简要概述后，从重庆市城乡创业公共文化服务、创业教育培训服务、创业公共孵化服务、创业公共基础设施服务、创业公共信息服务、创业公共融资服务、创业公共科技服务、创业财税服务等方面展开均等化的现状调查，并对调查数据进行系统全面的整理、分析和总结。第七章是对重庆市城乡创业公共服务均等化发展的制约因素的分析，主要包括重庆市典型的城乡二元经济结构影响、公共财政体制机制不健全、城乡间行政体制壁垒的普遍存在、城乡间利益表达渠道差异、城乡创业公共服务需求差异和现行创业公共服务供给模式的缺陷等等。通过该部分的研究，一是明晰重庆市城乡创业公共服务供给现状与均等化要求的实际差距，二是深层挖掘阻碍重庆市城乡创业公共服务均等化进程的根源因素，三是为下一步国外城乡创业公共服务均等化梳理提供基本框架，以便更好地提取和总结国外实践及启示，逐步形成清晰的促进重庆市城乡创业公共服务均等化的基本思路。

第三，国外实践经验的梳理和促进重庆市城乡创业公共服务均等化基本思路的确定，一方面是对上部分研究的视野拓展和实证补充，另一方面是上部分研究结论的延续和策略转化，将在第八章和第九章中进行阐述。其中第八章是国外实践梳理部分，将按照地区划分，对美洲、欧洲、亚太等地区的主要国家城乡创业公共服务均等化的实践进行简要考察，提炼总结出其对重庆市城乡创业公共服务均等化的实践经验启示，开阔我们的研究视野。在第九章提出促进重庆市城乡创业公共服务均等化的基本思路，是理论和实证研究的结论延续，在此实现结论向具体策略的转化，包括具体的指导思想、基本原则、目标选择和模式设计，起到承上启下的作用，以指导促进重庆市城乡创业公共服务均等化具体策略的探索研究。其中具体策略研究主要包括重庆市城乡创业公共服务均等化的组织保障机制、需求表达机制、政策促进机制、法律保障机制、公共财政投入机制、创业平台支撑机制、多元化供给机制、绩效评价机制等方面，以期为推进重庆市城乡创业公共服务均等化进程建言献计，实现本研究的现实意义和应用价值。

二　基本观点

第一，创业公共服务是在人们满足基本温饱需求、基本公共服务及其均等化发展到一定程度后，为了满足人们更高生活需求而必须供给的、以鼓励创业活动发生、支撑创业企业发展为主要内容的一系列公共服务及公共产品的总称。它包括创业公共政策供给、创业公共制度保障、创业公共文化环境、创业公共基础设施建设、创业公共服务供给主体发展等几个方面。

第二，建立健全城乡创业公共服务均等化的体制机制，促进我国城乡创业型经济和创业型社会的和谐发展，以创新带动创业，以创业拓展创新、转化创新，形成创新驱动的实体力量，践行创新驱动发展战略。这是"五大发展理念"的新要求新任务新战略，也是实现城乡公平发展的必由之路。

第三，城乡创业公共服务的非均等化发展是城乡经济社会一体化发展的重要羁绊，有序推进创业公共服务在城乡间的均等化发展是有效缩小城乡差距的突破口；建立辐射城乡之间创业公共服务综合统筹平台是关键环节。

第四，制度问题带有根本性、全局性、稳定性、长期性的特点和功能，建立健全城乡创业公共服务均等化发展的长效机制，是许多发达国家推行创业公共服务均等化的重要经验，作为"全国统筹城乡综合配套改革试验区"中心试点的重庆市也不例外。

第五，他山之石，可以攻玉。国外关于城乡创业公共服务均等化的经验教训作为政治文明的组成部分，值得我们在立足国情和重庆市情的基础上加以批判地借鉴。

第四节 可能的创新点和不足之处

一 可能的创新点

首先是研究选题新。从文献资料来看，在中文学术期刊网的搜索结果中，2000 年之后包含"创业""城乡公共服务"和"均等化"三个关键词的研究成果较少，且仅对我国城乡创业公共服务均等化问题进行了比较粗略而非系统化的探讨。

其次是研究方法新。本课题采取理论研究与实证研究相结合的方法，用真实的调查数据开展定量研究，更加直观地反映重庆市城乡创业公共服务非均等化的真实情况，克服以定性研究为主而缺乏数据支撑的缺陷；采用对比与实证相结合的方法，对重庆市城乡创业公共服务均等化问题进行系统的比较分析，在此基础上剖析重庆市城乡创业公共服务均等化的成因，克服单纯依靠理论推演而说服力不足的缺陷。

最后是研究观点新。我们认为，完善重庆市城乡创业公共服务均等化体制机制必须坚持科学创业观。科学创业观的第一要义是创业，核心是创新,基本要求是艰苦创业、自主创业、和谐创业、依法创业,根本方法是因人制宜、因地制宜、因时制宜。科学创业观是对科学发展观的继承和发展。

二　不足之处

一方面,由于时间和精力的限制,笔者不能在重庆市范围内展开广泛的实地调查研究,仅仅对重庆市的典型地区进行调查,大多数数据材料只能借助近年中国统计年鉴、重庆市统计年鉴、中国农村统计年鉴、中国城市统计年鉴等统计资料,以及来自于重庆市相关部门的数据资料间接地进行比较分析。所幸这些材料的权威性能够为本研究提供理论和实践的支撑。

另一方面,由于专业水平的限制,对重庆市创业公共服务均等化评估指标体系建设的研究也仅限于本研究的实际需要,没能在指标标准化、政府绩效评估等方面做出更精细的量化研究。

第二章　城乡创业公共服务均等化的基本理论问题

第一节　创业公共服务概念的提出

一　创业公共服务应从就业公共服务中延伸并独立出来

有关创业的研究，改革开放伊始，非公有制经济才开始在我国历史上具有真正的现代企业意义，"创业"在那个时候被"下海"这个更具时代特征的名词所替。对非公有制经济的政策开放及其实体的大量出现，很大程度上，目的是解决"上山下乡运动"中返城青年等群体就业问题。随着社会主义市场经济体制的逐步建立，国有企业的市场化改革逐步深化，非公有制经济主体的出现也为转移国有企业下岗职工就业打开了新的大门。而对于公共服务均等化而言，自 2005 年 10 月中共十六届五中全会提出"按照公共服务均等化原则，加大国家对欠发达地区的支持力度，加快革命老区、民族地区、边疆地区和贫困地区经济社会发展"的要求以来，[①] 关于创业的公共服务仍然被包含于公共就业服务之中，当作促进就业的重要途径。在 2012 年 7 月国务院颁布的《国家基本公共服务体系"十二五"规划》中，提出"就业创业公共服务"概念，创业公共服务以同就业公共服务相并列的面貌出现。更积极的就业政策更多地体现为对创业的激励。十

---

① 新华网：《中国共产党十六届五中全会公报》，http：//news. xinhuanet. com/politics/ 2005-10/11/content_ 3606215. htm，2005 年 10 月 11 日。

八届三中全会提出要"完善城乡均等的公共就业创业服务体系",虽仍然将两者并列,但表示公共创业服务已经作为独立的公共服务类别出现的同时,更加突出创业的重要性,体现出党中央对创业和公共服务支持创业的高度重视。此外,李克强总理在 2014 夏季达沃斯论坛开幕式上的讲话、2015 年和 2016 年政府工作报告等多个重要场合,多次提出要"打造大众创业、万众创新和增加公共产品、公共服务"的"双引擎",为中国经济提质增效升级,并强调"优化政府创业公共服务",通过政府放权让利的"减法",调动社会创新创造热情的"乘法",发挥亿万中国人的智慧,推动中国经济转型升级,从而稳步向中高端迈进。这表明,我国创业公共服务已经从"带动就业"向"创新发展"迈进。至此,基本完成了创业公共服务从就业公共服务中的"蜕变",创业公共服务已经达到独立或已经独立为一种新的公共服务。

二　创新发展战略的实践需要明确提出创业公共服务的概念

党的十八届五中全会通过的《中共中央关于制定国民经济和社会发展第十三个五年规划的建议》提出创新是引领我国未来发展的第一动力,"必须把创新摆在国家发展全局的核心位置,不断推进理论创新、制度创新、科技创新、文化创新等各方面创新,让创新贯穿党和国家一切工作,让创新在全社会蔚然成风"。[1] 实现真正的创新,形成创新驱动发展,必须实现创新向生产力的转化。在这个过程中,必须有创新的实践载体。在社会主义市场经济条件下,市场要在资源配置中起决定性作用,创新的最佳实践载体是企业,尤其是以高新技术产业为代表的创新型企业。要实现"各方面创新",必须有促进创新的激励机制。鼓励和支持创业就是一个最好的激励机制。不仅因为创业可以推进创新,而且得益于创业还是实践创新、将创新转化为现实

---

[1]　本书编写组:《〈中共中央关于制定国民经济和社会发展第十三个五年规划的建议〉辅导读本》,人民出版社 2015 年版,第 11 页。

生产力的最佳途径。在鼓励和支持创业的环境中，各类创新，尤其是技术创新可以市场为载体实现利益回转，从而激励新的创新。毋庸置疑的是，鼓励和支持创业的直接形式就是创业公共服务供给。因此，创业公共服务是创新发展驱动的外部催化剂，是形成创新发展驱动力量的必要条件。另一方面，"创新"驱动力的获得需要凝聚亿万中国人的智慧和力量，需要"大众创业万众创新"引擎激荡"草根创业""人人创新"的力量，需要各种资源和要素的高效有序配置。这不仅需要增加创业公共服务供给为"创新发展"扫清障碍、铺路架桥，而且需要健全创业公共服务治理机制为"创新发展"保驾护航。此外，"让创新在全社会蔚然成风"需要"企业家精神"引导下的"创新精神""创业文化"的形成。创新与创业一样，都要经过创造性的突破和多次失败的"实验性努力"，社会对创新和创业失败的包容文化至关重要。这恰好是创业公共服务的重要内容。总的来说，"创新发展"是保证我国经济社会稳定、可持续发展的必由之路和必然选择，创业公共服务是走好这条道路的重要法宝。要打造和使用这个法宝，必须首先明确它是什么、能做什么、怎么做。

三　创业发展的独特性要求清晰界定创业公共服务及其均等化

自从 2013 年李克强总理提出打造"大众创业万众创新"新引擎之后，"创业"与"创新"往往同时出现，"创业"已经成为"创新"的"最佳拍档"。审视当前的正式文件，出现两种"搭配"："创业创新"和"创新创业"。二者是从创业活动的不同发展层次来谈创新的，体现了创业发展的独特性。在"大众创业万众创新"新引擎的驱动下，创业活动以两种不同的形态发生：一是机会型创业，多是产生"熊彼特式"的"瞪羚企业"，以高新技术创新转化为生产力为基本特征；二是生存型创业，多是产生传统的、已有的业态，以模式复制、扩展、规模化为基本特征。伴随二者而来的是两种过程：前者是"创新创业"过程，后者是"创业创新"过程。两个过程不仅仅是在顺序上的颠倒，而且是创新侧重点或创新可得性的两种不同的过程。当然，最终的创新效益是有很大差别的。在程序上，"创业创新"的顺序或过程中，创新的可得性或来源在"创业"，创业企业基数越大或创业的机会性形式越多，则创新的可得性越大，效益也越大。这种模式在我国仍然占有绝对多数。在创新引导的机会型创业尚未形成气候之前，以创业促进创新仍然是创新驱动加速形成的最好的选择。"创新创业"则正好相反。它的前提不是创业主体存量，而是创新质量，尤其是技术突破、业态创新、需求整合、资源优化配置等方面的创新。由这些带有更高技术含量的创新所推动或转化的创业行为的成功率更高和效益更大。因为已经在创新过程中包含了无数次的"创新—检验—创新"的"实验性努力"，从创新到创业的关键技术环节已经不再是"创新"，而是创新成果的溢出或转化。或许这样需要更多的前期努力，但在技术分工更为细化的信息时代，只要创新成果有望转化，就更容易引来资金投入；只要法律允许、制度健全、管理有方，转化的实现并不像过去那样难。同时，它更有目标性，能够有的放矢，这样更容易实现有序治理。另外，它还是一种激励机制，只要有创新，就有可能转化为市场、生产力、财富，以这种激励为核心的创新创业文化也在悄然形成。它并不妨碍传统形式——"创业创新"——的继续发展，反而能与之形成有效互动和促进，最终形成"创新—创业—创新"的良性循环，能够极大地加速创新驱动力的形成。无论是"创业创新"所带动的传统式创新，还是"创新创业"所转化的突破式创新，都需要创业公共服务的有效供给来汇聚资源要素、改善体制机制、优化创业环境，只不过服务的对象有所区别。对于重庆来说，"一圈"与"两翼"，都市核心区和都市拓展区与城市发展新区，城市发展新区与渝东南生态保护区和渝东北生态涵养区之间的"多元城乡差异"，创业活动发生和发展方式、创新模式选择会因自身禀赋不同而截然不同，创业公共服务在"城乡"之间的均等化尤显重要。因此，促进重庆市城乡创业公共服务均等化不仅是创新驱动发展战略的需要，而且是重庆市自身协调发展的需要。

第二节　基本概念的界定

一　创业公共服务

从以上的阐述中我们得知，创业公共服务与人们的发展需要、基本公共服务及其均等化程度、创新发展战略、创业自身独特性等因素有密切的联系。本书认为，创业公共服务就是为鼓励创业活动发生、支撑创业活动发展而提供的一系列基本公共服务及产品的总称。它是在人们满足基本温饱需求、基本公共服务及其均等化发展到一定程度后，为了满足人们更高生活需求而必须供给的、以鼓励创业活动发生、支撑创业企业发展为主要内容的一系列公共服务及产品的总称。它包括创业公共政策供给、创业公共制度保障、创业公共文化环境、创业公共教育培训、创业公共基础设施建设、创业公共服务供给主体发展等几个方面。

创业公共服务显然是属于公共服务的范畴。公共服务概念在罗伯特和珍妮特夫妇的"新公共服务理论"提出之前，在中国被经典地表述为"为人民服务"。直到2004年9月中共十六届三中全会将政府主要职能概括为经济调节、市场监管、社会管理和公共服务后，公共服务概念才首次出现在党的重要决议中，正式成为政府的主要责任。学界对公共服务的研究通常以公共物品、公共产品为出发点，虽然一直存在着公共产品、公共服务界定的分歧和供给主体应该是谁的争论，但是我国在创新发展理念引领下实施创新发展驱动战略，创业公共服务的"公共性"非常明显。创业公共服务是一类公共产品，具有"共同需求的消费群体"非竞争性"非排他性与共用性、不可分割性和不可衡量性"。在创业公共服务供给方面，必须强调政府公共性，政府主动承担创业公共服务的供给责任，履行政府公共服务的职能，倡导公平正义原则为市场创业主体服务。在"大众创业万众创新"引擎中，创业公共服务的"非排他性""非竞争性"日益凸显，符合学界认同的"公共服务标准"。可以说，创业公共服务本身所具有的特性以及供给创业公共服务过程都决定了创业公共服务的"公共服务"性质。

创业公共服务还应当纳入新一轮基本公共服务的范畴。依据联合国开发计划署提出基本公共服务的四个标准（即基础性、广泛性、迫切性、可行性）和任宗哲教授指出的判断一项公共服务是否属于基本公共服务具有两个标准（即无差异的同质性公共消费需求与低层次消费需求直接关联的公共服务）来看，创业公共服务在我国公共安全、义务教育、基本医疗、养老保障、公共卫生等方面的基本公共服务取得一定程度的进展，人们对公共服务"低层次消费需求"已经得到提升，当前我国人民对关乎自身发展的创业公共服务的需求已非常普遍，创业公共服务已经符合联合国开发计划署"基础性、广泛性、迫切性、可行性"的标准，已经成为人们具有普遍"无差异的同质性公共消费需求"的"低层次消费需求直接关联"的公共服务，至少在学术研究层面应当纳入基本公共服务领域进行研究。在实践中，创业公共服务已经同就业公共服务相并列的面貌在《国家基本公共服务体系"十二五"规划》中出现，更说明了这一点。李克强总理在2014年9月的夏季达沃斯论坛开幕式上表示："要借改革创新的'东风'，推动中国经济科学发展，在960万平方公里土地上掀起'大众创业''草根创业'的新浪潮，形成'万众创新 人人创新'的新态势。"①"大众创业万众创新"被写进2015年政府工作报告，要"打造大众创业、万众创新和增加公共产品、公共服务"的中国经济提质增效升级"双引擎"，同时表示，要优化政府创业公共服务，通过政府放权让利的"减法"，调动社会创新创造热情的"乘法"，发挥千千万万中国人的智慧，推动中国经济转型升级，阔步向中高端迈进。更加表明创业公共服务的独立性和实现创业公共服务均等化的紧迫性。2015年6月16日，《国务院关于大力推进大众创业万众创新若干政策措施的意见》（国发〔2015〕32号）颁布，旨在改革完善创

---

① 新华网：《李克强在2014夏季达沃斯论坛开幕式上的致辞》，http：//news.xinhuanet.com/ 2014-09/11/c_ 1112430855.htm，2014年9月10日。

业创新体制机制，"构建普惠性政策扶持体系，推动资金链、创业创新链、产业链、就业链联动发展"。① 这就为新时期认识、界定和推行创业公共服务提供了新的依据，创业公共服务在我国已经完全达到基础性、广泛性、迫切性、可行性标准。可以说，此时，创业公共服务才正式成为基本公共服务的一个重要组成部分。

将创业公共服务纳入基本公共服务有其现实意义，可以说是我国基本公共服务均等化发展过程的必然趋势，也是当前基本公共服务体系完善和发展的必需。首先，传统基本公共服务的顺利实施和阶段效果，为创业公共服务纳入基本公共服务提供了良好的基础环境和供给模式选择。在基础环境方面，传统基本公共服务的顺利实施，为创业公共服务的实施创造了和谐的社会环境，社会对政府政策的认同感增强，弱势群体的利益得到保护并有一定程度的发展；在供给模式方面，传统基本公共服务的顺利实施和阶段效果表明我国在公共服务供给上已经找到适合我国国情的发展道路，市场和社会供给公共服务已经不是新鲜事物，并形成可供创业公共服务管理部门参考的供给模式。在一定意义上，传统基本公共服务带来的是稳定的发展环境和发展潜力，带来的是资源要素集聚的可能性，而创业公共服务服务的是创业、刺激的是创业的热情和活力，是利用并进一步改善和优化传统基本公共服务所创造的发展环境，以及基本公共服务保障功能缓解和解除创业风险给有创业意愿的潜在创业者带来的压力，将区域性、行业性发展潜力转化为现实的生产力。其次，将创业公共服务纳入基本公共服务符合基本公共服务的发展需要和发展要求。《国家基本公共服务体系"十二五"规划》提出在"十二五"时期我国基本公共服务均等化取得明显进展，到 2020 年实现体系健全的时间节点性要求。而将创业公共服务纳入基本公共服务体系正是在传统基本公共服务均等化取得明显进展的基础上不断健全完善基本公共服务之举，是升级打造基本公共服务 2.0 版本的需要；在健全功能上，创业公共服务为

---

① 新华网：《国务院印发〈关于大力推进大众创业万众创新若干政策措施的意见〉》，http://news.xinhuanet.com/fortune/2015-06/16/c_1115632158.htm，2015 年 6 月 16 日。

传统基本公共服务提供动力保障，传统基本公共服务多为基础性建设和"输血式"扶持，在发展能力及其转化方面需要创业活动的发生、发展，创业公共服务纳入基本公共服务，就是为其提供动力支撑，满足和保障基本公共服务从基础兜底向功能健全、完善发展迈进。最后，创业公共服务对生活水平的飞跃性提升和发展能力提升的偏重，使其较传统基本公共服务更具公平正义性，且经济和社会效应更大。

二　创业公共服务均等化

所谓的创业公共服务均等化就是指以政府主导、社会参与的创业公共服务供给主体，能够有效满足全体公民在均等的创业权利基础上，自由平等地表达自身创业需求、自由平等地选择创业公共服务产品与服务的过程标准。

首先，创业公共服务均等化的本质是公民享受服务权利的均等，即机会均等或机会选择、机会获得可能性的均等，目的是实现社会公平与正义。"均等化不等于平均化"是国内外学者对公共服务均等化的基本认识。实现创业公共服务均等化并不意味着全体公民能够消费数量相同、相同程度、相同水平的绝对统一的服务，而是强调对服务消费的权利和机会等充分地体现社会公平公正，是将差距控制在社会普遍可承受的合理范围内、更加关注弱势群体的结果大体相同。总的来说，就是开展与自身禀赋相一致的创业活动时获得创业公共服务的权利的均等，以及在同等条件下，不同创业主体有获得相等水平、质量的创业服务的完整权利，不因地域、民族、身份、性别、贫富状况等差异而不同，更不能被任意剥夺。

其次，创业公共服务均等化的内容是拓宽公民自由选择的范围和权利，使之能够按自身创业活动所需自由选择、消费服务，即程序规范所带来过程选择可能性均等，目的是不断提高人的自由全面发展的可行能力和充足的生产供给可由公民自由选择的创业公共服务。均等化不等于模式化、标准化，创业公共服务的实施过程不是在各地提供一刀切、标准化的服务，而是强调创业公共服务消费需求的满足，要求畅通公民公平表达需求渠道，由自上而下的指标分配式的生产供给方式，转变为自下而上反馈式与自上而下积极回应相结合的双向生产供给方式。在经济新常态的大逻辑下，在供给侧结构性改革的主线中，创业公共服务均等化更加强调创业公共服务供给的有效性，即以不同类型、不同内容的创业公共服务满足不同的创业活动发生、发展的需要，促进创业企业的建立、成长、壮大。

再次，创业公共服务均等化的过程是层次性、顺序性的统一，即在创业活动的不同发展阶段、创业企业的不同发展层次上，均有相应的创业公共服务为之服务。创业有生存型创业和机会型创业之分，它们对具体创业公共服务的需求是不同的。相应地，创业公共服务的生产、供给、评估、反馈也必须通过评测创业活动和创业企业的实际需求，选择相应的创业公共服务生产主体、服务项目、服务内容、服务模式。这个过程在整体上表现为创业公共服务的层次性和顺序性。

最后，创业公共服务均等化有两条递进式的标准，即"底线标准"和"需求标准"，即服务产出效应的均等，目的是因地因时制宜地提供充分满足公民发展需求的服务。受到个人发展需要、服务供给效率、财力投入水平等方面的限制，创业公共服务均等化的生产供给要将地方生产力发展水平、资源禀赋、财政能力、工作能力、文化环境与创业活动实践需要结合起来，"让政府在这个底线的边界上重新担负起其应有的责任"，[①] 政府要"托一个底"，即政府要把农村基本公共服务托起来，[②] 在结果上坚持"底线标准"和充分满足需求的"需求标准"相结合，因地因时制宜地、全面系统协调地为创业服务，致力于满足公民创业需求，使不同对象均衡收益。

三　城乡创业公共服务均等化

城乡创业公共服务均等化不仅是创业公共服务发展的阶段性目标，而且还是创业公共服务实现高水平、高质量发展的实施路径的唯

---

① 韩志明：《公共服务均等化的空间政治学分析》，载《探索》2009 年第 2 期。
② 贾康：《论分配问题上的政府责任与政策理性——从区分"公平"与"均平"说起》，载《经济与管理研究》2007 年第 2 期。

一选择，更是衡量创业公共服务实施程度、发展程度的重要指标。城乡创业公共服务均等化的重要性进一步凸显。在当前可考的创业活动和创业企业发展过程中，呈现出两种不同的"创业模式"：一是机会型创业，以高新技术创新转化为生产力为基本特征，创新成果是创业的基础，多是产生"熊彼特式"的"瞪羚企业"；二是生存型创业，以模式复制、扩展及规模化为基本特征，非饱和市场是创业的基础，多是产生传统的、已有的业态。恰巧在我国当前的市场环境和制度环境中，抛开已有的创业企业不说，仅从新一轮创业活动发生的条件来看，城市依托技术、人才、管理等资源要素优势可以产生更多的机会型创业，而这种形式的创业在农村则很难有条件实现，只可能产生生存型的传统创业。在这个意义上，创业活动和创业企业本身就具有"城乡差异"。对于重庆市来说，"城乡"还具有其他不同的含义。重庆市所辖38个区县中有14个"国家级贫困县"，且集中分布在"两翼"地区，由此造成重庆市城乡创业公共服务均等化进程的"两极分化"：一方面是"一圈"和"两翼"的明显差异所形成"大城乡"差距。"一圈"中的绝大多数区县城市化水平明显高于"两翼"地区，已经呈现出刘易斯用"城乡"比拟的"两个生产部门"；同时，推进创业创新和促进城乡创业公共服务均等化走在全市前列，甚至全国前列，创业创新、创业就业已经形成协调联合、相互促进的良性循环格局。而"两翼"绝大多数地区则"疲于奔命"，或忙碌于"脱贫摘帽"，或受制于"生态红线"，加之技术、人才、资金等自身禀赋的差异，在明显的"两翼"地区"大农村"特征下，推进创业创新和促进城乡创业公共服务均等化过程明显表现出"扶贫"的特征。因此，重庆市城乡创业公共服务均等化有三种类型：从创业活动上看，是在机会型创业与生存型创业之间的均等化，强调获得有效供给权利前提下的公平公正；从重庆市整体发展看，是在"一圈"与"两翼"之间的均等化，强调区域规划框架下的层次性供给；一般性的城市与农村之间的均等化，强调发挥和发展城市优势、挖掘农村潜力和补齐农村短板，实现协调基础上的平衡。

依据创业公共服务及创业公共服务均等化的内涵，可以得知城乡创业公共服务均等化的内涵，即使城乡间组织和个人能够在均等的权利基础上，自由平等地表达自身服务需求和选择服务产品与服务的过程。它具有以下几个基本特点：

第一，目标的确定性。城乡创业公共服务均等化当前的目标是解决不断扩大的城乡发展差距，破除城乡二元结构。以鼓励创业的理念和服务创业的方式，以创业带动就业，实现农村剩余劳动力向现代工业和其他部门的有序有效转移，促进初次分配和再次分配公平，从根本上缩小城乡差距，使城乡居民平等享受改革发展成果，助力小康社会的全面建成，推动社会和谐发展。

第二，对象的针对性。促进重庆市城乡创业公共服务均等化的主要对象一是农民，二是城市发展新区。在保障农民平等享受创业公共服务的基础上，扶助农民创业，提升农民创业热情，提升农民创业能力，提高农民创业质量，提高农民创业企业的生存和发展水平，以创业带动就业，以自雇用就业带动雇用就业，逐渐实现农村剩余劳动力向现代工业和其他部门的有序有效转移，提升农民自身全面发展能力和促进农民收入增加双管齐下，缩小城乡差距。另外，城市发展新区是重庆市未来城镇化的主战场和城乡转移人口的主要承接地，同时，该地区还是重庆未来经济转型、结构调整、产业优化、创新创业的主战场，是重庆市城乡创业公共服务均等化的衔接点和辐射区。因此，着力打造城市发展新区的创业公共服务既是促进重庆市城乡创业公共服务均等化过程顺利推进的关键，也是配套实施城市发展新区战略规划的重要抓手。

第三，作用的辅助性。从对创业公共服务的需求来说，城乡创业公共服务均等化的出发点和核心是帮助提升城乡居民生存和发展的可行能力，扶助实现城乡居民的自由选择发展路径、自主展开发展前景，过程中更加注重城乡居民创业技术水平、能力素质的提升和创业企业的发展。从城乡创业公共服务均等化本身来说，它是从外部对创业主体（包括潜在创业主体）施加的积极影响，是鼓励创业、服务创业的外部影响因素。所以，就城乡创业公共服务均等化本身而言，其作用是辅助性的，服务不能代替发展，均等的服务更不是发展；就城乡创业公共服务均等化的过程而言，其作用也是辅助性的，而不是就服务谈服务，就差距谈均等。

第四，过程的相对性。一方面，从国内外的实践来看，创业公共服务均等化是一个逐步走向"均等化"的过程，在实现的过程中，均等化与非均等必然是同时并存的，在当前阶段，"非均等"是大于"均等"的情况的，完全实现城乡创业公共服务均等化需要一个长期的过程，因此，其均等化在时间顺序上是相对的；另一方面，由于我国地域广阔和自然条件、经济社会发展水平的差异较大，必然导致各地区在创业公共服务生产和供给上存在差异，这种差异是无法弥合的。因此在不同地区，其均等化在程度上、空间上是相对的。

第五，内容和标准的动态性。一方面，城乡创业公共服务均等化的内容会随着经济社会发展以及人们对公平的认识而不断变化，其领域在不断扩展、水平在不断提高，项目也将逐步体系化，运作更加协调；另一方面，城乡创业公共服务均等化的标准动态性是社会大众对创业公共服务的需求标准的不断提高、政府财力水平的不断增加、服务供给能力和供给效率效能的不断提升。

第三节　国内外研究现状及评述

国内外学界对于城乡创业公共服务均等化问题已经有了初步的研究，尤其是国内关于城乡基本公共服务均等化已经形成系统完备的研究成果。这些成果是本课题开展的基础。

一　国外研究现状及评述

国内学者在论及国外城乡公共服务均等化问题时，有认为西方国家"城乡一体化发展程度一直相对较高，城乡差距主要体现在经济发展程度方面而非公共服务供给领域"，[1] 城乡公共服务均等化问题不明显；甚至有学者提出国外（尤其是美国）将公民享受基本均等的

---

[1]　任宗哲、卜晓军：《中国公共服务城乡均等化供给——基于制度分析的视角》，社会科学文献出版社 2013 年版，第 17 页。

公共服务作为公民与生俱来的权利，[①] 并成为政府基本施政纲领，因此没有专门针对公共服务均等化的相关研究[②]；还有学者认为国外特别是发达资本主义国家，"不存在城乡二元结构特征"，"很少有城市公共服务和农村公共服务的划分"，"政府提供的公共服务基本上是均等的"。[③] 本研究认为，城乡公共服务均等化是循序渐进的发展过程，即使是均等化程度较高的西方发达国家，从发展的角度看，城乡创业公共服务均等化的推进发展同样是在完备系统的理论研究基础上形成的，其研究主要集中于以下几个方面：

第一，社会公平正义的价值追求。西方国家对"城"与"乡"概念的认识，与我国是有很大不同的，但共同点就在于，有关城乡创业公共服务均等化研究的思想核心体现为对社会公平正义的价值追求。古希腊时期的亚里士多德认为"公平就是在非自愿交往中所得与所失的中庸，交往以前和交往以后所得相等"，[④] 他所指的"非自愿交往"是人类生活普遍的政治关系。中世纪那个极不平等的黑色时代，一直到启蒙运动才有所改善，正义、平等成为这段时期呼声最高的价值追求，认为正义是"一种习惯，依据这种习惯，一个人以一种永恒不变的意愿使每个人获得其应得的东西"，[⑤] "平等是一项神圣的法律，一项先于其他一切法律的法律，一项派生一切法律的法律"，[⑥] "一切享有各种天然能力的人，显然都是平等的"，"平等是最自然的东西"。[⑦] 显然，为正义和平等的基本权利而战的激烈使得他们还无

---

① 吴乐珍：《我国基本公共服务供给中的失衡问题研究》，博士学位论文，浙江大学，2012 年。

② 江明融：《公共服务均等化论略》，载《中南财经政法大学学报》2006 年第 3 期。

③ 吕新发：《农村基本公共服务制度创新——基于均等化目标下的研究》，光明日报出版社 2012 年版，第 15 页。

④ 苗力田主编《亚里士多德全集》（第八卷），中国人民大学出版社 1992 年版，第 103 页。

⑤ ［美］E. 博登海默：《法理学——法哲学及其方法》，邓正来等译，华夏出版社 1987 年版，第 254 页。

⑥ ［法］皮埃尔·勒鲁：《论平等》，商务印书馆 1988 年版，第 239 页。

⑦ 北京大学哲学系外国哲学史教研室编译：《十八世纪法国哲学》，商务印书馆 1963 年版，第 88—89 页。

暇顾及对公平的追求，所谓西方发达国家"与生俱来的公平"也是近代文明发展的产物。20 世纪 70 年代美国哈佛大学教授约翰·罗尔斯的"公平的正义理论"提出"正义的首要问题是社会的基本结构，即用来分配公民基本权利和义务"，① 公平正义才真正进入基本权利范畴成为政府管理的价值追求。公平正义需要制度进行保障，制度的价值取向首先应该以公平为第一准则，即让最大多数人实现最大幸福，② 公平应当基于公平的机会和避免绝对的剥夺两个原则。③ 对政府职能和政府责任认识的不断讨论，政府的公共性使以政府为主导的公平均等地提供公共产品和公共服务成为政府"善治"的目标追求。这体现在各个学科和理论领域对公平和均等的论述中。如萨缪尔森将"纯公共产品"定义为"必须是由集团中的所有成员均等消费的商品"，④ 公平均等地享受公共产品是所有社会成员的基本权利，体现机会公平原则。以程序的正义为基础的民主主义政治过程，才能在过程中实现公平均等，强调过程公平得到的就是"经过充分讨论后以多数表决方式做出的决定就是由程序的正义所支持的正当结果"。⑤ 至于如何评判和测度公共服务供给，美国哥伦比亚大学的萨瓦斯(E. S. Savas) 认为关于评判公共服务的提供是否公平，可以使用支出公平（Equal Payment）、效果公平原则（Equal Output）、投入公平原则（Equal Input） 和需求满意程度公平原则（Equal Satisfaction of Demand） 来衡量，⑥ 而以公共产品理论为基础的公共财政分配是否公

---

① ［美］约翰·罗尔斯：《正义论》，何怀宏等译，中国社会科学出版社 1988 年版，第 1—3 页。

② ［英］约翰·穆勒：《功利主义》，唐钺译，商务印书馆 1957 年版，第 18 页。

③ 世界银行：《2006 世界发展报告：公平与发展》，清华大学出版社 2006 年版，第 18—20 页。

④ ［美］萨缪尔森：《经济学》，萧琛译，人民邮电出版社 2004 年版。

⑤ ［日］谷口安平：《程序的正义与诉讼》，王亚新、刘荣军译，中国政法大学出版社 1996 年版，第 6 页。

⑥ E. S. Savas, "On Equity in Providing Public Services", *Management Science*, Vol. 24, No. 8, April 1978.

平就成为公平正义原则的一个重要的检验指标。① 在机会公平、过程公平和结果公平动态原则基础上的社会公平正义是贯穿于公共服务均等化全过程的价值追求，也是我们研究城乡创业公共服务均等化的逻辑起点。

第二，创业及其与经济社会发展关系。早在 250 多年前坎狄龙（Richard Cantillon）就率先提出了"创业家"的概念，认识到创业对经济发展的作用，但对创业的研究持续在"创业家"理论上，创业推动经济社会发展的功能一直被主流经济学界所漠视。坎狄龙认为创业家的职责是套利，其功能是通过套利实现的，他以创造社会经济价值的角色出现在经济理论中。② 20 世纪初，奈特（Knight）指出创业家的经济职能是承担不确定性；③ 约瑟夫·熊彼特（Joseph Schumpeter）在其《经济发展理论》一书中挑战基于均衡状态的经济理论，提出创业者是创造性破坏者，通过实施创业活动来打破经济均衡，从而推动经济增长。④ 直到 20 世纪 80 年代，人们发现支撑现代经济的力量不再是传统的 500 强企业，而是名不见经传的新创企业，新技术发展在创业活动中的灵活性和创新性中得到迅速应用，创业在创新、就业与经济增长方面的贡献日益突出，创业研究才重新被加以重视，以马克·卡森（Mark Casson）、威廉·鲍威尔（William Baumol）和戴维·奥德斯（David B. Audretsch）为主要代表：卡森认为创业者所具有的判断性决策特征与创业强调的风险感知的主观性相耦合使其成为市场的制造者；⑤ 鲍莫尔认为创业家作用的发挥取决于经济制度为他们提供的回报，非生产性创业并不能为经济发展作出贡

① ［美］约瑟夫·斯蒂格利茨：《政府经济学》，曾强等译，春秋出版社 1988 年版。

② Cantillon. R., "The Circulation and Exchange of Good and Merchandise", in Casson, M. (eds.), *Entrepreneurship*, Edward Elgur Publishing Ltd., 1990, Hants UK.

③ Knight, R, Jozef, "Gross Job Flows and the Evolution of Size in U.K. Establishments", *Small Business Ecomomics*, 1995, 7 (3).

④ Schumpeter J. A., *Business Cycles: A Theoretical, Historical and Statistical Analysis of the Capitalist Process*, New York: McGraw-Hill, 1939.

⑤ Casson Mark, *The Entrepreneur: An Economic Theory*, Oxford: Martin Robertson, 2nd., Edward Elgar, 2003.

献，创新创业很大程度上促进了经济发展;[1] 奥德斯提出内生创业和创业的知识溢出理论以解释创业与经济增长之间的内在联系，创业连接知识溢出和投资机制，将私人和公共资本聚合起来，对社会经济增长和促进就业有巨大作用。[2] Van Praag 进一步明确了创业活动对就业的拉动作用，指出在创业活动活跃的地区，创业可以增加就业机会从而减少失业率，有助于社会秩序的稳定。[3] 这批学者提出了创业者是市场制造者、创业聚合技术和公私资本、内生创业和创业知识溢出理论、创业与就业增长正相关等影响当今创业理论与实践的基本观点和基础理论。1982 年举行了首届百森创业研讨会，创业开始作为一个学术研究领域出现。20 世纪 90 年代初由于互联网的发展，创业研究得到加速发展。[4] 到 20 世纪末 21 世纪初，创业促进经济社会发展已得到学界广泛认同，1999 年由美国百森商学院和英国伦敦商学院共同发起的全球创业观察项目（Globe Entrepreneurship Monitor，GEM）就是典型代表，[5] 创业型经济发展成为新的经济发展形式而引起广泛关注。

　　第三，政府公共服务责任的强化和创业公共服务均等化制度保障。20 世纪 70 年代，随着自由主义理论的重兴，西方部分国家开始缩减政府职能，以期充分发挥市场优势，打破经济滞胀困境，但其实施效果并不佳。20 世纪 80 年代末 90 年代初，融合了新自由主义思想的新凯恩斯主义理论重申政府干预职能；另外，新自由主义、马克思主义、新保守主义等西方主要政治思潮都从不同层面传出不同程度的政府干预声音。自此，政府适度干预与自由市场机制的有机结合成为

---

① William J.Baumol，"Entrepreneurship：Productive，Unproductive，and Destructive"，*Journal of Political Economy*，1990，Vol. 98.

② Audretsch，D. B. and A. R. Thurik，"A Model of the Entrepreneurial Economy"，*International Journal of Entrepreneurial Education*，2004，Vol. 2.

③ Van Praag，C. M.，&Cramer，J. S.，The roots of entrepreneurship and labor demand：Indibidual ability and low risk aversion，*Economica*，2001.

④ 宁亮：《促进创业活动的政府行为研究》，博士学位论文，江西财经大学，2009 年。

⑤ 李乾文：《公司创业活动与绩效关系测度体系评介》，载《外国经济与管理》2005 年第 2 期。

当代西方发达国家普遍存在的现象。20 世纪 90 年代以来相关研究成果逐渐增多。"基本公共服务均等化一方面取决于政府的财政实力和政治意志，另一方面取决于合适的具体制度安排。"① 政府公共服务责任的强化和创业公共服务均等化的制度保障成为体现政府公共性和保障创业公共服务均等化顺利推进的重要因素。两者在创业公共服务均等化问题上的结合，主要表现在三个方面：首先，表现在对其供给的公平正义原则上，"只要在平等的起点上寻求环境的平等化，对平等的追求和对自由的需求就可以达成一种平衡，并且能够相互再平衡"。② 罗尔斯认为公平正义原则就是"合作体系中的主要的社会制度安排"③，法国学者利奥塔将公平的制度安排看作是"公平游戏的可能性，如果被否定，绝对的不公正就将发生"。④ 这里所指的社会制度更多的是人的权利平等和公平契约关系。德国新历史学派和同时期的英国费边主义学者韦伯都认为国家除了维护社会秩序和国家安全外，"还应当举办一些公共事业来改善国民的生活以缓和阶级矛盾"。⑤ 极力倡导市场自由主义的亚当·斯密虽然认为在经济学角度，政府是浪费的、腐败和无效的，但仍不否认"君主必须提供某些服务"，并且"这些公共服务应该公平地由全体公民所享有"。⑥ 穆勒对他的观点做了进一步继承和发展，指出政府供给公共服务是其合理的职能，供给的范围应当是"那些具有外部公共性、无法明确划分成本

---

① 吕新发：《农村基本公共服务制度创新——基于均等化目标下的研究》，光明日报出版社 2012 年版，第 8 页。

② ［美］乔·萨托利：《民主新论》，冯克利、阎克文译，东方出版社 1998 年版，第 406 页。

③ ［美］约翰·罗尔斯：《正义论》，何怀宏等译，中国社会科学出版社 1988 年版，第 50 页。

④ ［法］利奥塔：《后现代性与公正游戏》，谈瀛洲译，上海人民出版社 1997 年版，第 61 页。

⑤ 季陶达主编《资产阶级庸俗政治经济学选辑》，商务印书馆 2000 年版。

⑥ ［美］亚当·斯密：《国民财富的性质和原因的研究》，郭大力、王亚南译，商务印书馆 1981 年版。

或划分成本代价高昂、较难向获益者收取费用的领域"。① 其次，表现为政府垄断供给公共产品或服务的观点。瑞典经济学家维克赛尔在《国民经济学讲义》一书中，将公平引入公共产品理论，认为国家具有实现公共产品最优供给的条件，之后林达尔在此基础上创立了"林达尔均衡模型"；萨缪尔森（Pall Samueclson）在《公共支出的纯理论》一书中首次提出了公共产品的概念，认为公共产品的特性决定了其只能由政府进行提供；② 以詹姆斯·布坎南（James M. Buchanan）为代表的公共选择学派主张关注政治决策过程机制和财政均衡机制来提高公共产品公平供给的效率，提出公共服务成本主要由政府来承担的思想直接表现了政府在公共服务均等化过程中的责任。③ 兹韦费尔（Peter Zweifel）研究了公共就业服务与私营就业服务，并指出他们在服务供给时的目标是不同的，④ 布朗斯坦（Bronstein）在此基础上提出私营就业服务机构主要是安排临时性的短期工作，而这只会给后期的工作带来更大的麻烦，进一步强调了政府（公共部门）在公共服务供给中的责任和重要性。最后，表现在政府创业政策和制度支持创业、保障和优化创业环境方面。直到 20 世纪末 21 世纪初，学者们才开始正视政府政策与创业、政策与公共服务之间的微妙关系。罗德斯托姆（Anders Lundstrom）和斯蒂文森（Lois Stevenson）提出一个由激励角度、技能角度和机会角度三个方面构成的创业政策因素模型；⑤ 克拉伯等人（Klapper, L., Laevena, L., and Rajan, R.）使用欧洲

---

① ［英］约翰·穆勒：《政治经济学原理及其在社会哲学上的应用》，胡企林译，商务印书馆 1991 年版。

② Pall Samuelson, "The Pure Theory of Expenditure", *The Review of Economics and Statistics*, Nov., 1954.

③ James M. Buchanan, "Federalism and Fiscal Equity", *The American Economic Review*, Vol. 40, No. 4, Sep., 1950.

④ Peter Zweifel, Christoph Zaborowski, "Employment Service: Public or Private?" *Public Choice*, Oct 1996.

⑤ Stevenson, L. and A. Lundstrom, "Patterns and trends in entrepreneurship / SME policy and practice in ten economics", *Entrepreneurship Policy for the Future Series*, 2001, Vol. 3, Swiedish Foundation for Small Business Research.

国家企业的数据研究企业进入的制度性规制，认为进入规制提高了新企业产生的成本，妨碍了企业规模扩大和成长发展;[①] 汉森等人（Hansen E，Phan T，Price D，2001）指出在维护公共就业服务的公平透明方面必须重视政府的作用;[②] 纽波特（Scott L. Newbert，2005）通过阐述创业者和环境之间动态作用关系说明加强政府创业公共服务的重要作用。[③]

第四，关注创业与减贫的关系，以及政府在"创业扶贫"及其治理中的作用。在国际上，从 20 世纪 70 年代，有关"创业扶贫"的研究就已经开始涌现，80—90 年代出现研究的高潮期，90 年代末 21 世纪初已经比较成熟，尤其是在非洲、拉美、中国等发展中国家和地区，相应的治理策略也成为研究的重要部分。在创业与减贫之间的关系方面，认为良好的服务和治理对减贫和发展具有内在工具性价值（L. Early、Z. Scott，2010），政府应当让贫困人口了解"什么是工作"和如何创造工作，而不只是治理贫富差距（Merilee S. Grindle，2004）；有效的服务和治理能够创造"有利的环境"，可以改善贫困群体与其他社会群体和国家本身的关系，使他们成为拥有发展自主权的公民，从而提高进行创业的贫困人口在市场中的地位（B. Helmsing，2004）；明确资源权属、提供保障权利的服务、简化市场准入程序等市场优化政策，能够使贫困人口获得理想的发展条件（Hope R. A.、Porras I. T.、Miranda M.，2005）；政府因素是治理改革成功的条件（L. Early、Z. Scott，2010），政府公共服务和治理能够畅通自主创业渠道，防止因"劣政"和无效治理而造成公共部门的体制、制度阻塞农村贫困人口"构建自己的途径摆脱贫困"，才能让农村减贫获得实际收益（F. Ellis、N. Mdoe，2015）。大多数研究中都

---

① Klapper L.，Laevena L.，and Rajan R.，"Entry regulation as a barrier to entrepreneurship"，*Journal of Financial Economics*，2006.

② Hansen E，Phan T，Price D，*The Public Employment Service in a Changing Labor Market*，2001.

③ Newbert，S. L，"New Firm Formation：A Dynamic Capability Perspective"，*Journal of Small Business Management*，2005，Vol. 43.

突出了政府在"创业扶贫"及其治理中的作用，其主题大致包括以下几方面：一是重视创业扶贫环境，认为良好的治理对减贫和发展具有内在工具性价值（L. Early、Z. Scott，2010），有效的治理能够创造"有利的环境"，可以改善他们与社会群体和国家本身的关系，使他们不再是被动的群体，而是拥有发展自主权的公民，从而提高进行创业的贫困人口在市场中的地位（A. H. J. Bert Helmsing，2004）；明确资源权属、提供保障权利的服务、简化市场准入程序等市场优化政策，能够使贫困人口获得理想的发展条件（Hope R. A. 、Porras I. T. 、Miranda M. ，2005）。二是注重政府在创业扶贫治理和改革中的作用，认为政府因素是治理改革成功的条件（L. Early、Z. Scott，2010），只有正确发挥政府在治理中的作用，解决宏观目标和衰弱的地方治理体制之间脱节的难题，畅通自主创业渠道，才能防止因"劣政"和无效治理而造成公共部门的体制、制度阻塞农村贫困人口"构建自己摆脱贫困"的路径，才能让农村减贫获得实际收益（F. Ellis、N. Mdoe，2015）；同时，政府必须以认真的态度推进其治理职能向细致入微演化，让贫困人口了解"什么是工作"和如何创造工作，而不只是治理贫富差距（Merilee S. Grindle，2004）。三是重视财政的分配政策，此类研究主要集中于落后国家和地区，普遍认为良好的援助政策是减贫的主要渠道，"减贫效率"有赖于"援助拨款"的增加（R. Lensink、H.White，2000），政府在扶贫方面的财政分配直接反映了该地区的减贫水平（P. Collier、D. Dollar，1999）。四是聚焦在贫困人口直接参与治理上，如 F. Larocque（2011）认为，贫困公民通过民主和协商途径直接参与治理、影响公共政策，使创业所需的特许经营权审批过程制度化时，创业扶贫治理才具有真实性。

二　国内研究现状及评述

在 1978 年以前，受意识形态领域"左"倾错误的影响，我国片面发展单一的公有经济，对非公有经济采取了批判、限制，甚至取消的态度，导致非公有工业经济消失殆尽。据统计，到 1978 年，在我国工业总产值中，全民所有制工业占 77.6%、集体所有制工业占

22.4%，非公有制经济为零（胡希，2010）。在实行改革开放政策以前的计划经济时期，为了巩固新生的人民政权和探索适合我国国情的社会主义经济建设道路，政府实行的是优先发展重工业的赶超型创业战略，承担创业使命的载体是国营企业和集体企业，创业公共服务的主要方式是以行政计划为载体的行政命令。而在 20 世纪 80—90 年代，相关研究绝大多数都是对创业政策和创业精神的宣传教育，在此阶段的代表性成果主要有：1982 年《劳动工作》杂志发表的评论员文章《变待业为创业》掀开了学界研究创业公共服务的序幕；魏妮娜（1984）基于自身创业经历阐述了改革开放政策对创业发展的重要性；张家先（1985）论述了通过经济政策及其宣传引导群众走创业致富道路的必要性；肖元真（1993）指出，高技术创业及其产业化必须"依靠政府加强宏观管理、总体规划，制定各种优惠政策和合理制度，提供综合服务，创造优良投资环境"。进入 21 世纪后，随着我国加入 WTO，国内市场进一步开放，创业活动再掀高潮。在 2007 年《中国就业促进法》出台之后，有关创业公共服务的研究成果也随之涌现，学界的研究主要聚焦在创业政策、创业环境和行政许可制度三个方面。近几年来的代表性研究成果主要有：辜胜阻、肖鼎光和洪群联等人（2008）指出，实施创业带动就业战略的对策主要包括完善创业融资、创业服务、创业集群、创业教育和创业文化五个方面的政策体系。张茉楠（2009）提出，我国的创业政策应该强调改变和消除影响创业增长的结构性障碍，打造灵活的创业机制和良好的创业制度环境。宁亮（2009）提出，我国政府行为促进创业活动的对策包括设立专门的负责机构、确立创业政策的整体框架，构建完善的政策性环境，改善商务性创业环境并构建公共性创业环境。胡希（2010）提出，我国创业激励政策的改进路径主要包括优化以公共资源为基础的资本支持体系，构建以放松规制为内容的激励政策和完善以商业支持为核心的创业服务平台。孙学玉（2013）指出，打造企业型政府的主要对策包括：借扁平化结构促权力下移，完善行政许可制度、改进公共产品供给体制和深化行政机构改革。

　　关于城乡创业公共服务均等化的研究同样是 21 世纪初的事情了。

自党的十六大和十六届三中全会分别提出"统筹城乡发展",并将统筹城乡发展作为首要任务,指出了现阶段经济社会发展的着力点,又在十六届六中全会、十七大、十七届三中全会、十七届五中全会上强调"城乡公共服务均等化"的重要性。国务院在 2012 年 7 月颁布的《国家基本公共服务体系"十二五"规划》明确提出"十二五"期间"推进基本公共服务均等化取得明显进展"、到 2020 年"争取基本实现基本公共服务均等化"的工作目标之后,[1] 我国关于基本公共服务和城乡基本公共服务均等化的研究更是掀起了一波城乡基本公共服务均等化的研究热潮,其成果可谓浩如烟海、汗牛充栋。关于创业方面的研究也在 20 世纪末逐渐起步,国内很多高校和科研院所都有关于创业研究方面的出色学者,还形成和组建了以知名学者带头的国内创业研究团队,其主要代表有:吉林大学的蔡莉教授、南开大学的张玉利教授、清华大学的姜彦福教授、浙江大学的王重鸣教授、中山大学的李新春教授、西安交通大学的李垣教授等等。但是,从文献资料来看,在中文学术期刊网的搜索结果中,在 2000 年之后包含"创业""城乡公共服务"和"均等化"三个关键词的研究成果还不多,且仅对我国城乡创业公共服务均等化问题进行了比较粗略而非系统化的探讨。国内学界针对此课题的研究可以归纳为以下几点:

第一,有关城乡创业公共服务非均等的原因研究。该主题的研究成果并不独立于其他主题,可以说,谈及城乡公共服务均等化,必涉及非均等原因的研究。但是,体制和制度的分割、财政投入的差异是提及最多的原因。学界普遍认为我国城乡之间差异的根源是"二元经济结构"的设计和长期作用。1954 年,《劳动无限供给条件下的经济发展》一书出版,其作者美国经济学家阿瑟·刘易斯(W·A·Lewis)在书中提出并阐述了"二元经济结构"理论,该理论的基点是按照经济自然发展而划分出"传统"与"现代"两个不同性质、不同成熟度、不同发展方式的生产部门,"传统"与"现代"两个生

---

[1]　中央政府门户网站:《国家基本公共服务体系"十二五"规划》,http://www.gov.cn/zwgk/2012-07/20/content_ 2187242. htm, 2012 年 7 月 20 日。

产部门与农业、工业相对应，并认为城乡劳动分工不同和劳动力转移和社会流动的自然城市化过程。建国后开始的社会主义建设与探索，可以说是利用了两个部门的各自优势，通过工、农业"剪刀差"，迅速恢复了国民经济，建立了门类齐全的工业体系，奠定了我国快速发展的工业基础。但是，由此造成的工农差异及其附带的城乡差异，在长期政策、体制机制的作用下，固化为城乡之间难以逾越的制度隔阂。因此，我国城乡间二元经济结构的形成除经济自然发展原因之外，很大程度上是制度政策安排的结果。这是学界对我国城乡差异根源的共同认识。其次，认为城乡二元户籍制度、家庭联产承包责任制等制度性规则是城乡公共服务差异的凝固剂。在二元户籍制度方面，尤以中国社会科学院蔡昉的研究最为深入。他认为，二元户籍制度是我国二元经济长期存在与劳动力转移障碍重重的关键因素，在计划经济体制下，国家计划负责调控和调配各部门之间的资源要素，二元户籍制度使各部门获得稳定的劳动力来源，保障了生产和交换的持续；引入市场配置之后，二元户籍制度就成为各部门之间配置资源、劳动力流动的重要障碍，[①] 加速固化了二元经济结构。同时，二元户籍制度还是引发城乡之间公共服务二元化以及二元化逐步扩大的关键因素。农民依靠土地生产生活，土地在一定时期内使农民获得了必要的社会保障，加之落后生产力对生产资料和生产环境的需求标准很低，有限的公共资源更多地投入城市的公共服务体系建设，二元户籍制度的隔离使这种偏向性的公共服务供给和不平衡的城乡之间资源配置机会并没有带来明显的冲突，这是城乡公共服务差异的初始阶段；在此基础上，二元户籍制度导致了差异，并引发教育、医疗卫生、就业等公共服务二元化再次扩大。[②] 在农村剩余劳动力向城市大量转移之后，二元户籍制度成为农民向市民转化的制度障碍。清华大学国情研究所的胡鞍钢也认为，"中国需要进行第三次'解放农民'的制度革命，

---

① 蔡昉：《中国的二元经济与劳动力转移——理论分析与政策建议》，中国人民大学出版社 1990 年版。

② 蔡昉、王德文、都阳：《中国农村改革与变迁：30 年历程和经验分析》，格致出版社、上海人民出版社 2008 年版。

以从根本上解决长期以来的城乡隔绝、对立、分立的不公平和不公正局面"，他指出：最根本性的措施是消除城乡居民两种身份制度，使农民拥有与城市人口平等的发展机会和享受同等的公共服务水平。[①]此外，学者们还从家庭联产承包责任制（张军，1998；林万龙，2001；管勇昊，2008）、农村综合改革（中国改革发展研究院乡村治理与乡镇政府改革课题组，2010）、财政制度与财政机制（何寒熙，1996）等方面阐述了导致城乡公共服务非均等化的因素。

第二，将偏重农村和落后地区的创业支持作为城乡创业公共服务均等化的关键。如樊继达（2008）提出用创业公共服务促进农村剩余劳动力向现代工业和其他部门转移以统筹城乡发展，指出目前农民创业面临的主要障碍和突出问题是"农村创业能力偏低、创业资金匮乏、支持保障体系不健全、政策支持力度不够、农民创业动力没有充分激活等"，（中国科协新农村建设创业能力研究课题组也持类似观点），认为通过"加大对农民创业的政策支持力度"，"注重提升农民创业能力"，"推进农村金融创新"，"为农民创业提供稳定的资金支持"，改善管理"为农民创业营造良好的环境"，才能实现统筹城乡发展。[②] 此外，中国科协新农村建设创业能力研究课题组（2007）还提出"农民创业是国家创业的主力军"的观点，认为通过公共服务可以解决农民创业难的问题，提升农民创业能力，进而促进国家创业能力的整体提升。[③] 黄红华（2009）认为财政的转移支付和税收的优惠政策是对落后地区创业活动的重要激励措施，应当形成相应的激励机制和管理机制，这样才能形成实实在在的鼓励和支持政策，并提出政府应采用贷款贴息减息、财税优惠、经济奖励等方式激励落后地区

---

① 胡鞍钢：《中国需要进行第三次"解放农民"》，载《发展》2002 年第 11 期。

② 樊继达：《统筹城乡发展中的基本公共服务均等化》，中国财政经济出版社 2008 年版，第 38—39 页。

③ 中国科学技术协会：《中国新农村建设创业能力研究报告》，中国科学技术出版社 2007 年版。

的创业活动；① 持类似观点的还有辜胜阻（2009），吴业苗（2013）等人，并提出创业公共服务可以促进农村剩余劳动力向现代工业和其他部门转移，加速农民创业；此外，傅春、王国龙（2009）提出，通过改善农民创业公共服务能够促进农民创业致富、增加收入、提升社会地位与生活品质的观点。韩俊（2011）认为对农村和农民创业的关注是促进农村地区经济社会发展的关键，提出通过搭建农村中小企业发展和农民工创业的服务平台，促进农村地区农民创业的政策模型；② 陈伙林（2011）还提出通过财政支持科技项目的实施推动农民创业致富。③ 在对该领域的研究中，对农民创业，尤其是贫困农民创业的关注，还延伸出创业扶贫的研究方向。在国内学术界，创业扶贫是在城乡统筹的大背景下被社会广泛关注的。2007 年，国务院扶贫办和中国光彩事业促进会共同举办的"城乡统筹中的创业扶贫论坛"对开启我国创业扶贫理论和实践进程具有重大意义，预示着创业扶贫的新方式将成为中国扶贫事业主色调（李希琼、李凌，2007），将"带动扶贫开发工作步入新时期"（张进中，2008）。莫光辉在 2013年连续撰文指出创业服务关键在形成农民创业与国家扶贫开发政策有效衔接的互动共生机制，需要用创业扶贫解决产业扶贫模式中主体间地位不平等及互动不足等缺陷（胡振光、向德平，2014）。创业扶贫作为开发式扶贫的一种手段在云南、广西、河南、河北、青海等地已经开始实践。但是，创业与扶贫相结合在理论界还是一个新领域，学术界也没有对"创业扶贫"及其治理问题给予足够关注，而是集中在实施创业扶贫的具体项目上，如建立农民创业产业孵化基地（余朝霞，2014）、农民工创业园扶贫平台（黄承伟、覃志敏，2013；李世泽，2014）等，创业扶贫理论体系构建、公利与私利界定、创业扶贫专业性、政府与企业主动性等因素应当引起重视（叶先宝、林加扬，

---

① 黄红华：《统筹城乡就业中的政策工具选择与优化》，博士学位论文，浙江大学，2009 年。
② 韩俊：《"十二五"时期推进城乡基本公共服务均等化的政策要点》，载《理论学刊》2011 年第 7 期。
③ 陈伙林：《中国农村劳动力转移的财政支持研究》，博士学位论文，西南大学，2011 年。

2012）。当前，在国家着力打造"大众创业万众创新"新引擎和实施创新驱动发展战略的背景下，创业扶贫实践还需要加大政策和资金支持力度，形成农民创业与国家扶贫开发政策有效衔接的互动共生机制（莫光辉，2013、2014），需要用创业扶贫来填充解决产业扶贫模式中主体间地位不平等及互动不足等缺陷（胡振光、向德平，2014），需要进一步探索科技创业扶贫模式与运行机制（李俊杰，2014；王妍、王勇德、吴园，2015）和小额贷款助力贫困农民开展"微创业"和就近创业的金融扶贫机制（苏富平，2015）。因此，在政府扶贫机构主导下的反贫困治理结构中，治理策略的优化更显急迫（刘娟，2012），政府治理职能向扶贫倾斜是形成有效反贫困治理结构的关键问题（张晓琼、黄欣，2000）。另外，创业扶贫的研究思路是通过支持贫困户创业来扶贫、脱贫，提升贫困农户与政府、市场等主体的地位，其重心在创业，因此还派生出"创业治理"的研究支脉，如国家治理（王义明，2015）、社会治理（才凤伟，2015）、多中心治理（田书芹，2014）等视角下的创业和创业投资治理（陈孝勇等，2015）、创业团队治理（朱仁宏等，2014）、创业网络治理（张玉利等，2014）、创业组织治理（谢敏等，2014）、创业基地治理（吴贵彬等，2015）、创业者治理（王哲兵等，2013）等。同时，在如何以良好治理推动扶贫方面，学者也相应地提出了众多建议，如构建"主体—供体—载体"三体均衡、三位一体的可持续扶贫治理模式（丁军、陈标平，2010），构建"农村合作式反贫困治理结构"及其运作机制（刘娟，2012），建立基于市场发展型治理和权利保护型治理的新扶贫治理模式（李小云，2013），建构能够生发精准扶贫可持续发展的常态效应的复合型扶贫治理体系（李鹍、叶兴建，2015），建立专项扶贫、行业扶贫和社会扶贫"三位一体"的国家扶贫战略格局和国家扶贫治理体系（黄承伟、覃志敏，2015）等。

　　第三，将创业环境的优化作为城乡创业公共服务均等化的关键。在整体环境方面，胡希（2010）认为创业的活跃程度与环境条件具有很强的相关性，而"公共政策的目标就指向了激励创业者和鼓励创业活动方面"；彭顺昌、李波（2007）就认为，创业公共服务供给能够使创新创业主体作用充分发挥，实现"单体积极创新、群体优势互补"的创新体系，从而逐步缩小城乡之间创业公共服务的差距。为此，张茉楠（2009）提出，我国的创业政策服务应该强调改变和消除影响创业增长的结构性障碍，打造灵活的创业机制和良好的创业制度环境；宁亮（2009）提出，我国政府行为促进创业活动的对策包括设立专门的负责机构、确立创业政策的整体框架，构建完善的政策性环境，改善商务性创业环境并构建公共性创业环境；胡希（2010）认为激励创业的政策优惠应"着眼于创业者进入活动收益的长期性，系统结合放松规制、降低壁垒等更深层面的实践举措"；[①] 李政（2010）提出我国创业型经济发展存在着体制机制障碍、面临着来自于人才、金融、资源、税收、有形设施等生态系统约束，[②] 同时还受到"创业服务中介机构较少""行业协会缺乏或未充分发挥应有作用""共性的技术支持平台较少"等公共服务约束。[③] 彭秀丽（2009）提出通过加快企业家文化建设，推动我国创业公共服务均衡发展。[④]武树帜（2013）提出重点推进创业培训和融资平台以促进创业环境优化等观点。[⑤] 在此类研究中，学者们更多地关注构建科学合理的城乡均等化的财政供给管理体系。如丁元竹（2007）认为税收均等化、财政需求均等化是实现地方政府财政能力均等化的基础和基本实现手段；必须调整我国的财政支出结构，重构公共财政体制（迟福林，2008）；必须对侧重控制功能的现象转移支付体制作出根本的结构性改革，强化其再分配的功能，[⑥] 改革中央对地方的转移支付制度，完善分税制，提高中央政府的宏观均衡能力，构建多层次的转移支付体

---

① 胡希：《创业公共政策研究——基于激励创业者进入的视角》，经济科学出版社 2010 年版。

② 李政：《创业型经济：内在机理与发展策略》，社会科学文献出版社 2010 年版。

③ 王艳茹：《中国创业型经济发展研究》，载《中国青年政治学院学报》2009 年第 3 期。

④ 彭秀丽：《社会企业理论演进及其对我国公共服务均等化的启示》，载《吉首大学学报》（社会科学版）2009 年第 2 期。

⑤ 武树帜：《发展城乡便民服务网络推动"创业就业"》，载《中国行政管理》2013 年第 4 期。

⑥ 钱凯：《我国公共服务均等化问题研讨综述》，载《经济研究参考》2007 年第 42 期。

系，优化转移支付手段和建立科学转移支付测算体系等（王志雄，2011）。完善省以下地方税收，调整各级政府间的财力划分以完善转移支付制度（贾康，2007），实现纵向转移与横向转移相结合的模式，从实质上调整利益分配格局（张开云，2009），合理确定转移支付补助规模的稳定增长机制（庞力，2010）。

第四，将农村城镇化、农民市民化作为城乡创业公共服务均等化的关键。中国科协新农村建设创业能力研究课题组（2007）对我国新农村建设创业能力发展、创业主体、创业动力机制、产业创业能力、创业条件进行了全面系统的调查研究，提出"农民创业是国家创业的主力军"的观点，认为农民创业面临愿望高但创业实现率低，因缺乏创业知识与技能而导致创业主体素质较差，产业拓展能力不足而致使创业层次偏低，创业公共服务支撑能力不足和政策体系不完善等突出问题，希望通过创业公共服务均等化和城乡统筹发展提升农民创业能力，促进国家创业能力的提升。[1] 姜仕国（2009）提出构建包括创业扶持政策体系在内的公共服务体系促进新生代农民工融入城市。[2] 周天勇（2013）提出通过户籍制度改革和减税政策鼓励创业以促进产业升级和人口城市化。[3] 欧阳力胜（2013）认为应以创业公共服务推动农民工创业从而加快农民工市民化的进程等。[4]

第五，关于创业公共服务及其均等化发展对策。一是构建创业公共服务体系。姚永康（2011）认为系统构建具有可操作性、可持续性、可协调性的创业公共服务体系，有针对性地解决与创业有关的问题，才能从理论上和实践构建上推进创业环境建设，促进创业的成功。国内学者对创业公共服务体系内容问题没有形成一致的意见，主

---

[1]　中国科学技术协会：《中国新农村建设创业能力研究报告》，中国科学技术出版社 2007年版。

[2]　姜仕国：《新生代农民工融入型就业问题分析与政策体系构建》，载《中国就业》2012年第 9 期。

[3]　周天勇：《释放红利从人口城镇化开始》，载《中国人力资源社会保障》2013 年第 4 期。

[4]　欧阳力胜：《新型城镇化进程中农民工市民化研究》，博士学位论文，财政部财政科学研究所，2013 年。

要有以下三种表述：张茉楠、杨巧红（2009）、许正中（2009）、陈宝英（2010）等人认为应综合运用政策和市场两种手段健全创业孵化体系、创业教育培训制度、创业风险投资制度、知识产权保护制度、利润分配与激励制度以及政府创业管理体制等一整套制度体系；罗剑朝（2009）、吕薇（2010）、李炳伦（2011）等人提出构建包含创业教育培训体系、创业融资体系、创业实践体系、创业保障体系、创业信息体系、创业评价体系的创业服务体系；辜胜阻、肖鼎光、洪群联、周天勇等人（2008）认为重点从创业融资、创业服务、创业教育、创业集群和创业文化五个方面完善我国创业服务体系。二是主张建立创业公共服务的平台或载体，如李刚等（2001）主张重视政府创办的创业服务中心；胡希（2010）提出构建以放松规制为内容的激励政策和完善以商业支持为核心的创业服务平台；韩俊（2011）提出通过搭建农村中小企业发展和农民工创业的服务平台，黄承伟、覃志敏（2013）、李世泽（2014）提出的农民工创业园扶贫平台；武树帜（2013）则提出重点推进创业培训和融资平台以促进创业环境优化等观点。三是强调单项的创业公共服务内容，如注重财税金融服务方面的郑凤田、傅晋华（2007）、黄红华（2009）、曹麒麟（2009）、吴文斌（2010）、陈伙林（2011）、周天勇（2013）、汤长胜（2013）等，关注创业人才培养和教育培训的赵西华（2005）、杨晓杰等（2013），关注科技创业公共服务的夏太寿（2006）、邓坤烘（2010），关注创业创新文化的邓建生（2000）、吴松第（2003）、缪仁炳（2006）、张志文（2009）、冯连旗（2010）、沈潜（2012）等。

　　综上所述，无论是国外还是在国内学术界，都没有形成创业公共服务及其均等化的统一认识和标准概念，对于城乡创业公共服务的关注呈现出多个关键词的离散状态，研究成果异常分散，对策研究本身及其与国家发展战略之间的协调性严重缺乏。有从城乡差异谈公共服务非均等化，却没有在城乡差异中找到创业和创业公共服务的恰当位置；有从创业谈及创业公共服务，却总是游离在创业环境优化附近难以深入和系统化；有从基本公共服务谈及创业活动和创业环境的，却依然在保障就业和增加收入的窠臼中难以突破；有从政策和制度体系的系统构建来彻底缩小城乡差距的，却总是依赖于财政投入和制度建设而难寻系统性模型的运行动力。这些问题正是本书开展研究的起点。期望以创业公共服务及其城乡均等化构建鼓励和支持创业的整体环境，加速形成创新创业和创业创新的常态化，切实打造"大众创业万众创新"和公共服务供给"双引擎"这一缩小城乡差距的核心动力，由此驱动以创业公共服务体系为核心的公共服务体系的持续运转和力量释放，从而将"大众创业万众创新"和公共服务供给"双引擎"的政策势能转化为现实的生产力。

本章小结

本章从创业公共服务概念的提出、展开研究的相关基本概念界定、国内外相关研究综述三个方面展开阐述，重点阐释创业公共服务应当独立于就业公共服务并纳入基本公共服务体系之中的基本观点。从十八届三中全会提出要"完善城乡均等的公共就业创业服务体系"，将创业公共服务与就业公共服务并列，到"打造大众创业、万众创新和增加公共产品、公共服务"的中国经济提质增效升级"双引擎"和制定创新驱动战略，创业公共服务从就业公共服务中延伸出来，基本完成了创业公共服务从就业公共服务中的"蜕变"，创业公共服务已经达到独立或已经独立为一种新的公共服务。要实现真正的创新，形成创新驱动发展，"让创新在全社会蔚然成风"，创业企业，尤其是以高新技术产业为代表的创新型企业，是实现创新向生产力转化的实践载体，鼓励和支持创业就是一个促进创新的的激励机制。另外，无论是"创业创新"所带动的传统式创新，还是"创新创业"所转化的突破式创新，都需要创业公共服务的有效供给来汇聚资源要素、改善体制机制、优化创业环境，这正是创业公共服务均等化的意义所在。本书认为，创业公共服务就是为鼓励创业活动发生、支撑创业活动发展而提供的一系列基本公共服务及产品的总称。它是在人们满足基本温饱需求、基本公共服务及其均等化发展到一定程度后，为了满足人们更高生活需求而必须供给的、以鼓励创业活动发生、支撑创业企业发展为主要内容的一系列公共服务及产品的总称。它包括创

业公共政策供给、创业公共制度保障、创业公共文化环境、创业公共
基础设施建设、创业公共服务供给主体发展等几个方面。它不仅具有
"公共服务"性质，还应当纳入新一轮基本公共服务的范畴，这是我
国基本公共服务体系发展的必然，也是当前发展所必需。城乡创业公
共服务均等化就是指以政府主导、社会参与的创业公共服务供给主
体，能够有效满足城乡间企业和全体公民在均等的创业权利基础上，
自由平等地表达自身创业需求、自由平等地选择创业公共服务产品与
服务要求的过程标准。其本质是公民享受服务权利的均等，目的是实
现社会公平与正义，内容是拓宽公民自由选择的范围和权利，过程是
层次性、顺序性的统一，标准是递进式的"底线标准"和"需求标
准"。国外学术界的研究从另一个侧面反映着创业公共服务及其城乡
均等化的社会公平正义的价值追求、重视创业及其与经济社会发展的
关系、强调政府公共服务责任的强化和创业公共服务均等化的制度保
障，并从关注创业与减贫的关系以及政府在"创业扶贫"及其治理
中发挥作用的角度推动城乡之间创业公共服务的均等化进程。国内学
术界的相关研究则更为细致，首先从城乡创业公共服务非均等的原因
入手，将偏重农村和落后地区的创业支持作为城乡创业公共服务均等
化的关键，并由此延伸出创业扶贫和创业治理的研究支脉；此外，还
将创业环境的优化作为城乡创业公共服务均等化的关键，尤其是要构
建科学合理的城乡均等化的财政供给管理体系，将农村城镇化、农民
市民化作为城乡创业公共服务均等化的关键。在创业公共服务及其均
等化发展对策方面，主要集中在构建创业公共服务体系、建立创业公
共服务的平台或载体、强调单项的创业公共服务内容三个主题。但无
论是国外还是在国内学术界，在没有形成创业公共服务及其均等化的
统一认识和标准概念时，对于城乡创业公共服务的关注呈现出多个关
键词的离散状态，研究成果异常分散，对策研究本身及其与国家发展
战略之间的协调性严重缺乏。这些问题正是本书开展研究的起点。

第三章　促进城乡创业公共服务
均等化的理论依据

　　促进重庆市城乡创业公共服务均等化，要求打破城乡创业公共服务二元结构的藩篱，不断满足重庆市城乡群众日益高涨的创业需求，公平搭建人生出彩的平台，切实推动重庆市城乡创业公共服务与创业公共需求协调发展，推动城乡创业型经济持续发展，这对实现城乡统筹发展、公平发展、和谐发展具有重大意义。为此，我们需要对促进重庆市城乡创业公共服务均等化的理论依据和现实条件进行考查。

　　党的十八届三中全会明确提出，要完善城乡均等的公共就业创业服务体系，这意味着创业公共服务开始被明确地纳入我国基本公共服务的范畴。对城乡创业公共服务均等化问题的研究是在对我国经济社会发展状况，尤其是对城乡之间发展不平衡的成因进行深入剖析的基础上产生的研究问题。构建城乡创业公共服务均等化体系，很大程度上是破解城乡基本公共服务均等化问题的理论总结和探索。同时，本书对促进重庆市城乡创业公共服务均等化的理论依据的阐述和现实条件的梳理，也是力求在理论层面对"为什么要促进城乡创业公共服务均等化"和"如何实现城乡创业公共服务均等化"这两个问题寻求理论和现实支点，以便给予回答。

　　需要说明的是，我们在这里对促进重庆城乡创业公共服务均等化理论依据的梳理，目的不是阐述各个理论之间的关系和系统性，也不是对该理论本身的判断和评述，而是在促进重庆市城乡创业公共服务均等化问题的研究过程中，以及在构建促进重庆市城乡创业公共服务均等化体系时所必须遵循的价值选择和制度建设原则、均等化过程规则以及所涉及的理论研究成果应用，以期吸收这些优秀理论成果的精髓，为我们的研究拓展理论深度和广度。另一方面，在理论探究的基础上，阐述促进重庆市城乡创业公共服务均等化的现实条件，实现理论实践的有机结合，以证明促进重庆市城乡创业公共服务均等化的可行性和可操作性。

促进重庆市创业公共服务均等化的理论思路是政府、社会、个人在公共选择过程中，围绕公共产品或公共服务等公共资源进行分配，以社会公平正义为根本价值追求，通过城乡创业公共服务均等化的制度均衡，加大人力资本投资，改善行政生态环境，打破城乡二元经济结构，打造创业型经济，建设服务型政府，实现政府的治理与善治、城乡融合式和谐社会、个人的自由全面发展。因此，促进重庆市城乡创业公共服务均等化的理论依据依次从创业公共服务的内涵解读、城乡创业公共服务均等化问题的提出、城乡创业公共服务均等化的价值选择、创业公共服务均等化是公共资源分配的均等化等方面展开阐述，最后详细阐述重庆市城乡创业公共服务均等化建设规则的理论依据。

第一节 公共产品理论——公共服务研究的理论起点

在西方经济学中，公共产品理论属于公共经济学范畴，它建立在边际效用价值论基础之上，是经济学上的"边际革命"在西方公共财政学领域所产生的最重要的结果之一。[①] 公共产品理论系统形成于20世纪50年代，以保罗·萨缪尔森（Paul Samuelson）发表的论文《公共支出的纯理论》（*The Pure Theory of Public Expenditure*）、《公共支出论图解》（*Diagrammatic Exposition of a Theory of Public Expenditure*）为标志，随后逐步丰富发展起来，并成为学术界研究公共服务的理论起点。

---

① 张馨：《公共财政论纲》，经济科学出版社1999年版，第591页。

　　根据公共经济学理论，社会产品分为公共产品和私人产品。① 萨缪尔森在前人的基础上，在《公共支出的纯理论》一文中，用数学公式对私人产品和公共产品进行了区分，提出公共产品就是"每个人对这种产品的消费并不减少其他任何人也对这种产品的消费"，② 由此奠定了现代公共产品理论的基础。在此基础上，萨缪尔森进一步概括了公共产品的三个基本特征：第一，效用的不可分割性（Non-divisibility），即公共产品的分配不适用付款者受益、受益者付费等原则，它既不能分割，也不能具有确定的归属于某个人或某群体，其对象必须是全体社会成员，其效用具有联合消费的特点，共同受益、全员共享；第二，消费的非竞争性（Non-rivalness），即效用不可分割性在消费或获取过程的延伸，某一个人或群体对公共产品（服务）的消费或获取，既不会排斥和妨碍他人同时消费或获取该公共服务，也不会因他人的消费或获取而减少自己同时享用该种公共产品（服务）的数量或质量；第三，受益的非排他性（Non-excludability），即在技术上没有办法或技术方法排他，或者排他的成本十分高昂，很难将拒绝为之付费的个人或群体排除在公共产品（服务）的受益范围之外，或者说公共产品（服务）一旦供给，就不可能排除任何人对它的消费。马斯格雷夫（Musgrave）继承了萨缪尔森关于公共产品具有非竞争性特点的分析，用"社会需要"来界定公共产品，用消费的非竞争性和非排他性来概括公共产品的特性，从而形成了行政学界大家熟知的"萨缪尔森–马斯格雷夫传统（Samuelson-Musgrave tradition）"。之后有很多经济学家针对萨缪尔森两极式的公共产品划分方法提出批评和质疑，开始着眼于纯公共产品和私人产品的中间情况进行研究。其中阿特金森（Artkinson）和斯蒂格利茨（Stiglitz）将原来的划分做了连续性处理，描述了存在于纯公共产品和私人产品之间的第三种类

---

① 朱丽燕：《增加农村公共产品供给建设社会主义新农村》，第三届中欧政府管理高层论坛，欧洲行政学院主办，2006 年 6 月 20 日。

② Paul A. Samuelson, "The Pure Theory of Public Expenditure", *Review of Economics and Statistics*, Vol. 36.

型，即混合公共产品或准公共产品。①

关于公共产品的供给。正是基于对公共产品三个基本特征的认识，决定了政府在公共产品生产、供给方面的重要责任，大家都形成了一个共识：政府是最佳的公共服务供给主体，应当由政府承担起公共产品供给的主体责任；政府主导的公共服务供给模式是当前世界最重要、最主要的模式。同时，效率是经济学的永恒目标，公共产品的供给也不例外。② 萨缪尔森提出"公共产品供给效率是指公共品供给的帕累托效率"，③ 是最早有关公共产品供给的定义。之后出现了英国政府设立的"3Es"效率标准体系，即经济性（Economy）、效率性（Efficiency）、效果性（Effectiveness）并重的多元价值标准体系。④ 但是政府一元供给存在的"政府失败"和不可避免的低效率问题成为公共产品供给的争论点之一。英国经济学家科斯提出了"灯塔理论"，就从理论上反驳了传统公共产品只能由政府垄断的观点，由此，萨缪尔森又指出："一种公共物品并不一定要由公共部门来提供，也可以由私人部门提供。"⑤ 在公共产品供给理论和实践中，人们发现由私人或市场供给公共产品，由于信息的不对称或不完全对称、外部性等原因，很容易出现"市场失灵""免费搭便车""公地悲剧"等现象，更难以达到帕累托最优。公共产品私人或市场供给也同样陷入困境，1982 年英国政府提出"公私合作"（Private-Public-Partnership，PPP）的方式来生产和供给公共产品，尤其是在公共基础设施的建设、运营和管理方面，可以采取外包、特许经营、建设—经营—转让（BOT）、移交—经营—移交（TOT）等方式进行公共产品的多元生产和供给。公共产品的多元生产和多元供给方式得到了广泛的认同和发

---

① ［英］安东尼·B. 阿特金森、约瑟夫·E. 斯蒂格利茨：《公共经济学》，蔡江南等译，上海三联书店、上海人民出版社 1992 年版，第 619—625 页。

② 吕新发：《均等化目标下农村基本公共服务制度创新研究》，博士学位论文，河北农业大学，2010 年。

③ ［美］萨缪尔森：《经济学》，萧琛译，华夏出版社 2000 年版，第 97 页。

④ 李燕凌：《中国农村公共产品供给效率论》，中国社会科学出版社 2007 年版，第 60 页。

⑤ ［美］萨缪尔森：《经济学》，萧琛译，华夏出版社 2000 年版，第 59 页。

展，包括中国在内的许多国家都采取或发展了这种方式。公共产品理论对公共产品（服务）的定义和特点，以及在公共产品（服务）生产与供给方面的探索，对我们研究城乡创业公共服务均等化的基本概念、内涵、生产供给标准、指标体系的确定等都具有重要的指导意义。

第二节　创业理论——创业公共服务研究的逻辑起点

本书立足于创业理论对创业活动过程本身及其所带来的经济、社会效益进行重新审视，由此凸显出创业公共服务促进创业活动发展和增进创业活动经济、社会效益的重要作用，认为一方面它为我国经济转型提供了一条可行之路，另一方面它拓展公共服务范畴、增进社会效益的突出作用使之成为缩小城乡差距的有力工具。

一　创业经济学理论

随着创业创新在促进经济发展中的功能越来越明显，创业在经济发展中的地位也显得越来越重要。所谓创业型经济就是创业在经济发展中发挥重要作用的经济。[①] 创业型经济的概念最早是 20 世纪 80 年代彼得·德鲁克作为"新经济"提出来的，指出现代福利国家"只有在创业型经济成功、生产力提高的前提下，它才能真正存在下去"。[②] 到目前为止，创业经济学并没有形成完整的学科理论体系，其研究主要散落在各经济学家关于"创业活动""创业与经济发展"及其之间关系的观点当中。"经济发展的主要问题是增长、就业和创新"，创业创新对经济发展的作用也就主要表现在促进经济增长、扩大就业减少失业、加快技术创新增加创新绩效等方面。

---

① 李政：《创业型经济：内在机理与发展策略》，社会科学文献出版社 2010 年版，第 54 页。

② ［美］彼得·德鲁克：《创新与创业精神》，张炜译，上海人民出版社、上海社会科学院出版社 2002 年版，第 24 页。

大卫·奥璀兹（David B. Audretsch）等人倡导包含创业因素在内的经济增长模型，解释了创业与经济增长之间的内在联系机制，提出创业资本通过知识溢出、增加企业数量和促进竞争以及企业的多样化来影响经济增长，增加创业活动在一定程度上可以实现提高经济增长率和降低失业率的双重目标。[1] 由英国伦敦商学院和美国百森学院共同发起的全球创业观察项目（Globe Entrepreneurship Monitor，GEM）所致力于创业活动与经济之间关系的分析和研究成果在国际上具有很大的影响力。它把通过大样本的调查统计得出不同国家和地区的全员创业活动指数（Total Entrepreneurship Activity，TEA）与 GDP 增长率进行时间序列回归分析，得出的经典结论是：创业活动与当年经济增长率之间呈正相关。[2] 英国引领工业革命和 20 世纪 70 年代东亚发展奇迹都证明了这一点。在创业带动就业方面，其带动效应已经成为学界研究和各国实践得出的不争事实，据 GEM 对我国创业带动就业效应的调查研究表明，每增加一个创业者，可在 5 年内提供 2.77—5.90 个就业岗位，[3] "创业是解决中国就业问题的根本途径"。[4] 创业在加快技术创新和增加创新绩效方面的作用主要是由新创的中小微型企业推动的。约瑟夫·熊彼特（Joseph Alolis Schumpeter）提出，创业家在创新和创业中扮演着创造性破坏的角色，从创新资源需求特征出发对创新创业与企业规模相关性进行研究，得出大企业"更偏重于工艺创新"，中小微型企业因企业生存的需要而在冒险精神、内部创新动力、便于沟通和实施创新等方面的优势而"偏重于产品创新"。[5] 另外，很多大型企业为节约研发成本将产品创新研发外包给相应的中小微企

① Audretsch, D. and Acs, Z. *Handbook of Entrepreneurship Research*: *An Interdisciplinary Survey and Introduction*, Boston, Dordrecht and London: Kluwer Academic Publishers, 2003.

② 陈宝英：《创业服务体系构成要素分析》，载《河南社会科学》2010 年第 5 期。

③ 高建、程源、李习保、姜彦福：《全球创业观察中国报告（2007）——创业转型与就业效应》，清华大学出版社 2008 年版，第 8—19、62—63 页。

④ 李政：《创业型经济：内在机理与发展策略》，社会科学文献出版社 2010 年版，第 60 页。

⑤ 方新：《创业与创新：高技术小企业的发展之路》，中国人民大学出版社 1998 年版，第 14—15 页。

业，也取得了良好的效果。

创业活动所具有的经济效应和社会效益使得各国政府近年来对创业活动愈加重视，尤其是我国改革开放以来，迎来了一次又一次的创业浪潮，为推动我国经济发展和社会主义现代化建设，尤其是解决就业岗位、增强市场活力、稳定社会收入等方面做出了不可磨灭的贡献。在经济转型发展的新时期，深入研究创业公共服务，大力鼓励和支持创业，进一步激发人民群众的创业热情，尤其是通过城乡创业公共服务均等化而优化城乡群众的创业环境，为打造经济社会发展升级版，发展创业型经济和建设创业型国家继续贡献人民群众的勤劳和智慧。

二　创业模型理论

20 世纪 80 年代以来关于创业的研究方兴未艾，形成了众多基于不同视角的创业理论模型，在此，我们根据本研究的需要列举出具有代表性的加特纳创业认知模型、蒂蒙斯创业过程模型，为我们从创业活动本身展开对创业公共服务的研究提供参考。

首先来看加特纳基于组织过程的创业认知模型。威廉姆·加特纳（William B. Gartner）1985 年在其《描述新企业创建现象的概念框架》一文中阐述了他对创业的认知：新企业创建是创业者、组织、环境和过程四要素相互作用的综合过程，[①] 克服了以往"盲人摸象式"的观察，将之前"不变的、同质性群体"的创业者及其新创企业的认识，转向对创业活动中大量存在的"复杂性和变异性"的识别和正确评价。[②] 他认为，每一个创业过程都是创业者、组织、环境、过程四个要素所形成的复杂而独特的组合，据此提出了新企业创建的描述框架（见图 3-1 所示）。加特纳这种基于组织过程的创业认知模型，从整体角度研究影响创业活动的基本要素，为我们认识创业的复杂性和变

----

① 张慧玉、杨俊、张玉利：《基于随机抽样调查的外地创业者特征及其创业过程解析》，载《管理学报》2015 年第 2 期。

② 张玉利主编《创业研究经典文献述评》，南开大学出版社 2010 年版，第 29 页。

异性提供了一种系统的手段，使我们的研究更加全面地反映创业活动的实质。

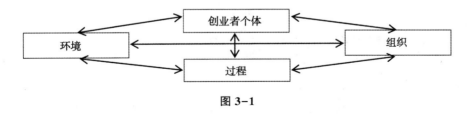

图 3-1

另外有较大影响力的还有蒂蒙斯创业过程模型。杰弗里·蒂蒙斯（Jeffery Timmons）认为创业是一种思考、推理和行为过程，创业过程是机会驱动、注重方法与领导相平衡。[①] 他在《新企业创立：21 世纪的创业学》一书中进一步提出"创业过程是创业机会、创业团队和资源之间适当搭配的高度动态平衡过程"，[②] 表现为创业过程的动态性与复杂性特征，并由此提出了创业过程的理论模型（见图 3-2 所示）。其主要观点有：首先是创业的不确定性，它来自于创业过程要素的不确定性变化，如创业过程的时空变迁、创业机会或市场的不确定性和难控制性、资本市场风险特性、外生因素尤其是政策环境等要素对创业活动发生、发展过程的冲击；其次，创业者能力以及创业团队的能力在创业过程中起关键作用，创业团队是决策核心；再次，创业活动的不同阶段所关注的重心不同，[③] 如在创业初期，创业机会的把握和选择是创业活动得以开始的关键，决策者综合能力和决策重心应在迅速整合资源、把握创业机会方面突出；在创业企业成长过程中，资源、竞争环境、市场环境等发生复杂变化，可掌握和调配的资源更为丰富多样、竞争环境和市场环境更为复杂多变，创业团队的决策重心应当在专项资源的合理配置和管理体系的规范完善等方面，以提高资源利用效率，抵抗外部竞争与不确定性活动。蒂蒙斯的创业过

---

① 蒋建军、谭福河：《实现价值理性与工具理性的和谐统一——论高效创业教育的使命》，载《浙江学刊》2010 年第 5 期。

② 张玉利主编《创业研究经典文献述评》，南开大学出版社 2010 年版，第 47 页。

③ 杨俊：《创业过程研究及其发展动态》，载《外国经济与管理》2004 年第 9 期。

程理论模型是我们从创业过程本身展开创业公共服务研究的基本理论框架，也是本书整体考虑创业过程最终提出政策建议的理论参考。

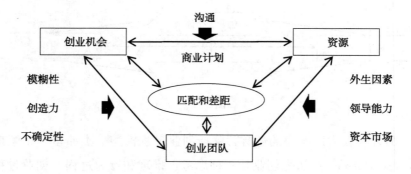

图 3-2　蒂蒙斯的创业过程理论模型①

第三节　二元经济结构理论——城乡创业公共服务均等化的破与立

城乡创业公共服务均等化问题的提出，直接原因在于我国城乡之间现实存在的巨大发展差距，究其根本在于我国发展千年的自然经济所造成城乡发展不均的历史积累和计划经济时代城乡对立的体制障碍所造成的城乡二元经济结构，这是由我国生产力发展水平和生产关系的特殊关系作用的结果。本书期望通过对"二元经济结构理论"的研究和探讨，找到城乡对立发展的理论根源，通过对"马克思主义城乡融合理论"的简要阐述，从历史唯物主义角度分析二元经济结构存在的必然性和阶段性，最终找到城乡发展的历史趋势，实现我们研究城乡创业公共服务均等化问题的破与立。

一　二元经济结构理论

二元经济结构理论的创立者是美国经济学家阿瑟·刘易斯（W·A·Lewis），他在 1954 年的《劳动无限供给条件下的经济发展》一书

---

① 张玉利主编《创业研究经典文献述评》，南开大学出版社 2010 年版，第 47 页。

中提出并阐述了"二元经济结构理论"，并成为分析城乡关系问题的一个经典模型。刘易斯的二元经济结构理论可以概括为：第一，发展中国家一般存在着性质不同、成熟度不同的传统部门和现代部门；第二，两个部门在资源运用、生产规模、生产方式、生产效率、收入水平等方面都存在着明显不同；第三，两个部门间的经济发展表现为现代部门通过资本积累而扩张，直到将传统部门的剩余劳动力全部吸收，经济由二元变为一元。① 现代部门和传统部门的存在是二元经济结构存在的根源，是历史发展的必然，也终将在发展中实现从二元到一元的转变，进入均衡发展阶段。

费景汉和拉尼斯（Fei. J. H & Ranis）继承和发展了刘易斯的劳动力转移模型，把城乡之间的经济发展分为三个阶段：第一阶段，传统农业部门的劳动力边际生产力接近于零，存在着大量的隐性失业者，这部分劳动力转移到现代工业部门时农业总产出不会减少，即农业劳动力无限转移阶段；第二阶段，传统农业部门的劳动力边际生产力大于零，而小于工资水平，经济市场中仍存在一定的隐性失业者，随着工业部门扩张，必须把这部分失业者转移至现代工业部门，即工业反哺农业（或城市支持农村）阶段；第三阶段，传统农业部门劳动力的边际生产力大于工资水平，前两阶段的失业者被完全吸收，此时，两个部门间形成对劳动力需求的竞争属性，即商业化的农业阶段。②

刘易斯模型和"费景汉－拉尼斯模型"是根源于经济自然发展，表现为城乡劳动分工不同和劳动力转移与社会流动的自然城市化过程，而我国城乡间二元经济结构的形成除经济自然发展之外，很大程度上是制度政策安排的结果。但是刘易斯提出的二元经济结构理论为我们深入认识城乡二元经济结构的必然性和阶段性，研究创业和均衡创业公共服务以实现城乡间劳动力转移、非均等倾斜与农村的创业公共服务供给机制和最终实现城乡间的一元统筹协调发展提供了理论支

---

① ［美］阿瑟·刘易斯：《二元经济论》，施炜等译，北京经济学院出版社1989年版，第7—10页。

② ［美］费景汉、古斯塔夫·拉尼斯：《劳力剩余经济的发展》，王月等译，华夏出版社1989年版。

撑。这是从经济发展角度对城乡关系的分析，为了更深入地认识城乡发展关系，我们引入马克思主义城乡融合理论，从历史唯物主义角度分析二元经济结构存在的必然性和阶段性，以期从城乡发展阶段的维度正确认识城乡之间的差距和对立。

二　马克思主义城乡融合理论

马克思在《资本论》中提出了从城乡对立走向城乡融合的马克思主义城乡融合理论，认为人类历史发展过程中，"对农村居民断断续续的、一再重复的剥夺和驱逐，不断地为城市工业提供大批完全处于行会关系之外的无产者"。[①] "随着一部分农村居民的游离，他们以前的生活资料也被游离出来。这些生活资料现在转化为可变资本的物质要素。……国内农业提供的工业原料也同生活资料的情况一样。它转化为不变资本的一个要素。"[②] 其关键词就是"农村劳动力"和"土地"，"游离"出来的"工人及其生活资料和劳动资料，同时也建立了国内市场"。[③] 直到"生产资料的集中和劳动的社会化，达到了同它们的资本主义外壳不能相容的地步。这个外壳就要炸毁了。资本主义制度的丧钟就要响了。剥夺者就要被剥夺了"。也即无产者重新掌握生产、生活资料，并控制产品的分配和交换过程。由此理论可以看出，城乡关系经历了三个辩证发展的阶段，我国学者徐同文在《城乡一体化体制对策研究》一书中这样描述：第一阶段是城市诞生于乡村，城市从属于乡村；第二阶段是城市占主体地位，城乡分割、城乡差距、城乡对立等现象明显；第三阶段是大大增强的城乡依存度使城乡逐步走向融合。我国城市化过程中的城乡关系正表现着这三个阶段，马克思主义城乡融合理论为我们在城乡发展的历史趋势分析中准确定位重庆市的城乡发展阶段以及正确认识城乡差距提供了理论基础，最终找到城乡创业公共服务均等化这个突破口，进而提出破除城

---

① 马克思：《资本论》（第一卷），人民出版社 2014 年版，第 854 页。
② 同上书，第 855 页。
③ 同上书，第 857 页。

乡二元经济结构的对策，实现从城乡分割、差距、对立走向城乡融合的均衡发展。

第四节 社会公平正义理论——城乡创业公共服务均等化的价值选择

社会公平正义理论经历了伦理价值层次、权力制度层次和政策评价层次等阶段的发展，已经成为个人和组织、社会和政府的基本行为准则和价值追求，成为反映人与人之间交往关系、衡量经济社会发展水平、评估政府合法性和效率效能的重要依据，对人类社会发展具有永恒意义和优先地位，自然也是我们研究城乡创业公共服务均等化的价值基础和价值选择。

社会公平是社会发展的内在属性，强调人与人之间地位权利相等的对等性，其核心是平等；社会正义是社会公平的目标，即作为公平的正义，是社会发展的内在规定性，决定着社会公平发展的性质和趋向。关于社会公平正义研究的理论很多，主要涉及公平与效率、公平与自由、公平与发展等关系的探讨，已经从哲学伦理学科发展至众多学科的交叉研究。在西方学者的研究成果中，罗尔斯的正义论、霍耐特的多元正义构想、以弗雷德里克森为代表的新公共行政学派提出的注重社会公平的公共行政理论，[①] 以及马克思作为"评判人类制度的普适性判准"，[②] 这些对我们的研究都具指导性和参考价值。

一 罗尔斯的正义理论及其争议

美国著名的哲学家、伦理学家约翰·罗尔斯（John. Rawls）在他的经典著作《正义论》中基于自由主义的出发点对公平正义作了深刻的分析，强调平等自由和机会均等原则的社会基本框架，希望通过

---

① ［美］弗雷德里克森：《新公共行政》，丁煌、方兴译，中国人民大学出版社 2011 年版，第 4 页。

② 邓正来、郝雨凡主编《转型中国的社会正义问题》，广西师范大学出版社 2013 年版，第 11 页。

公平的正义谋求社会稳定性与合理性。他从个人和社会两个方面描述了理想中的公平正义社会的基本框架原则：从个人方面说，强调"最大平等的自由原则"，即平等自由原则，认为"每个人都应当对涵盖了平等基本自由权项的最广泛的总体体系拥有一种平等的权利，而这一体系则是与所有的人所享有的相同的自由体系相一致的"，[①] 每个人应当自由地自主地选择自己的生活方式；这种"只能出于自由的缘故而受到限制"的自由，其自由权项若不够宽泛，就必须"使所有人分享的总体自由体系得到加强"，其自由权项若不够平等，就必须"为那些拥有较少自由的人所接受"。[②] 从社会方面来说，强调"最有益于最没有优势条件的人"的社会安排，即合理的经济不平等原则，认为社会公平正义取决于满足正义的社会环境条件，社会应以创造一个公平正义的社会环境为目标，有义务对"社会的和经济的不平等"加以安排，"进而使这些不平等……最有益于最没有优势条件的人"；[③] 这种安排一方面强调最少受惠人群得最大利益的优先性，另一方面强调机会平等条件下的"各种地位和职位向所有人开放"。[④]

　　罗尔斯的社会公平正义观可以概括为两个特性：自由基础上的平等性和优先性。自由平等性，即"最大平等的自由原则"，或机会平等原则，表现为基本自由权利的平等享有和平等维护，自由是只能出于自由缘故才能被限制的自由，平等是自由基础上的平等，"自由优先，兼顾平等"，[⑤] 人们平等地享有和维护"基本自由权项"，"基本自由权项"向所有人开放并可以自由地选择。自由优先性，即合理的经济不平等原则，或过程平等原则，表现为最少受惠者得最大利益的倾斜方式的社会安排，通过合理的社会分配制度保护弱者在社会竞争

----

① ［美］约翰·罗尔斯：《正义论》，何怀宏等译，中国社会科学出版社 1988 年版，第124 页。
② 同上书，第 302 页。
③ 同上。
④ 安应民：《构建均衡发展机制：我国城乡基本公共服务均等化研究》，中国经济出版社 2011 年版，第 91 页。
⑤ 麻宝斌：《社会正义与政府治理：在理想与现实之间》，社会科学文献出版社 2012 年版，第 9 页。

和分配中的利益，保证"社会机制——自由和机会、收入和财富，以及自尊的各种基础"都得到平等的分配，[①] 实现追求社会最大利益的公平正义的社会。

罗尔斯对社会公平正义的道德推理而得出的平等公正论，成为学术界研究公平正义理论的重要基础。但是也正因为如此，引起了学术界对其理论现实性的争论。其中，哈贝马斯对罗尔斯的批评最为深刻，他认为罗尔斯的社会公平正义理论的实质是只存在于道德推理之中的表面上的程序正义设想，既不能实现实际的程序公平正义，也不可能在现实中实践这样的程序，实际的程序公平的基础是所有相关者在平等对话、协商、交流、谈判过程中达成的共识。哈贝马斯继续为资本主义私有制辩护，并认为罗尔斯的社会公平正义理论只能助长弱势群体的懒惰和对社会的依赖，并不能创造社会财富，这样的程序正义实不可取，更没有必要。在他看来，达成共识的理想程序首先应该确立每个人的自主性和自律性，平等地对待每个道德对话参与者，使每个人在道德决定中具有公平的机会；并且该程序能够保证当参与者的意见同达成道德共识相矛盾时，个人能够放弃自己的意见。[②] 这样就把罗尔斯的平等正义论从道德推理层面真正提升至程序平等的实践层面。针对罗尔斯的平等公正论，诺齐克提出了不同的观点，他认为不平等是不可解决的，不平等并不意味着不公正，罗尔斯强调的平等分配最终将陷入平均主义而造成实际不平等。在他看来，"一种总的持有现状或结果系列是否正义，完全依赖于每个人的持有是否正义，是不是通过正当途径得来的"，[③] 一个人的财产只要来路正当，符合"获取原则""转让原则"，[④] 他的持有就是公正的。认为这种基于权利公正和市场制度的自由交换，就可以实现秩序中各得其所得，也就

① ［美］约翰·罗尔斯：《正义论》，何怀宏等译，中国社会科学出版社 1988 年版，第 62 页。

② Jurgen Habermas, *Moral Consciousness and Communicative Action*, The MIT Press, 1990.

③ ［美］罗伯特·诺齐克：《无政府、国家与乌托邦》，何怀宏等译，中国社会科学出版社 1991 年版，代译序第 15 页。

④ 同上书，第 157 页。

不存在分配和再分配的问题。关于罗尔斯正义理论及其争议分别从机会平等、过程平等和权利平等三个层面对社会公平正义进行了探讨，为我们提供了研究城乡创业公共服务均等化问题的价值原则。

二　霍耐特的承认结构理论

德国著名社会学家阿克塞尔·霍耐特（A. Honneth）在《为承认而斗争》一书中以社会交往行为为出发点，以承认理论为基础建构了一种"基于规范一元论（即'承认'）的多元正义构想"，[①] 从非经济维度为社会正义问题的规范性基础提供了新的视角。霍耐特承认结构理论中的"一元"即"承认"是基本出发点，"多元正义"则来自社会秩序各领域的横向划分。他将社会秩序分为"爱""法权"和"成就"三个承认领域，结合每个承认领域的承认形式、承认原则、个性维度、实践自我关系，以及蔑视形式、蔑视对象与蔑视后果等，对社会承认关系结构（见表3-1）进行了深入分析，得出社会正义是"根据在个体的认同型构以及自我实现能够充分进行的情况下，保证相互承认状况出现的能力程度来衡量的"观点。[②] 霍耐特认为，在社会秩序的不同承认领域中，社会正义与多元化的社会承认期待有必然联系；社会分配关系仅仅是社会承认关系中成就领域的社会尊重和贡献原则相联系的一种特殊承认形式。一方面表现为个人的自我认同、自由发展和"善生活"等诉求是在主张个体自主、参与性平等表现社会公平正义的政治价值基础上实现的，即个人的自由发展是个人行为在多元正义关系被承认的基础上实现的；另一方面表现出社会公平正义是与个人关于社会不公正不正义的经验和体验相关的。我们提出以促进个人自由全面发展为基点，以城乡创业公共服务均等化鼓励和促进创业，从创业角度实现个人追求自我认同、自由发展和美好生活的价值诉求，以促进重庆市城乡创业公共服务均等化形成社会对个人

---

① 邓正来、郝雨凡主编《转型中国的社会正义问题》，广西师范大学出版社2013年版，第5页。

② ［德］阿克塞尔·霍耐特：《为承认而斗争》，上海人民出版社2005年版，第100页。

的公正承认和价值认可的观点，对调查重庆市城乡间创业公共服务不均衡现状及原因分析，尤其是对于转型期构建社会尊重创业鼓励创业、政府促进创业、个人积极参与创业的创业文化具有巨大的启发意义和作用。

表 3-1　　　　　　　　　　　社会承认关系结构表①

承认领域	爱	法权	成就
承认形式	情感关怀（爱）	法律承认（法权）	社会尊重（团结）
承认原则	需要原则	平等原则	贡献原则
个性维度	情感需要	道德责任能力	能力和特质
实践自我关系	自信	自尊	自豪
蔑视形式	强暴	剥夺权利	侮辱
蔑视对象	身体完整性	完全成员资格	自我实现方式
蔑视后果	摧毁自信"心理死亡"	伤害自尊"社会死亡"	剥夺自豪"心灵伤害"

三　以弗雷德里克森为代表的新公共行政学派提出的关于社会公平正义的理论

H. 乔治·弗雷德里克森（H. George Frederichson）是西方新公共行政学派的领军人物，他在《新公共行政》一书中系统地阐述了公共行政应更多地关注社会公平正义的价值取向的新公共行政理论，倡导关注意义和价值，着重建立规范理论，以促进人类社会发展。他在传统公共行政理论回答"我们怎样才能够利用公共资源来提供更多的或更好的服务（效率）""我们怎样才能够花费更少的资金来保持我们的服务水平（经济）"两个问题基础上，增加了对"这种服务是否增加了社会公平"问题的回答，② 认为"社会公平，就如同效率、

① ［德］阿克塞尔·霍耐特：《承认与正义——多元正义理论纲要》，载《学海》2009 年第 3 期。

② ［美］沙弗里兹、海德合编《公共行政学经典》，中国人民大学出版社 2004 年英文版，第 426 页。

经济、生产率以及其他标准的使用一样，也会成为公共行政的效益标准"，① "社会公平"是公共行政的"公共目的"，具有核心价值的意义。弗雷德里克森认为，公共行政应强调政府服务的平等，且行政管理人员不能是价值中立而应当担负起对社会的责任，要求把"公务员的实质领域同公平和社会服务问题联系起来"，"促使行政人员在政府机构的管理中更具有参与性和开放性"，"本着公平正义的理念"，"主动做好公共服务的配置工作"。② 同时，他在肯定以"经济、效率、效益、对民选官员的回应、责任"为价值追求的传统公共行政提供公共服务方面作用的基础上，提出"公民回应性、决策过程中员工和公民的参与、公共服务的公平分配、一系列公民选择的提供以及项目效益的行政责任，无疑都是适合我们时代的价值"，③ 应当积极变革公共管理以加强对公民需求而非公共组织需求的回应，促进社会的公平正义和公共服务的公平分配，从根本上消除贫困、机会不平等以及不公正。这就从社会公平的角度确定政府在公共服务均衡供给过程中的责任和功能，对于我们探索构建政府主导的城乡创业公共服务均等化体系具有重大的启发作用。

四 马克思主义的社会公平正义思想

社会公平正义是马克思主义关于建设社会主义的内在要求和马克思主义政党执政价值选择和施政标准而不断强调的。马克思关于社会公平正义的论述出发点"并非源于人类制度"，而是"评判人类制度的普世性标准"。他认为社会公平正义是像公理一般毋庸置疑无需证明的原则，坚持"有公平就有效率的公平正义观"，④ 表现在"劳动价值论"中，提出了交易中的正义原则，强调根据生产力而对劳动进行公正补偿，在交易问题之外的有关分配正义的比例平等问题上，以

---

① ［美］弗雷德里克森：《新公共行政》，丁煌、方兴译，中国人民大学出版社 2011 年版，第 23 页。

② 同上书，第 29 页。

③ 同上。

④ 李伟：《我国基本公共服务均等化研究》，经济科学出版社 2010 年版，第 24 页。

劳动为计量实现等量劳动获得等量产品，社会公平正义就被理解为社会成员在自由参与市场竞争的基础上平等地获得资源、权利和利益。

改革开放后，中国化的马克思主义理论关于社会公平的论述更多的是在收入分配领域对公平与效率的关系问题处理上，最初强调的是"公平优先，兼顾效率"[①] "兼顾效率与公平"，[②] 随着经济体制改革逐步深入和发展生产力的需要，1993 年党的十四次全国代表大会第三次全体会议提出"效率优先、兼顾公平的收入分配制度"，[③] 持续了 13 年，在提出"以权利公平、机会公平、规则公平、分配公平"为主要内容的社会公正规则体系基础上，到 2006 年才过渡到"效率、公平统筹兼顾"阶段，并且提出"更加注重社会公平"，[④] 强调基本分配制度和立足于社会整体利益的再分配，保证社会成员基本权利的平等与竞争机会的均等。2012 年的十八大更加明确地指出："初次分配和再分配都要兼顾效率和公平，再分配更加注重公平。"[⑤]

党的十六大以来，在全面建设小康社会的背景下，党中央在准确把握世界发展趋势、认真总结我国发展经验、深入分析我国发展的阶段性特征的基础上，提出了"坚持以人为本，树立全面、协调、可持续"的科学发展观，"促进经济社会和人的全面发展"，[⑥] 强调"统筹兼顾"的总体要求。2005 年 2 月 19 日胡锦涛同志在省部级主要领导干部"关于提高构建社会主义和谐社会能力"的研讨班上对构建社会主义和谐社会作了全面系统的论述，指出"我们所要建设的社会主

① 赵紫阳：《沿着中国特色的社会主义道路前进——在中国共产党第十三次全国代表大会上的报告》，人民出版社 1987 年版。

② 江泽民：《加快改革开放和现代化建设步伐，夺取有中国特色社会主义事业的更大胜利——在中国共产党第十四次全国代表大会上的报告》，人民出版社 1992 年版。

③ 中国网．关于建立社会主义市场经济体制若干问题的决定 [EB]．http：//www.china.com.cn/policy/txt/2002-04/12/content_ 9407527. htm. 2002 年 4 月 12 日。

④ 人民网：《中共中央关于构建社会主义和谐社会若干重大问题的决定》，http：//cpc.people.com.cn/GB/64093/64094/4932424.html，2006 年 10 月 18 日。

⑤ 《中国共产党第十八次全国代表大会文件汇编》，人民出版社 2012 年版，第 33 页。

⑥ 中央政府门户网站：《中共中央关于完善社会主义市场经济体制若干问题的决定》，http：//www.gov.cn/test/2008-08/13/content_ 1071062. htm，2008 年 8 月 13 日。

义和谐社会,应该是民主法治、公平正义、诚信友爱、充满活力、安定有序、人与自然和谐相处的社会"。[①] 构建社会主义和谐社会实质上是社会各方面利益关系的协调与和谐,根本在于对人民内部矛盾和其他社会矛盾的正确认识和处理,关键在于维护和实现社会公平和正义。

第五节　福利经济学的均等化思想——公共资源分配均等化的理论支撑

福利经济学作为西方经济学的一个分支,是以英国经济学家庇古于 1920 年出版的巨著《福利经济学》为标志而诞生的经济学派。主要围绕如何增进社会福利,通过对社会福利指标的评价,依据边际效用递减规律,对分配理论进行了阐述。它虽然先后经历了以庇古等为代表的旧福利经济学和以卡尔多等为代表的新福利经济学分野,但是形成了国民收入分配理论、补偿原则理论、社会福利函数理论等基本理论,以及国民收入分配越均等化社会经济福利越大、帕累托改善、卡尔多改善等基本命题,在资源配置、收入分配、社会保障等众多领域的发展。[②] 城乡创业公共服务均等化从本质上讲就是对公共资源的均等化分配,这使得福利经济学的均等化思想成为我们研究重庆市城乡创业公共服务均等化问题的理论支撑。

一　庇古的公共服务均等化思想

首先,庇古以边际效用价值理论为基础阐述了福利的含义。认为福利由效用构成,效用就是对个人的满足;人的本性就在于追求最大

---

① 胡锦涛:《深刻认识构建社会主义和谐社会的重大意义,扎扎实实做好工作大力促进社会和谐团结》,载《人民日报》2005 年第 2 期。

② 中国财政学会"公共服务均等化问题研究"课题组:《公共服务均等化问题研究》,载《经济研究参考》2007 年第 58 期。

的满足，即最大的效用，或最大的福利；① 而社会福利取决于所有社会成员的福利大小。因此，他提出，社会福利就是一个社会全体成员个人福利的总和或个人福利的集合。其次，庇古提出了两个基本命题。为了摆脱社会贫困，实现社会福利最大化目标，他根据个人实际收入增加会使其满足（福利）程度增大和转移富人的货币收入给穷人会使社会总体满足（福利）程度增大这两个基点，提出了两个基本命题：一是国民收入总量越大，社会经济福利就越大，二是国民收入分配越是均等化，社会经济福利就越大。② 这两个重要命题在西方经济学中开创性地将社会福利问题与国家干预收入分配问题结合起来，这成为二战后欧美诸国注重国民收入分配的平等，并通过增加社会福利和加大公共产品均等化供给来熨平市场失灵所导致的社会不平等的社会实践的理论依据，为公共服务均等化供给奠定了理论基础。依据此命题，就轻易地得出两个相应的结论：一是公共服务总量越大，社会经济福利越大；二是公共服务越是均等化，社会的经济福利也越大。③ 这个结论将国民收入、公共服务、公共服务均等化结合为一个有机统一的整体，为我们研究城乡创业公共服务均等化提供了理论基础。

二 补偿原则的基本思想

补偿原则是新福利经济学的主要思想，它运用"序数效用论"和"无差异曲线"在标准上发展了效率标准，方法上用帕累托最优来解释社会福利最大化的状态，更加丰富和完善了福利经济学。其出发点是国家的任何政策变动导致的市场价值变化，将会使一部分人受益，一部分人利益受损，也就是不可能在任何个体利益和受益不变的情况

---

① 汪柱旺：《中国农村最低生活保障制度建设研究》，博士学位论文，江西财经大学，2008 年。

② 庇古著：《福利经济学》，朱泱等译，商务印书馆 2006 年版。

③ 参照任强《公共服务均等化问题研究》，经济科学出版社 2009 年版，第 49 页；任宗哲、卜晓军：《中国公共服务城乡均等化供给——基于制度分析的视角》，社会科学文献出版社 2013 年版，第 20 页。

下使某人的利益增加或受益增进，即达到帕累托最优。依据帕累托最优原则，对于公共服务资源的配置而言，在一定范围内增加具有受益的非排他性和消费的非竞争性特点的公共产品和服务的范围和对象，不会导致原有公共服务水平的降低和个人消费公共服务的受益损害，但一定会有人据此受益，最终使社会福利接近最大化。补偿原则在一定程度上弥补了帕累托最优标准前提判断的局限和忽视社会公平的缺陷，新福利经济学家卡尔多在"帕累托改善"基础上提出了体现补偿原则的"卡尔多改善"：如果社会福利增加或改善除补偿部分福利损害后还有剩余，就表明整个社会福利水平增加了。其关键是实现受益者和受损者之间的有效补偿。这对于我们针对城乡间创业公共服务不均衡问题的对策探索，尤其是以合理配置创业公共服务资源、调整财政转移支付和支出结构来促进城乡间创业公共服务均等化的措施，提供了理论依据。

第六节　城乡创业公共服务均等化建设的规则

促进重庆市城乡创业公共服务均等化建设是一个系统过程，城乡创业公共服务均等化的运行环境、政府定位、制度条件、供给渠道、供给模式等方面是我们研究并探索促进重庆市城乡创业公共服务均等化切实路径和对策的基本框架，对其相应理论的认识和研究，探讨城乡创业公共服务均等化建设的规则就成为本研究的重要步骤。本书将从行政生态学理论、新公共服务理论、新制度经济学理论、布坎南的公共选择和政府理论、治理与善治理论展开城乡创业公共服务均等化建设规则相应理论的阐述。

一　行政生态学理论——城乡创业公共服务均等化的运行环境

行政生态学是 20 世纪 30—60 年代在系统理论基础上，在生态学理论引入行政学研究领域之后产生的一个新型研究领域。1936 年，美国政治学家高斯（J·M·Gaus）出版《美国社会与公共行政》，标

志着行政生态系统的课题进入学术视野，他在 11 年后的 1947 年出版
《公共行政学之我见》和《政府生态学》一书，指出行政管理只是社
会生活大生态系统的一部分，必须跳出行政管理系统本身的局限，将
其置入社会大生态系统之中，才能真正地了解一个国家的公共行政，
即将考察一个国家的行政管理与该国的社会大系统的关系列为考察一
个国家公共行政的必要环节。这样，高斯不仅将"生态"的概念引
入公共行政学，而且还阐述了如何运用生态学方法研究公共行政学。
但是，高斯的两部著作并没有使行政生态学独立为一门学科。直到
1961 年里格斯（Fred·W·Riggs）《公共行政生态学》一书的出版，
才使得行政生态研究从行政学中独立出来作为分支学科。据此，里格
斯将行政生态学定义为："自然以及人类文化环境与公共政策运行之
间的相互影响情形。"① 行政生态学探究的是各国本身所特有的社会
文化及历史诸因素与公共行政之间的相互影响，具体来说就是考察研
究任何国家的公共行政时，不仅要研究该国的行政制度特点和行政行
为方式，而且要扩大到立足于该系统而产生的社会大系统，从行政与
政治制度、意识形态、价值观念、经济结构、文化心理、历史传统等
相互关系去研究。② 里格斯以传统泰国、现代泰国、菲律宾以及现代
美国为对象，通过对各自经济、社会、文化、政治和沟通系统等主要
环境因素的结构和历史变迁，以及各自行政系统之间的相互作用过程
及其结果表现的分析，提出了分析发展中国家行政体制的理论模型，
即"融合—棱柱—衍射的行政模型"。③ 认为"经济要素、社会要素、
沟通网、符号系统和政治构架"是影响一个国家行政的主要生态要
素，他从这五个方面展开"融合模式—棱柱模式—衍射模式"过程，
他的这种方法和模型被看作是描绘和判断行政状况的高级工具。④ 行
政生态学理论对像我国这样的发展中国家而言，尤其是在经济社会

---

① 参见里格斯在台湾政治大学的演讲词，转引自彭文贤《行政生态学》，三民书局 1988
　　年版，第 19 页。
② 竺乾威主编《公共行政理论》，复旦大学出版社 2012 年版，第 166 页。
③ F. W. 里格斯：《公共行政生态学》，商务印书馆 1985 年版，序言。
④ 同上。

转型时期的行政体制改革，以适应经济转型、政治民主、社会和谐、文化进步、生态平衡的发展需求，使行政生态发展与政治生态、文化生态相结合，通过创业公共服务的均等化供给，形成不断优化的促进城乡创业共荣的行政环境具有重大的参考价值。从这个意义上说，行政生态学理论是研究城乡创业公共服务均等化运行环境的基础理论。

二　新公共服务理论——城乡创业公共服务均等化过程中的政府定位

新公共服务理论是罗伯特·登哈特（Robert B. Denhardt）和珍妮特·登哈特（Janet V. Denhardt）在批评传统的公共行政，尤其是在批判新公共管理的基础上建立起来的，强调民主标准或社会标准的新型公共行政学理论。其理论来源是民主公民权理论、社区与公民社会理论、组织人本主义和新公共行政理论、后现代公共行政理论，[①] 提出了其中引人注目的公共服务理念：第一，服务于公民，而不是服务于顾客；第二，追求公共利益；第三，重视公民权胜过重视企业家精神；第四，思考要具有战略性，行动要具有民主性；第五，承认责任并不简单；第六，服务，而不是掌舵；第七，重视人，而不只是重视生产率。[②] 登哈特夫妇的新公共服务确切地说并没有完成一种理论上的创新，提出的几个服务理念也并不是很新鲜，新公共服务理论是一种"价值转向"，是"把偏向管理主义的钟摆再次拨向宪政主义"。[③] 但是，它对人的价值、政府责任、公民民主性回应与参与等理念的强调，从一定程度上说，不仅仅是对传统公共行政观念的批评，而且对我们研究政府责任和职能，尤其是对政府在城乡创业公共服务均等化过程中的职能定位、创业公共服务资源分配和生产供给原则的考量、城乡创业公共服务均等化机制模型的设计具有很大的参考价值。

---

① 罗伯特·B. 登哈特、珍妮特·V. 登哈特：《新公共服务——服务，而不是掌舵》，丁煌译，中国人民大学出版社 2010 年版，第 20—30 页。

② 同上书，第 30 页。

③ 竺乾威主编《公共行政理论》，复旦大学出版社 2012 年版，第 448—449 页。

三　新制度经济学理论——以制度均衡打破"诺斯悖论"是创业公共服务均等化的重要条件

新制度经济学是在 20 世纪 80—90 年代针对西方主流经济学忽视制度分析的严重弊端，[①] 受发展中国家和经济转型的社会主义国家的改革影响而兴起的西方现代经济学的重要分支，经以罗纳德·科斯（Ronald Coase）为代表的产权与交易费用经济学、道格拉斯·诺思（Douglass C. North）为代表的制度绩效和变迁经济学，逐步发展形成的一套完整的新制度经济学体系，围绕制度构成、制度功能、制度变迁、制度的经济绩效、产权与契约等基本市场经济制度以及国家制度等内容进行了广泛而深入的研究。结合本研究的需要，我们将着重对道格拉斯·诺思的诺思悖论与制度均衡理论进行阐述。

美国著名经济学家诺思在其《经济史中的结构与变迁》（1981）和《制度、制度变迁与经济绩效》（1990）两本著作中详细地阐述了"诺思悖论"与"制度均衡"理论。他认为制度就是一个社会的游戏规则，"制度在社会中起着更为根本性的作用，它们是决定长期经济绩效的基本因素"，[②] 制度理论框架是产权理论、国家理论和意识形态理论，而"理解制度结构的两个主要基石是国家理论和产权理论"，[③] 由此将国家理论和产权理论结合起来。"国家提供的基本服务是博弈的基本规则"[④]：一方面，国家权力及其代理人的介入是财产权利有效界定、保护和实施，实现有效产权安排和经济发展的一个必要条件；另一方面，国家权力及其代理人介入产权安排和产权交易，

---

① 程恩富、徐惠平：《新制度经济学派的成因、特点与总体评价——从海派经济学的角度来观察》，载《当代经济研究》2004 年第 9 期。

② ［美］道格拉斯·C. 诺思：《制度、制度变迁与经济绩效》，刘守英译，上海三联书店、上海人民出版社 1994 年版。

③ ［美］道格拉斯·C. 诺思：《经济史中的结构与变迁》，陈郁、罗华平等译，上海三联书店、上海人民出版社 1994 年版。

④ 竺乾威主编《公共行政理论》，复旦大学出版社 2012 年版，第 340 页。

限制和侵害了个人财产权利，导致无效的产权安排和经济衰落。表现为在国家目标中"统治者租金最大化"和"社会产出最大化"之间存在着持久的冲突，这就是"诺思悖论"。可以发现，"诺思悖论"显示出有效产权安排和经济发展必须通过制定制度政策来实现，而制度政策的制定和实施会对个人和企业的财产权利起到或保护或限制的结果。制度作为政府基本公共服务体系架构中的重要规范性因素，发挥着降低成本、减少不确定性因素、将外部性内部化和激励的功能，以及它所提供的"刺激结构"规划基本公共服务方向的重要作用，决定了合理制度安排的重要性。然而，解释"诺思悖论"的结果就是通过合理的制度安排实现"制度均衡"。同"诺思悖论"一样，"制度均衡"也是各方利益的博弈，前者强调制度的构成与变迁，后者强调制度变迁的结果，它们的核心都在于找到有效率的产权制度的确立与统治者的利益最大化之间的"均衡点"。这个"均衡点"是很难找到的，必须正确对待政府制定制度政策所面临的"交易费用约束"和"竞争约束"，有效克服决策者的"偏好的多元性"与"有限理性"，有效协调不同集团之间的利益冲突，才能最终实现制度的合理性和制度的动态均衡。①

该理论对本研究的启示在于以下三点：首先，城乡间创业公共服务不均衡所表现出来对制度安排的诉求具有必然性且十分迫切；其次，政府在促进城乡创业公共服务均等化及其制度安排过程中起着主导性的作用，必须强调不断克服决策者偏好多元性和有限理性，不断协调不同集团之间的利益冲突以及政府在此过程中的责任和义务；最后，实现制度的均衡协调统一是制度安排的中间目标，以此推动城乡创业公共服务均等化才是制度安排的最终目的。因此，合理的制度安排实现对制度均衡的追求是打破"诺斯悖论"的基础，是研究和实现城乡创业公共服务均等化的重要条件。

---

① 参见竺乾威主编《公共行政理论》，复旦大学出版社 2012 年版，第 341—342 页。

四　布坎南公共选择与政府理论——多元化服务供给渠道拓展

美国著名经济学家詹姆斯·布坎南（James M. Buchanan）的公共选择理论是针对"政府失败"而试图克服政府干预的缺陷所创立的。其研究对象就是公共选择，所谓公共选择"就是通过集体行动和政治过程来决定资源在公共物品间的分配。即指人们选择通过民主政治过程来决定公共物品的需求、供给与产量，是把个人选择转化为集体选择的一种过程或机制，是对资源配置的非市场决策。"[1] 公共选择理论将政治过程纳入到经济分析的框架之中，把国家、政府或政治因素当作经济过程的内生变量，注重分析个人行为对整个经济产生的影响，要通过对政府决策行为的研究，使政府干预的缺陷尽可能降到最低限度，"从而达到以政治市场领域的和谐运转去弥补经济市场运转不足的目的"。[2] 公共选择理论认为，人类社会包含两个市场：一是经济市场，二是政治市场，在这两个市场中活动的同一个人的行为动机和追求目标是一致的。[3] 公共选择理论将经济领域中个人"自私"出发点引入政治领域，把政治舞台模拟成经济学意义上的交易市场，弥补了传统经济学理论的缺乏独立政治决策分析的缺陷。因此，在经济市场上存在的供求双方的作用，在政治市场上同样存在，个人参与政治活动的目的就在于追求个人利益最大化。[4]

通过公共选择对政府组织运行情况进行的考察得出：政府垄断公共服务是导致效率低下的根源；政府组织内部死板的规章制度使公共机构失去追求效率的内在动力；官僚对自身利益最大化的追求，使政

---

① 竺乾威主编《公共行政理论》，复旦大学出版社 2012 年版，第 322 页。

② 唐瑞卿：《政府职能与房地产业的健康发展》，硕士学位论文，复旦大学，2005 年。

③ 郑晓燕：《中国公共服务供给主体多元发展研究》，博士学位论文，华东师范大学，2010 年。

④ 同上。

府规模不断扩大、行政成本急剧增加。① 因此，公共选择理论更强调以个人自由和市场作用打破政府对公共服务的垄断，通过建立公私机构之间的竞争机制，从而使公众获得自由选择公共服务的机会，最终实现公共服务的有效供给。② 按照公共选择理论的观点，以"公私合作"替代"政府垄断公共服务"是解决"政府失败"困境的根本出路。其具体主张包括：允许私人企业、社会中介组织、政府官僚机构等各种类型的组织，接受公民的理性选择，通过合法途径提供公共服务；给予公民在自由竞争基础上自主选择公共服务提供者的权利；放松规制，破除垄断，允许不同组织之间在公共服务职能和管理范围上重叠交叉，让公共服务组织更加灵活化和自由化；限制国家权力的增长，进行宪政改革；减少福利国家的浪费。③ 这对于我们研究城乡创业公共服务均等化体系的多元主体构建和多元化服务供给渠道拓展，尤其是在改革重庆市创业公共服务体制机制以适应城乡创业公共服务均等化要求方面具有重大的理论意义。

五　治理与善治理论——城乡创业公共服务多元化服务模式探索

"治理"被广泛地应用于政治发展，特别是用来描述后殖民地和发展中国家的政治状况研究中，源自 1989 年世界银行概括非洲情形而首次使用的"治理危机"（crisis in governance）一词。④ 治理（Governance）与善治（Good Governance）理论在 20 世纪 90 年代作为公共管理理论的重要部分而兴起。一般认为，治理理论的主要创始人之一是罗西瑙（J. N. Rosenau），它主要对治理方式和价值、公共产

---

① 郑晓燕：《中国公共服务供给主体多元发展研究》，博士学位论文，华东师范大学，2010 年。

② 陈军：《公私合作理论基础研究》，载《延边大学学报》（社会科学版）2009 年第 4 期。

③ 参见周志忍著《当代国外行政改革比较研究》，国家行政学院出版社 1999 年版，第 23—24 页；竺乾威主编《公共行政理论》，复旦大学出版社 2012 年版，第 327—330 页。

④ 俞可平主编《治理与善治》，社会科学文献出版社 2009 年版，第 1 页。

品与公共服务供给的方式和体制进行研究，主张建立政府与社会合作的公共管理模式，即善治模式。①

本书比较赞同全球治理委员会 1995 年发表的《我们的全球伙伴关系》研究报告中对"治理"作的界定：治理是各种公共的或私人的个人和机构管理其共同事务的诸多方式的总和。② 这个定义勾画出了治理与善治理论的基本轮廓：首先，不仅是公共服务，而且公共管理的主体，不能单单是政府，公共的和私人的机构也应当成为其主体，即主体多元性；其次，治理手段不仅包括一系列正式的制度，现代国家应当将公共权力部分转移给各种私人部门和非政府组织，构建一种持续互动的治理模式，即公民参与性；再次，国家与社会、公共部门与私人部门在集体行为中建立了良好的合作关系，越来越相互依赖，为了达到广泛协商一致的目标，各个社会公共机构必须资源共享、共同协调，通过与政府在特定领域的合作来分担政府的行政责任，即协调合作性；③ 最后，"善治"就是公共部门与私人部门协调合作互动基础上的主体多元化、公民参与性社会治理，是"使公共利益最大化的社会管理过程，其本质是政府与公民对公共生活的合作管理"。④ 治理与善治理论的兴起契合了"政府失败"和"市场失灵"的不足，突破了"政府中心论"和新公共管理理论的局限性，把市场、政府以及其他机构看作一个不可或缺的整体，致力于建立政府、市场、公民社会三者相互依赖与多元合作的善治模式。⑤ 复旦大学竺乾威教授介绍和评价了产生于新公共管理衰微和信息技术发展背景下的整体性治理理论。数字时代的来临，使得强调信息技术运用到政府

① 张波：《治理理论下政府公共权力的有效实现》，载《学习与探索》2010 年第 5 期。
② 燕继荣：《服务型政府的研究路向——近十年来国内服务型政府研究综述》，载《学海》2009 年第 1 期。
③ 李军鹏：《建设适应社会主义市场经济体制的行政文化》，载《中共福建省委党校学报》2001 年第 9 期。
④ 李军鹏：《公共服务学——政府公共服务的理论与实践》，国家行政学院出版社 2007 年版，第 67 页。
⑤ 郑晓燕：《中国公共服务供给主体多元发展研究》，博士学位论文，华东师范大学，2010 年。

治理中的整体性治理理论，"着眼于政府内部机构和部门的整体性运作"，通过"服务的重新整合、整体的、协同的决策方式以及电子行政运作广泛的数字化"实现"政府的电子化改革"。① 与新公共管理不同，整体性治理理论依然以政府责任和作用为基础，以政府内部的整体性运作、政府的电子化改革和以分权性授权、合作性协商、多元性互动、适应性回应为核心的多元化创业公共服务供给为手段，形成合法性、法治性、透明性、责任性、有效性、回应性的"善治"局面，使之成为"善治"从理想到现实的实践路径。治理与善治理论及整体性治理理论为我们研究城乡创业公共服务均等化问题中的创业公共服务生产和供给多元化、机制运行和管理模型设计、公共服务需求表达，以及探索城乡创业公共服务均等化模式探索提供了理论参考。

六　"大众创业万众创新"引擎——城乡创业公共服务均等化的实践支点

　　十八大以来，新一届政府行富民之道、致强国之举，着力培育打造"大众创业万众创新"新引擎。从这一实践中，可以提炼出一个具有丰富内涵、自成体系的理论，对我国新时期推进城乡创业公共服务均等化具有极强的指导和规范作用。本书取其精髓，将其概括为"大众创业万众创新"新引擎理论。它的提出是党和国家深刻认识和把握社会主义国家建设规律，基于当前我国经济发展调结构、稳增长和社会发展促创新、扩就业需求的重要举措。2013 年 5 月 30 日，国务院以"十二五规划"、《国家中长期科学和技术发展规划纲要（2006—2020 年）》和《中共中央国务院关于深化科技体制改革加快国家创新体系建设的意见》引发《"十二五"国家自主创新能力建设规划》，以指导全社会加强自主创新能力和创新型国家建设为目标，从创新基础设施、创新主体、创新人才队伍和制度文化环境等方面，

---

① 竺乾威：《从新公共管理到整体性治理》，载《中国行政管理》2008 年第 10 期。

着力引导创新主体行为，鼓励创业活动。① 在"十二五"收官之年，国务院发布《关于进一步做好新形势下就业创业工作的意见》，以创业创新"有利于产业、企业、分配等多方面结构优化"为基点，用"培育大众创业、万众创新的新引擎"的思路，把创新和就业结合起来，以创业创新带动就业，以创业创新催生经济社会发展新动力，使创业创新为"促进民生改善、经济结构调整和社会和谐稳定提供新动能"。② 这就从顶层设计上，规划出新时期我国创业公共服务的系统工程，包含了从市场环境优化、科技金融服务、科技先行、财税资金支撑、重点群体支持、惠民兜底保障、创业创新平台建设和创业创新文化打造等八个方面的内容，全面系统地为创业创新服务。

其一，简政放权，优化市场环境。从 2013 年 10 月至 2015 年 5 月，国务院九次召开常务会议，分别就"公司注册资本登记制度改革"③ "更加便捷、透明的投资项目核准"④ "转变政府职能建设现代政府"⑤ "提升政府公信力和执行力"⑥ "便利投资创业规范市场秩

---

① 中央政府门户网站：《国务院关于印发"十二五"国家自主创新能力建设规划的通知》，http：//www. gov. cn/zhengce/content/2013-05-30/content_ 5186. htm，2013 年 5 月 30 日。

② 中央政府门户网站：《国务院关于进一步做好新形势下就业创业工作的意见》，http：//www. gov. cn/zhengce/content/2015-05/01/content_ 9688. htm，2015 年 05 月 01 日。

③ 中央政府门户网站：《李克强主持召开国务院常务会议部署推进公司注册资本登记制度改革降低创业成本激发社会投资活力》，http：//www. gov. cn/guowuyuan/2013－10/27/content_ 2591089. htm，2013 年 10 月 27 日。

④ 中央政府门户网站：《李克强主持召开国务院常务会议决定削减前置审批推行投资项目网上核准释放投资潜力发展活力部署加强知识产权保护和运用助力创新创业升级"中国制造"》，http：//www. gov. cn/guowuyuan/2014－11/05/content_ 2775568. htm，2014 年 11 月 5 日。

⑤ 中央政府门户网站：《李克强主持召开国务院常务会议确定新一批简政放权放管结合措施促进转变政府职能建设现代政府部署推广上海自贸试验区试点经验加快制定完善负面清单推动更高水平对外开放决定集中治理机关事业单位"吃空饷"问题堵上蚕食财政资金的黑洞》，http：//www. gov. cn/guowuyuan/2014－12/12/content_ 2790192. htm，2014 年 12 月 12 日。

⑥ 中央政府门户网站：《李克强主持召开国务院常务会议确定规范和改进行政审批的措施提升政府公信力和执行力讨论通过部分教育法律修正案草案》，http：//www. gov. cn/guowuyuan/2015－01/07/content_ 2801882. htm，2015 年 1 月 7 日。

序"① "购买商业健康保险给予个人所得税优惠试点"② 等与创业创新密切相关的问题展开讨论并作出指示。下好改革先手棋,通过公司注册资本登记制度改革和政府自身改革,压缩行政审批事项、放宽市场主体准入、创新政府监管方式、清理规范涉企收费,一方面为企业清障减负,让市场主体"舒筋骨",为创业兴业开路、为企业发展松绑、为扩大就业助力,为经济社会发展增添新动力;另一方面,转变政府职能、简政放权、放管结合,促进行政权力法治化,提高行政效能,建设法治政府、现代政府,让政府更好归位、市场更大发力、群众更多受益。构建公平竞争的市场环境,激发社会活力和创造力,营造鼓励大众创业、万众创新的良好环境。为此,国务院专门印发了《注册资本登记制度改革方案》、《促进市场公平竞争维护市场正常秩序的若干意见》两个文件。

其二,深层结合,创新科技金融服务。深层结合是科教兴国、人才强国和创新驱动发展"三大战略"实施的结果,重点推进科技体制机制改革,用政府权力的"减法"换取创新创业热情的"乘法",加快创新驱动速率、提高科技服务水平,实现科技与金融的深层次结合、科技与经济的深度融合、技术与市场的深度融合。《国务院关于加快科技服务业发展的若干意见》明确指出,"加快科技服务业发展,是推动科技创新和科技成果转化、促进科技经济深度融合的客观要求,是调整优化产业结构、培育新经济增长点的重要举措,是实现科技创新引领产业升级、推动经济向中高端水平迈进的关键一环,对

---

① 中央政府门户网站:《李克强主持召开国务院常务会议听取 2014 年全国两会建议提案办理工作汇报完善公共决策吸纳民意机制部署改革政府投资管理方式和转变职能便利投资创业规范市场秩序讨论通过报请全国人大授权在土地制度改革试点地区暂时调整实施有关法律规定的决定草案》,http://www.gov.cn/guowuyuan/2015-02/06/content_ 2815941. htm,2015 年 2 月 6 日。

② 中央政府门户网站:《李克强主持召开国务院常务会议确定进一步简政放权、取消非行政许可审批类别把改革推向纵深部署推进国际产能和装备制造合作以扩大开放促发展升级决定试点对购买商业健康保险给予个人所得税优惠运用更多资源更好保障民生》,http://www.gov.cn/guowuyuan/2015-05/06/content_ 2857691. htm,2015 年 5 月 6 日。

于深入实施创新驱动发展战略、推动经济提质增效升级具有重要意义"。① 创新科技金融服务，首先要在重点领域创新投融资机制，"充分发挥社会资本特别是民间资本的积极作用"，② 还要深化科技体制改革、财税体制改革，以保证科技金融服务的资金支撑、成果转化，提高创业创新技术含量和核心竞争力，推动国家创新体系建设。2015年1月26日，国务院发布《关于国家重大科研基础设施和大型科研仪器向社会开放的意见》，加快推进科研设施与仪器向社会开放，整合优势资源，进一步提高科技资源利用效率，为创业创新服务。

其三，创新驱动，科技先行。科学技术是第一生产力，科技创新是实施更高质量、更高水平创新的"创新驱动战略"的先导。党的十六大以来，中央围绕科技创新制定了一系列重大战略决策，不断强调"增强自主创新能力"的重要性，制定实施科技规划纲要，保持科技创新投入的持续快速增长，激励创新的政策法律随之不断完善，国家创新体系建设积极推进，致力于"创新型国家"建设，已经取得一批重大科技创新成果。尤其是在2012年，中共中央、国务院就印发了《关于深化科技体制改革加快国家创新体系建设的意见》，不仅提出把我国建设成为"创新型国家"和力争到2020年，基本建成适应社会主义市场经济体制、符合科技发展规律的中国特色国家创新体系，使我国进入创新型国家行列的战略目标，而且提出了指导性意见，直接指出了我国所面临的内外环境和机遇挑战，要求有更强的自主创新能力，要求有更加完善、高效、协调、务实的科技创新体制机制，使以科学技术为核心的科技创新成果和科技人才队伍擎住"科技大旗"才能适应建设创新型国家的需要，并提出"创新驱动、服务发展""企业主体、协同创新""政府支持、市场导向""统筹协调、遵循规律""改革开放、合作共赢"的主要原则，充分地发挥科技对

---

① 中央政府门户网站：《国务院关于加快科技服务业发展的若干意见》，http：//www.gov.cn/zhengce/content/2014-10/28/content_9173.htm，2014年10月28日。

② 中央政府门户网站：《国务院关于创新重点领域投融资机制鼓励社会投资的指导意见》，http：//www.gov.cn/zhengce/content/2014-11/26/content_9260.htm，2014年11月26日。

经济社会发展的支撑引领作用。2015 年，科技部发布《科技部关于进一步推动科技型中小企业创新发展的若干意见》，为实施创新驱动发展战略，深化科技体制改革，充分发挥市场在资源配置中的决定性作用和更好发挥政府作用，激发高新技术型等高增长中小企业技术创新活力和健康发展，提出鼓励科技创业、支持技术创新、强化协同创新、推动集聚化发展、完善服务体系、拓宽融资渠道、优化政策环境七项宝贵意见，为科技型创业公共服务的实施奠定基础。

其四，定向调控，财税资金政策支撑。公共财政资金是城乡公共创业服务均等化的重要物质支撑；税收政策是宏观调控的重要手段，财政资金要发挥定向调控功能，必须"加力增效"，围绕以大众创业万众创新打造新引擎，以扩大公共产品和服务供给改造传统经济驱动引擎。2014 年 4 月至 2015 年 2 月，国务院共召开三次常务会议，部署落实财税资金支持创业创新，为创业创新服务。首先是设立国家新兴产业创业投资引导基金，重点支持处于"蹒跚"起步阶段的创新型企业，① 助力创业创新和产业升级；其次是减税降费，支持小微企业发展和创业创新，带动社会就业和调节收入分配；② 再次是重点倾斜，延续并完善支持和促进创业就业的财税政策，向"三农"发展、城乡一体化、中小微企业创业创新倾斜；最后是规范资金管理，注重多部门、多层次的资金协调使用和联合管理，财政部会同工业和信息化部、科技部、商务部制订《中小企业发展专项资金管理暂行办法》和《国务院关于扶持小型微型企业健康发展的意见》，规范和加强中小企业发展专项资金的使用和管理，鼓励地方设立中小企业扶持资金并将小型微型企业纳入支持范围，充分发挥现有中

① 中央政府门户网站：《李克强主持召开国务院常务会议决定设立国家新兴产业创业投资引导基金助力创业创新和产业升级部署加快发展服务贸易以结构优化拓展发展空间》，http：//www.gov.cn/guowuyuan/2015-01/14/content_ 2804136.htm，2015 年 1 月 14 日。
② 中央政府门户网站：《李克强主持召开国务院常务会议确定进一步减税降费措施支持小微企业发展和创业创新部署加快重大水利工程建设以公共产品投资促进稳增长调结构》，http：//www.gov.cn/guowuyuan/2015-02/25/content_ 2821764.htm，2015 年 2 月 25 日。

小企业专项资金的引导作用。

其五，精准发力，支持重点群体。党和国家十分重视高校毕业生、下岗失业人员、残疾人等重点人群的就业，以创业带动就业和"大众创业万众创新"的普遍性和广泛性，突出地体现在对弱势就业群体的关注上，要给予特别的政策照顾。尤其是高校毕业生，他们是具有高学历的现代化建设接班人，具有从事创业活动的诸多优势条件，促进高校毕业生创业就业在政府工作中的位置更加突出。当前，我国政府从三个大方面确定了一系列促进高校毕业生创业就业的政策体系：一是结合产业转型升级拓宽就业渠道，二是着力发展需求集中的生产性服务业，三是多部门联合协作，实施大学生创业引领计划。重点发挥市场调节就业和引导创业的作用，着力于改革创新、优化就业创业环境，"力争使高校毕业生就业创业比例双提高"。①

其六，小处落脚，惠民兜底保障。"大众创业万众创新"新引擎是富民之道的广泛性还突出了其创业创新政策的惠及民生、兜底救急的功能。大众的创业热情转化为创业活动时，一般性的选择是投资少、见效快的小微企业和个体工商户形式。因此，小微企业和个体工商户的生存、发展、壮大直接与普通大众的生活息息相关，直接关系到他们的收入增加和生活水平的提高。甚至在一定程度上，"大众创业万众创新"不是简单的口号，而是体现在对小微企业、个体工商户形式创业活动的支持上。2014 年 9 月和 2015 年 4 月，国务院两次召开常务会议，部署进一步扶持小微企业、个体工商户发展。一是全面建立临时救助制度，"加大对小微企业、个体工商户特别是在改革中'呱呱坠地'新生者的扶持"，② 适当扩大全国社保基金投资范围更好

---

① 中央政府门户网站：《李克强主持召开国务院常务会议部署支持外贸稳定增长和优化结构有关工作确定进一步促进高校毕业生就业创业的政策措施》，http：//www.gov.cn/guowuyuan/2014-04/30/content_ 2669702.htm，2014 年 4 月 30 日。

② 中央政府门户网站：《李克强主持召开国务院常务会议部署进一步扶持小微企业发展推动大众创业万众创新》，http：//www.gov.cn/guowuyuan/2014 - 09/17/content _ 2751902.htm，2014 年 9 月 17 日。

惠民生助发展，增添市场、社会活力和发展内生动力，促进经济增长和民生改善；二是用制度创新激发民间投资活力，通过《基础设施和公用事业特许经营管理办法》，用制度保障和鼓励创业以稳就业惠民生助发展；三是知识产权保护，以支持小微企业发展，通过《关于知识产权支持小微企业发展的若干意见》，实施知识产权保护政策，加强知识产权保护和运用，激发小微企业创造活力，全力支持小微企业创业创新发展，助力创新创业升级"中国制造"。

其七，"众创空间"，创业创新平台建设。网络时代，互联网经济、电子商务、云计算等信息产业新业态已经成为创业者创业过程中的重要助推器。"大众创业万众创新"必须顺应网络时代形势，构建面向人人的"众创空间"等创业服务平台，激发亿万群众创造活力、培育创新人才和创新团队，打造经济发展新的"发动机"。[①] 打造众创空间的创业创新服务平台，关键是要发展新兴服务业，营造良好的创新创业生态环境，实施以电子商务为主的"互联网+"行动，培育信息产业新兴业态，减少流通成本，促进传统产业和新兴产业融合发展，增加金融活力，促进发展升级。此外，必须创新政府管理和服务，为新兴业态清障搭台，在发展中规范和引导。2015 年 4 月，国务院办公厅发布《关于发展众创空间推进大众创新创业的指导意见》文件，提出加快发展众创空间等新型创业公共服务平台的建议，正是加快实施创新驱动发展战略，适应和引领经济发展新常态，顺应网络时代大众创业万众创新新趋势的重要举措。

其八，积极引导，打造创业创新文化。"大众创业万众创新"新引擎的打造须臾离不开通过多种途径激发亿万群众的创业创新热情。其中，创业创新文化的引导形成必不可少。国务院办公厅在 2015 年 4 月发布《关于发展众创空间推进大众创新创业的指导意见》文件中明确指出："营造创新创业文化氛围。积极倡导敢为人先、宽容失败

---

① 中央政府门户网站：《李克强主持召开国务院常务会议确定支持发展"众创空间"的政策措施为创业创新搭建新平台》，http：//www. gov. cn/guowuyuan/2015-01/28/content_2811254. htm，2015 年 1 月 28 日。

的创新文化，树立崇尚创新、创业致富的价值导向，大力培育企业家精神和创客文化，将奇思妙想、创新创意转化为实实在在的创业活动。加强各类媒体对大众创新创业的新闻宣传和舆论引导，报道一批创新创业先进事迹，树立一批创新创业典型人物，让大众创业、万众创新在全社会蔚然成风。"[①] 2015 年 5 月 6 日，财政部、工业和信息化部、科技部、商务部、工商总局决定支持开展"小微企业创业创新基地城市示范工作"，[②] 以财政支持等方式，鼓励地方政府全力打造创业创新文化。

本章小结

本章按照本书的研究思路，从公共服务研究的理论起点开始，经过创业理论的拓展，基本形成创业公共服务的基础理论架构，由此，开始了创业公共服务均等化的研究。首先对城乡二元经济结构理论进行阐述，由二元经济结构理论所产生的城乡二元对立和马克思主义城乡融合理论探索所找到的破除城乡二元结构的突破口，构成城乡创业公共服务均等化破与立，寻找从城乡分割、差距、对立走向城乡融合均衡发展之路。其次，对城乡创业公共服务均等化的价值选择进行理论探讨，分别从罗尔斯正义理论、霍耐特承认结构理论、新公共行政学派社会公平正义理论和马克思主义的社会公平正义理论的阐述中，指出均等化的核心价值在于对社会公平正义的敬畏和追求，创业公共服务的城乡均等化不仅在破解重庆城乡分离难题上应有大作为，更应在均等化过程中宣传好、践行好社会主义公平正义。再次，在理论上寻找公共服务资源分配均等化的支撑，重点从福利经济学的批判性吸收中阐述庇古的公共服务均等化思想出发，对福利经济学中的补偿原

[①]　中央政府门户网站：《国务院办公厅关于发展众创空间推进大众创新创业的指导意见》，http://www.gov.cn/zhengce/content/2015-03/11/content_9519.htm，2015 年 3 月 11 日。

[②]　中央政府门户网站：《五部门开展小微企业创业创新基地城市示范工作中央财政给予奖励资金支持》，http://www.gov.cn/xinwen/2015-05/06/content_2857596.htm，2015 年 5 月 6 日。

则和社会福利函数理论进行批判吸收，使之成为我们研究重庆市城乡创业公共服务均等化问题的理论支撑。最后，从六个方面探索重庆市城乡创业公共服务均等化的建设规则，分别通过行政生态学理论探索运行环境、通过新公共服务理论探索政府定位、通过新制度经济学理论探索制度均衡条件、通过布坎南公共选择与政府理论探索多元化服务供给渠道、通过治理与善治理论探索多元化服务模式、通过大众创业万众创新引擎理论探索其实践支点。最终构成探索促进重庆市城乡创业公共服务均等化的理论基础，也是本书进行不断深入研究的理论起点。

第四章　促进重庆市城乡创业公共服务均等化的现实条件

　　本书对重庆市城乡创业公共服务均等化的研究是围绕创业公共服务均等化对重庆市城乡创业活动的影响和均衡发展而展开的，是基于创业环境中创业公共服务的研究。简单说就是以创业公共服务的均等化过程，实现创业环境的优化升级，促进重庆市城乡间创业活动的互动合作、协调提升和蓬勃发展。

　　显然，促进重庆市城乡创业公共服务均等化的现实条件不能等同于重庆市城乡创业公共服务均等化的发展环境，也不能等同于创业环境。促进重庆市城乡创业公共服务均等化的现实条件内涵要大于发展环境，除包含其发展环境外，还包含自身要素的发展和创业公共服务对象的发展。按照学术界对创业环境研究的成果看，普遍认同"全球创业观察（GEM）报告"对创业环境的"框架条件"描述，即 GEM 概念模型中显示的"一般的国家框架条件"和"创业框架条件"。[①] 前者指国家的经济、政治、文化、社会的总体条件，后者指创业环境条件。全球创业观察（GEM）报告认为："国家的经济、政治、文化、社会的总体条件影响着创业环境的各个因素，而创业环境各因素对国家的创业活动起着积极的作用，促进较多创业机会的产生和创业能力的提升。"[②] 根据这个描述，其"一般的国家框架条件"可以与本书所指的"促进重庆市城乡创业公共服务均等化的发展环境"在

---

① 高建、程源、李习保、姜彦福：《全球创业观察中国报告（2007）——创业转型与就业效应》，清华大学出版社 2008 年版，第 2 页。

② 同上书，第 76 页。

框架上是一致的，都是从经济、政治、文化、社会、生态等总体框架分析各自的研究对象的；其所列出"创业框架条件"与本书所指的"重庆市城乡创业公共服务均等化的自身要素"也是一致的，甚至可以画等号。

因此，对促进重庆市城乡创业公共服务均等化现实条件的研究和梳理，正是对重庆市城乡创业公共服务均等化建设整体环境或宏观条件的初步了解，是对促进重庆市城乡创业公共服务均等化自身要素发展情况的阶段性总结，是对创业公共服务对象发展的整体性评价，或者说是对重庆市城乡创业群体、创业企业和创业人才队伍发展现状和发展趋势的整体性评价。本章将它们分别概括为：促进重庆市创业公共服务均等化的宏观条件基础、要素发展基础和服务对象的发展，以方便论述。

第一节　促进重庆市城乡创业公共服务均等化的宏观条件基础

城乡创业公共服务均等化是一个综合性政策目标。依据对系统论中行政生态学理论的认识，重庆市城乡创业公共服务均等化建设是在我国社会主义现代化事业与社会主义和谐社会建设整体向前推进中的部分工程。从这个层面上说，促进重庆市城乡创业公共服务均等化建设受到国内及重庆市建设和发展大局的影响，它融合了经济、政治、社会、文化、生态等整体环境和宏观条件，从经济社会发展整体层面为促进重庆市城乡创业公共服务均等化研究奠定了现实的实践基础。因此，需要对国内尤其是重庆市自身的经济基础、政治基础、社会基础、文化基础等方面的现实状况进行正确的认识和初步了解。

一　经济基础条件

促进重庆市城乡创业公共服务均等化目标的实现，须臾离不开国内和重庆市自身经济发展水平的提高，需要经济建设为其提供现实的经济基础和物质前提。

　　从国内情况来看，新中国成立后，尤其是改革开放以来，我国经济建设取得了举世瞩目的成就，国家综合实力显著增强。1979—2012年，国内生产总值（GDP）和国民总收入（GNI）平均增长速度均为9.8%，GDP从1978年的3645.2亿元迅速跃升至2012年的518942.1亿元，[①] 截止到2013年，GDP达到56.9万亿元，[②] 较1978年增长超过156倍。我国迅速提高的经济发展能力和经济发展水平，为我国国家财政收入的提高提供了稳定的来源，客观上提高了国家财政支付能力，尤其是财政转移支付能力，能够有力地支持和帮助地方经济社会发展。产业结构逐步优化，1978—2012年，第一产业产值从1027.5亿元增加至52373.6亿元，平均增长速度4.6%；第二产业产值从1745.2亿元增加至235162.0亿元，平均增长速度11.3%；第三产业产值从872.5亿元增加至231406.5亿元，平均增长速度10.8%。[③] 三大产业占GDP比重由1978年的28.2∶47.9∶23.9调整为2012年的10.1∶45.3∶44.6。按照国际经验，学术界普遍认同我国经济发展已经进入工业化中期阶段，经济社会的快速发展与各种矛盾的集聚激化并存将成为这个阶段的主要特点，我国经济社会发展将会面临更多的机遇和挑战。居民收入和经济效益持续提高，从1979年到2012年，城镇居民人均可支配收入从1978年的343元，增长至2012年的24565元，平均每年增长速度为7.4%，2013年继续增长7%；农村居民人均纯收入从1978年的134元，增长至2012年的7917元，平均增长速度7.5%，2013年继续增长9.3%，城乡居民收入差距逐步缩小，进一步促进社会公平正义与共同繁荣稳定，激发了农民生产建设积极性，拓宽农村市场，推动了生产要素在城乡间的有序高效流动，有助于形成"工业反哺农业、城市反哺农村"的发展局面。技

---

① 中华人民共和国国家统计局：《中国统计年鉴（2013）》，中国统计出版社2013年版，第4—5页。

② 中央政府门户网站：《2014年政府工作报告》，http：//www.gov.cn/guowuyuan/2014-03/14/content_ 2638989.htm，2014年3月5日。

③ 中华人民共和国国家统计局：《中国统计年鉴（2013）》，中国统计出版社2013年版，第4—5页。

术市场成交额从 2008 年的 2665 亿元增加至 2012 年的 6437 亿元,[①]
基本上按照每年近 1000 亿元的速度增长, 技术进步对经济增长的贡
献率大幅上升, 2014 年我国创新能力的世界排名上升至第 19 位, 创
新环境排名升至第 14 位, 以自主创新能力的提升应对人口红利下降,
以创新创造促进我国企业提升核心竞争力, 有力推动我国从 "中国制
造" 到 "中国创造" 的转型, 促进 "创新驱动" 发展, 极大地推进
我国创新型国家建设, 使我国进入创新型国家行列。继续深化改革推
动我国对外开放水平进一步提高, 推动经济开放向深度拓展, 设立
"中国上海自由贸易试验区", 提出建设 "丝绸之路经济带" "21 世
纪海上丝绸之路" 构想, 巩固和打造我国经济社会发展的三驾马车升
级版。到 2012 年, 我国货物进出口总额从 2008 年的 179921.5 亿元
增加至 244160.2 亿元, 进出口顺差 14558.3 亿元, 外商直接投资合
同项目达 24925 个, 实际使用外资 1132.94 亿美元,[②] 国际竞争力明
显增强。

　　从重庆市自身经济发展水平来看, 我国经济长期向好的基本面为
重庆市稳增长、调结构、增效益创造了极为有利的外部条件。直辖以
来, 重庆市在党中央、国务院和重庆市委市政府领导下, 紧抓机遇、
稳步推进、不断突破, 经济运行稳中有进、结构优化, 城乡结构和区
域结构逐步协调, 所有制结构逐渐合理, 实现了经济的长足发展, 经
济实力显著增强:

　　首先, 区域经济运行稳中有进、结构逐步优化。1996—2013 年,
全市生产总值从 1315.12 亿元增长至 12657 亿元, 2006—2013 年平
均增长速度达到 14.2%, 三次产业结构由 8.2∶52.4∶39.4 调整为
7.9∶50.5∶41.6。第一产业焕然一新, 生产总值从 1996 年的
287.56 亿元增长至 2012 年的 940.01 亿元, 年平均增速为 3.7%, 其

---

① 　中华人民共和国国家统计局:《中国统计年鉴 (2013)》, 中国统计出版社 2013 年版,
　　第 709 页。

② 　同上书, 第 223 页。

中 2008—2012 年期间年均增速达 5.8%,[①] 粮食产量连续六年突破 1100 万吨, 蔬菜产量 1600 万吨, 生猪、牛羊、生态鱼、柑橘、中药材、林果等特色产业逐步走向规模化, 百亿级产业链建设加快。第二产业的多业并举, 生产总值从 1996 年的 568.99 亿元快速增长至 2012 年的 5975.18 亿元, 平均增速 15.5%, 比全国高出 4.4 个百分点, 其中工业增长 4478.95 亿元, 平均增速 14.9%,[②] 从汽车摩托车工业的一枝独秀发展形成汽车摩托车、装备制造、天然气石油化工、材料、电子信息、能源和轻纺及劳动密集型产业的 "6+1" 支柱产业体系。第三产业的蓬勃发展, 生产总值从 1996 年的 458.57 亿元增长至 2012 年的 4494.41 亿元, 围绕中央商务区服务功能促进各类总部和高端商业集聚, 引进和培育功能性金融机构创新金融业态, 积极发展期现结合、服务全国、具有定价能力的要素交易平台, 规划五大功能区和城市智能化改造推动城市服务提档升级, 支持传统商贸企业发展线上业务形成电子商务集聚区, 积极发展咨询评估、会计审计、法律服务、文化创意等服务业, 提高重庆市现代服务业整体水平。

其次, 城乡区域结构逐渐协调, 先后提出 "城市带农村, 城乡一体共发展" "城乡一体共繁荣" "三大经济区、四大工作板块" "'一圈两翼' 区域发展新战略" "五大功能区" 等一系列统筹协调城乡、城乡一体化和区域协调发展战略, 扎实推进新型城镇化建设, 优化城镇布局形态, 推动大中小城市和小城镇合理分工、功能互补、协同发展, 配合我国 "三横两纵" 国家城市发展轴战略 (重庆所在的 "长江发展轴")、"10+6" 城市群规划 (重庆所在的 "川渝城市群"), 着力提升重庆市城镇群的内在品质和内在发展能力。积极健全和完善城乡一体化发展机制, 不断创新稳定农村土地承包关系, 鼓励承包经营权在公开市场上的多形式流转、多形式经营, 积极发展农民股份合作, 增加农民财产性收入, 优化布局农村金融机构, 发展农村合作金

---

① 重庆统计局、国家统计局重庆调查总队:《重庆市统计年鉴 (2013)》, 中国统计出版社 2013 年版, 第 5 页。

② 同上。

融，鼓励社会资本向农村建设投资，扎实推进城乡基本公共服务均等化，进一步促进社会公平正义与共同繁荣稳定；加大对"三农"的投入力度，着力解决"三农问题"，持续激发农民投身生产建设积极性，主动消除体制机制障碍，鼓励农村剩余劳动力向其他生产部门或服务部门有序流动，不断提升农村自身的发展能力，加快农村基础设施建设和拓宽农村市场，吸引生产要素有序向农村流动和集聚，推动"工业反哺农业、城市反哺农村"发展局面的形成，继续巩固和发展农业的基础地位和发展水平。

最后，所有制结构趋于合理。在坚持国家基本经济制度基础上，重庆市不断优化所有制结构。在1996—2012年期间，重庆市非公有制经济生产总值占 GDP 的比重从 24.9% 上升至 62.3%，与此同时，公有制经济生产总值从 987.66 亿元增加至 4303.91 亿元，个体私营经济生产总值从 286.70 亿元增加至 5598.64 亿元，外商及港澳台商在渝经济生产总值从 40.76 亿元增加至 1507.05 亿元，[①] 三者生产总值占 GDP 比重由 1996 年的 75.1：21.8：3.1 调整到 2012 年的 37.7：49.1：13.2；重庆市一边狠抓自身经济建设，积极鼓励创新创业、支持非公有制经济的快速发展，繁荣市场提升活力；一边紧抓"新丝绸之路经济带"（重庆属西南四省区）规划所带来的发展机遇，强力推进两江新区开发开放，不断完善内陆开放大平台、大通道、大通关体系，持续提升引进来走出去水平，全面展开全方位、宽领域、多渠道的对外交流合作，加快内陆开放高地建设，进一步扩大对内对外开放，"在更大范围拓展发展空间、集聚优质资源、提升竞争能力"。从 1996—2012 年，重庆市对外进出口总值从 158543 万美元增长至 5320358 万美元，从逆差 39813 万美元转变为顺差 2393728 万美元。

直辖后的重庆市紧跟时代、紧抓机遇、狠抓发展，区域经济在西部地区迅速崛起，初步优化了产业结构，初步实现了经济发展方式的

---

① 重庆统计局、国家统计局重庆调查总队：《重庆市统计年鉴（2013）》，中国统计出版社 2013 年版，第 49 页。

转变，形成了既有持续发展能力又有自身特点的区域经济发展模式，尤其是蓬勃发展中的现代服务业和渐趋协调的城乡发展格局及区域发展格局，将进一步为重庆经济社会实现又好又快发展提供雄厚的物质基础和强劲的发展后劲。2015 年，根据中央经济工作会议、中央农村工作会议、国务院扶贫开发领导小组第四次全体会议和全国扶贫开发工作会议精神，重庆市吹响扎实推进扶贫攻坚，向全面建成小康社会迈进的号角。集中力量、全面实施的"精准扶贫十项工程""培育贫困地区特色产业""积极推进人力资源开发"等工作，在产业开发、创业激励、政策支撑、资金保障、人力资本提升等方面，给创业公共服务均等化提供了绝佳良机。

二　政治基础条件

马克思主义认为，以政治作为上层建筑的核心对经济基础具有巨大的反作用，它"以政治权力和相关规则""以政治权力的力量改变生产关系及其实现形式"以及"自身的改变"，[①] 推动或阻碍着社会生产力和生产关系的发展，推动政治在上层建筑中起到的核心作用，确认和保障社会成员政治权利及其利益的实现；相应的，促进重庆市城乡创业公共服务均等化的政治基础条件就表现为以"民主集中制"为原则的人民民主制度建设、依法治国的基本治国方略实施和政府自身建设三个方面。从促进重庆市城乡创业公共服务均等化角度看，政府自身建设更直接更切实地影响着重庆市城乡创业公共服务均等化的基础环境；同时政府自身建设作为人民民主制度和依法治国方略实践的主要场所，在很大程度上具有决定性作用，是三个政治基础条件中的核心和关键点。因此，我们着重对政府自身建设这一政治条件作详细阐述。

在中央政府层面，"坚持稳中求进的工作总基调，把改革创新贯

---

① 王浦劬：《政治学基础》，北京大学出版社 2006 年版，第 14 页。

穿于经济社会发展各个领域各个环节"。① 首先，用好政府这只"看得见的手"，加快"转变职能、简政放权"，向深化改革要动力。2013 年 3 月 14 日第十二届全国人民代表大会第一次会议通过《国务院机构改革和职能转变方案》，积极推进政府职能转变和机构改革，建立"权力清单制度"，"一律向社会公开"，"清单之外的，一律不得实施审批"，② 截止到 2014 年 8 月份，国务院分批取消和下放的行政审批事项已超过 600 项；③ 不断扩大"营改增"试点，"取消和免征行政事业性收费 348 项，减轻企业负担 1500 多亿元"。④ 这些为创业兴业开路、为企业发展松绑、为扩大就业助力的简政放权举措，为完成省市县政府机构改革和推进事业单位改革铺平了道路；坚决拆除部门利益的藩篱，打破行政垄断和行业垄断，让权力回归本位，把本该属于市场的还给市场，使市场在资源配置中起决定性作用，也使政府腾出手来更好地在最需要的地方发挥最有效的作用。这就有效地降低了企业准入门槛，激发了市场活力，全力打造公平与效率的最佳状态，为创业创新活动的蓬勃发展奠定了根本环境基础，有利于创业创新活力竞相迸发，为经济社会发展增添新的强劲动力，有利于不断提升全社会的创业创新创造能力。其次，创新宏观调控思路和方式，完善宏观调控政策框架，保持经济运行处在合理区间。面对跌宕起伏的经济形势，我国政府始终保持定力，"明确守住稳增长、保就业的下限和防通胀的上限"，⑤ 集中精力转方式调结构，持续实施积极的财政政策和稳健的货币政策。以财政赤字和国债规模刺激我国经济总量扩大和增加，2014 年拟增加 1500 亿元财政赤字，使之达到 13500 亿元，"其中中央财政赤字 9500 亿元，由中央代地方发债 4000 亿元，

---

① 中央政府门户网站：《2014 年政府工作报告》，http：//www. gov. cn/guowuyuan/2014-03/14/content_ 2638989. htm，2014 年 3 月 5 日。

② 同上。

③ 中央政府门户网站：《新华时评：简政放权就应一放到位》，http：//www. gov. cn/xinwen/2014-08/20/content_ 2737707. htm，2014 年 8 月 20 日。

④ 中央政府门户网站：《2014 年政府工作报告》，http：//www. gov. cn/guowuyuan/2014-03/14/content_ 2638989. htm，2014 年 3 月 5 日。

⑤ 同上。

并将赤字率稳定在 2.1%;① 加强宏观审慎管理引导货币信贷和社会融资规模的适度增长，加强财政、货币和产业、投资等政策的协同配合，并以适度政策储备适时适度预调微调，确保我国经济持续健康发展。最后，践行群众路线，坚决反对"四风"，严格执行"约法三章"。与 2013 年年初预算相比，中央本级 2013 年"三公"经费财政拨款执行数减少 8.15 亿元，下降 10.2%，中央本级 2014 年"三公"经费财政拨款预算减少 8.18 亿元，下降 10.3%。② 树立政府要过紧日子，将有限的财政预算更多地用于经济发展和惠及民生的关键领域，进一步体现了我国政府为"稳增长、促改革、保民生"而表现出壮士断腕的决心和背水一战的气概，增加了人民参与改革的信心。2015 年两会期间，李克强总理承诺，当年国家部门授权地方政府审批的 1200 多项审批项目，要砍掉 200 多项，要让权力清单、责任清单先在省一级公布，2016 年推向市、县一级。这一举措，进一步清晰政府创业管理权限和管理范围，进一步降低创业者创业活动审批、审查、执法等成本，进一步形成对创业行为的激励、支持力度，为创业公共服务均等化打开新局面。2015 年 4 月开始的"三严三实"专题教育，在县级以上领导干部中树立共产党人最基本的政治品格和做人准则，成为新时期党员、干部的修身之本、为政之道、成事之要，在党和政府内部，构建严谨、务实、高效的党政领导干部队伍，为推进创业公共服务均等化提供了组织保障。

　　从重庆市政府自身改革和转型的情况看，党的十八届三中全会召开之后，在"向改革要动力"的奋战中，重庆市政府以强烈的责任感、紧迫感和历史使命感，着重转变政府职能、切实深化行政体制改革、不断创新行政管理方式、逐步增强政府执行力和公信力，努力建设法治政府和服务型政府，已经取得较大成绩，为促进重庆市城乡创

---

① 中央政府门户网站：《2014 年政府工作报告》，http：//www. gov. cn/guowuyuan/2014-03/14/content_ 2638989. htm，2014 年 3 月 5 日。

② 中央政府门户网站：《中央本级 2013 年"三公"经费预算执行和 2014 年预算安排情况》，http：//www.gov.cn/xinwen/2014-04/18/content_ 2662397.htm，2014 年 4 月 18 日。

业公共服务均等化发展奠定了良好的政治基础。

　　首先，加快职能转变，清理、精简和下放行政审批事项，真正服务于市场主体和人民群众。重庆市政府通过对行政审批制度的改革，大胆下放、取消、合并有关审批项目，最大限度地减少和规范审批事项405项，为各类市场主体松绑。2014年上半年，重庆市实施工商登记制度改革，放宽登记条件，简化登记程序，实行注册资本认缴，持续释放政策红利，对市场推动作用明显，激起民间持续高涨的创业热情，明显增强了投资活力。据统计，2014年1—6月，重庆市新增各类市场主体11.05万户，累计达到153万户，新设各类企业4.23万户、注册资本1633.13亿元，同比分别增长33.74%和143.9%，创同期新增数量历史新高；市场主体结构优化趋势明显，企业在市场主体总量中占比2014年1—6月份就从26%上升至27.32%，非公有制经济占全市生产总值的比重达到61.5%。另外，重庆市还非常重视非公有制经济组织和社会组织党组织在助推大众创业万众创新新引擎打造过程中的重要作用，紧扣"大众创业、万众创新"的时代主题，广泛开展以"党建强、发展强"，"带头创业、带动创新"为主要内容的"双强双带"活动。以落实全面从严治党为主线，以加强基层服务型党组织建设为统领，以发挥非公组织党组织"两个作用"为根本，以促进党组织的政治属性和服务功能有机统一为着力点，发挥广大非公组织创业创新主战场和生力军的突出作用，引导非公组织党组织和党员在创业创新中建功立业。① "双强双带"活动的开展，有助于把党组织的政治优势转化为非公组织的发展优势，为重庆市全面建成小康社会，打造"大众创业万众创新"新引擎，推进"科学发展、富民兴渝"提供坚强保证。

　　其次，规范政府行为，形成自觉维护宪法和法律权威、全面依法行政的良好局面。建立科学严谨的法治政府建设评价体系，不断增强政府机关及其工作人员用法治思维和法治方式履职的能力；健全科

---

① 《中共重庆市委组织部中共重庆市委非公经济和社会组织工委关于开展"双强双带"活动助推大众创业万众创新的通知》，渝委组〔2015〕84号文件。

学、民主、依法决策机制，加大对重大决策和规范性文件的合法性审查，加强咨询论证、风险评估、责任追究等各环节的法治保障，扩大行政立法的公众参与，防止部门利益固化；积极适应政府职能转变和经济社会发展的新形势，及时制定、修改和废止政府规章，2013 年重庆市全面清理既有政府规章，提请审议地方性法规草案 8 项；完善行政执法体制、程序和方式，重点解决权责交叉、多头执法、执法不作为慢作为乱作为等问题，撤销市级议事协调机构和临时机构 218 个，坚决纠正简单、粗暴、野蛮执法行为。

最后，深入开展群众路线教育实践活动，建立健全政协、媒体和公众监督的常态机制，树立了"勤政为民、服务发展"的清廉政府的良好形象。重庆市政府着眼打击"四风"，坚决执行中央"八项规定"和生活作风"十二不准"，扎实开展"五个专项行动"，创新和改进工作方法，认真办理群众诉求，大力倡导服务大众、奉献社会精神，加强廉政教育，取消节庆、论坛、展会活动 197 项，减少政府系统会议和文件简报 50%，市级"三公"经费压缩 25%，形成节约型机关建设长效机制，改革政府绩效考核评价机制，建立人才向基层流动、向艰苦地区和岗位流动的激励保障机制，健全政协、媒体、公众监督常态机制，形成"勤政为民、服务发展"的良好政风，努力打造一支"能创新、勤为民、遵法治、守清廉"的公务员队伍。渝委发［2014］9 号文件《关于集中力量开展扶贫攻坚的意见》中提出，以派驻扶贫特派员和驻村工作队来健全干部驻村帮扶机制，很大程度上为乡村创业发生、产业发展提供政策、管理、技术支持，可以说也是重庆市推进创业公共服务均等化的一项重大措施。

三　社会基础条件

"加强社会建设，是社会和谐稳定的重要保证"，强调"必须以保障和改善民生为重点"，不断努力提高人民群众的物质文化生活水平，这是党的十八大为我国新时期社会主义社会建设吹响的"改善民生"新号角。促进重庆市城乡创业公共服务均等化的社会基础条件从党的十八大开始有了新的面貌，整体形成了"十八大新要求""十八届三中全会新部署"的社会建设局面。

党的十八大从维护最广大人民根本利益的高度对我国社会建设提出了六个方面的要求：第一，始终把教育作为民族振兴和社会进步的基石，提出努力办好人民满意的教育和建设学习型社会的要求；第二，始终把就业作为民生之本，提出完善就业创业服务体系和实现更高质量的就业的要求；第三，始终把发展成果由人民共享作为最高标准，提出千方百计增加居民收入、深化更加注重公平的收入分配制度改革的要求；第四，始终把社会保障作为保障人民生活、调节社会分配的一项基本制度，提出统筹推进和全面建成覆盖城乡的社会保障体系及服务体系的要求；第五，始终把健康作为促进人的全面发展的必然要求，提出为群众提供安全有效方便价廉的公共卫生和基本医疗服务，不断提高人民健康水平的要求；第六，始终把加强和创新社会管理作为社会主义和谐社会建设的基本路径，提出提高社会管理科学化水平的要求。党的十八届三中全会从全面深化改革的战略高度对我国社会改革提出推进社会事业改革创新（共五项）和创新社会治理体制的要求，分别回应党的十八大有关社会建设六个方面的要求。其一，深化教育领域综合改革，坚持以德树人的根本任务，全面实施素质教育，加快现代职业教育体系建设，创新高校人才培养机制，促进教育公平，推进考试招生制度改革和管办评分离，强化国家教育督导，健全激励奖励制度，鼓励社会力量办学；其二，健全促进就业创业体制机制，实施更积极的就业政策，健全政府促进就业责任制度，消除平等就业的制度障碍和就业歧视，着重解决重点人群就业问题，构建劳动者终身职业培训体系，完善扶持创业的优惠政策和城乡均等的公共就业创业服务体系；其三，形成合理有序的收入分配格局，着重保护劳动所得，改革机关事业单位工资和津贴补贴制度，健全由要素市场决定的报酬机制，规范收入分配秩序，提高劳动报酬在初次分配中的比重，拓展居民财产性收入渠道，完善收入分配和再分配调节体制机制和政策体系；其四，建立更加公平可持续的社会保障制度，重点突破基本养老保险制度改革，实现城乡统筹整合和协调推进，加快健全社会保障的财政投入制度、管理体制和基本服务体系，健全符合国情的住房保障和供应体系，加快建立社会养老服务体系和发展老年服务产业；其五，深化医药卫生体制改革和基本医疗保险制度改革，统筹推进医疗保障、医疗服务、公共卫生、药品供应、监管体制综合改革，鼓励社会办医，逐步调整完善生育政策，促进人口长期均衡发展；其六，着眼于维护最广大人民根本利益的社会治理体制创新，激发社会组织活力，改进社会治理方式，积极创新有效预防和化解社会矛盾体制，改革行政复议体制和信访工作制度，设立国家安全委员会，健全公共安全体系。

党和国家从维护最广大人民群众根本利益的高度，始终把改善民生作为政府工作的出发点和落脚点，实行的一系列创新体制机制、兜底线保民生，切实保障和改善民生的政策措施，尤其是大力推进基本公共服务建设及其均等化，在"学有所教、劳有所得、病有所医、老有所养、住有所居"等方面工作取得很大进展，提高了人民群众的物质文化生活水平，增强了社会公平意识和公民参与意识，为社会和谐稳定和推进社会主义和谐社会建设提供了重要保证。

相应地，从重庆市社会建设方面来看，加快重庆市社会事业改革创新，保基本、保底线，着力解决好人民群众最关心最直接最现实的利益问题，重点推进平安重庆建设、社会民生建设和社会治理体制机制创新，为促进重庆市城乡创业公共服务均等化提供了基础条件。从基本公共服务角度来看，社会建设的发展在很大程度上是传统基本公共服务发展的成果。创业公共服务是以传统基本公共服务为基础的升级版，创业公共服务为进一步发展传统基本公共服务提供新的突破口的同时，城乡传统基本公共服务均等化的不断发展也为城乡创业公共服务均等化提供了现实实践基础。

首先，从更高层次、更宽领域深化落实平安重庆建设意见，将其纳入到经济、政治、文化、社会、生态文明"五位一体"总布局来谋划推动，把工作触角延伸到经济社会建设各个领域，确立深化平安重庆建设的十大主要任务，把工作着力点拓展到服务、管理、建设等各个环节，着力建设更高水平、更富实效的平安重庆。按照"做强区县、做实镇街、覆盖村居、形成网络"的总体要求推进政法综合整治

"三基"建设和立体化治安防控体系建设，2013 年重庆市恢复派出所 115 个、新建派出所 1308 个，总数分别达 708 个和 2851 个，派出所警力占区县警力的比例提高到 40.3%，较 2012 年年初增长 17.7%；[①] 侵害群众生命财产安全的刑事犯罪分子被依法惩处，暴力案件下降 14.2%，现行命案破案率达到 96.6%，群众安全指数达到 92.5%。积极开展"一站式""一窗式"社会管理服务和网络化服务管理工作，及时回应和满足群众合理诉求，加强政法综治干部政治、法律、技能培训，不断增强其业务素质，基层综治网络和力量不断健全和加强，开展干部下访"化积案、解难题、办实事"活动和安全生产"大排查、大整治、大执法、大督查"活动，重点矛盾纠纷化解率达 96%，安全事故死亡人数下降 8%，公众安全感指数、群众对政法队伍和工作的满意度、司法执法公信力等指标都有明显提升。

其次，全面推进各项民生事业，着力抓好 22 件城乡民生实事。教育方面，2012 年重庆市财政支出 4714875 万元，同比增长 47.9%，[②] 2013 年完成学前教育"三年行动计划"，改造农村薄弱学校 493 所，初中毕业生升入高中阶段教育的比例达到 95%，高等教育毛入学率提高到 35%。就业方面，覆盖城乡的公共就业服务体系逐步，基层就业工作平台已延伸到所有街道（乡镇）、社区和 89% 的行政村，重点支持九类人员就业创业，城镇新增就业 68 万人，高校毕业生年底就业率达到 94.4%，下岗失业人员和就业困难人员在 2012 年就业再就业分别为 25.85 万人、10.94 万人，发放就业补贴 1.4 亿元，帮助 2.22 万名低保人员实现就业，农村劳动力非农就业人数达到 920.6 万人，城镇登记失业率 3.3%，下降 0.2%。[③] 居民收入方面，城镇居民家庭人均可支配收入从 2007 年的 12590.78 元增加至

---

① 重庆市政府网：《重庆市公众安全感指数为 92.51%》，http：//www.cq.gov.cn/today/news/2014/1/6/1177995.shtml，2014 年 01 月 06 日。

② 重庆统计局、国家统计局重庆调查总队：《重庆市统计年鉴（2013）》，中国统计出版社 2013 年版，第 137 页。

③ 重庆人力资源和社会保障网.2012 年度重庆市人力资源和社会保障事业发展统计公报 [EB].http：//www.cqhrss.gov.cn/u/cqhrss/news_53056.shtml，2013 年 8 月 26 日。

2012 年的 22968.14 元，农村居民家庭人均纯收入也从 3509.29 元增加至 7383.27 元，分别增长 82.4%、110.4%，恩格尔系数维持在 41.5%和 44.2%，① 2012 年全市城镇非私营单位就业人员年平均工资为 44498 元，与 2011 年的 39430 元相比，增加了 5068 元，扣除物价因素，实际增长 10.0%。② 社会保障方面，率先实现五险市级统筹，城乡低保与专项救助、临时救助实现有效衔接，大力发展老年服务产业和慈善事业，健全农村留守儿童、妇女、老年人关爱服务体系，2012 年末社会保险覆盖面逐步扩大，全市城乡养老、医疗、失业、工伤和生育保险参保人数分别达 1848 万人、3219 万人、324 万人、377 万人和 253 万人，③ 全市城乡低保对象共 127.24 万人，支出 29.89 亿元，城乡困难群众享受医疗救助 343.9 万人次，支出医疗救助资金 6.27 亿元；累计临时救助 17.8 万户次，累计支出临时救助资金 2.45 亿元；④ 2001 年至 2012 年，重庆主城各区完成 2200 万平方米棚户区改造，惠及 30 多万户居民；2012 年实现 4000 万平方米公租房全面开工，已建成公租房 1915 万平方米，配租 23.3 万套、惠及 63 万人；2013 年计划用 5 年时间继续完成涉及 14 万多户居民的 1234 万平方米全市棚户区改造。⑤ 医药卫生方面，深化医药卫生体制改革，卫生服务体系基本健全，不断完善中医药服务体系，基本实现"一镇一院、一街道一社区"，群众看病难基本解决，有 6 所医院入选全国最佳百强医院（复旦大学发布），入选医院数量居全国第 4 位，医疗机构的综合实力显著增强，全市人均期望寿命提升到 76.9 岁，婴儿死亡率、孕产妇死亡率降至 5.56‰、0.15‰，分别下降了 13.66%、30.45%，群众健康水平明显提升。⑥

---

① 重庆统计局、国家统计局重庆调查总队：《重庆市统计年鉴（2013）》，中国统计出版社 2013 年版，第 151 页。
② 重庆人力资源和社会保障网.2012 年度重庆市人力资源和社会保障事业发展统计公报［EB］. http://www.cqhrss.gov.cn/u/cqhrss/news_ 53056.shtml，2013 年 8 月 26 日。
③ 同上。
④ 重庆市人社局：2012 年全市就业和社会保障工作情况。
⑤ 重庆市国土房管局：2012 年全市国土房管工作情况。
⑥ 重庆市卫生局：2012 年全市卫生工作情况。

最后，以"社会和谐稳定、人民安居乐业"为目标，改进社会治理方式，社会治理体制机制创新，提高社会治理水平。除深化平安重庆建设外，重点推动社会治理重心下移和完善群众权益协调保障机制。健全综合服务管理平台，加强城乡社区建设和社会组织培育及管理，完善志愿服务和政府购买公共服务机制，推进信息化、网络化管理和社会化服务，夯实基层社会基础，"促进政府治理与社会自我调节、居民自治良性互动"。① 从畅通渠道、队伍建设、工作制度、团体参与等方面完善群众权益协调保障机制，畅通有序的诉求表达、心理干预、权益保障机制，能够及时解决合理诉求，及时疏导情绪、化解矛盾、保障权益；② 人民调解、行政调解、司法调解联动机制和改革信访工作制度得到逐步健全，法律服务和法律援助运行良好，注重用法律手段解决涉法涉诉信访问题；充分发挥工会、共青团、妇联、科协等人民团体的桥梁纽带作用，群众呼声得到更好反映，群众合法权益得到更好维护。

另外，2015 年 8 月 25 日，重庆市贯彻落实《国务院关于进一步推进户籍制度改革的意见》，出台《重庆市人民政府关于进一步推进户籍制度改革的实施意见》（以下简称"意见"），旨在"推动有能力在城镇稳定就业和生活的农业转移人口及其他常住人口有序落户城镇"，给实行了半个多世纪的城乡二元户籍体制"致命一击"，为破除城乡二元结构打开了突破口。③《意见》中以重庆市五大功能区划为基本蓝图，以"尊重群众意愿、以产兴城聚人"为基本原则，坚持规范有序、综合配套，实施差别化引导、全市"一盘棋"推动。以务工经商年限为着力点，重点完善落户条件；取消农业户口与非农

---

① 《中国社会组织》编辑部：《地方政府工作报告中的"社会组织"》，载《中国社会组织》2014 年第 4 期。

② 毛璐：《思想政治工作是加强社会治理的重要手段》，载《湖北社会科学》2014 年第 10 期。

③ 重庆市政府网．重庆市人民政府关于进一步推进户籍制度改革的实施意见［EB］．http：//www.cq.gov.cn/publicinfo/web/views/Show！detail.action？sid = 4016150，2015 年 9 月 2 日。

业户口制度界限区分，实行城乡统一的户口登记制度；进一步完善基础设施建设，提升城镇人口承载能力、推动产业人口集聚；继续扩大基本公共服务覆盖面，完善农村产权制度，建立人口转移与配套改革协同发展机制。这势必将在重庆市范围内形成进城创业、进城务工的良好局势。不仅能给现有新创企业提供更充足的劳动力，而且能激发人们创业兴业、创新创造的极大热情，为重庆市城乡创业公共服务均等化营造更加有利的社会环境。

四　文化基础条件

文化是人民的精神家园，是中华民族生生不息绵延数千年的血脉。新形势下，实施文化强国战略，扎实推进社会主义文化强国建设，解放和发展文化生产力，不断增强全民族的文化创造活力，发挥文化引领风尚、教育人民、服务社会、推动发展的作用是当前社会主义文化建设的主要任务。推动社会主义文化大发展大繁荣，提高我国文化软实力，是全面建成小康社会，实现中华民族伟大复兴的必由之路。2015 年 3 月 5 日，在李克强总理作 2015 年政府工作报告之后，人民网刊文"大众创业万众创新：你我都是中国经济增长新引擎"，指出要"培养创新文化、优化资源配置"，"要营造鼓励大胆探索、包容失败的宽松氛围，使创业创新成为全社会共同的价值追求"，"使创业创新成为人们普遍的生活方式"。[1] 表明要打造"大众创业万众创新"新格局，必须让创业创新走进人们生活、融入人们生活，必须让创业公共服务进入创业创新实践，成为有创业创新意愿（哪怕是潜在的意愿）身边摸得见、够得着的"日用品"，成为创业创新文化的集中表现方式。2012 年我国财政用于文化领域的支出已经达到 2268.35 亿元，其中，中央财政支出 193.56 亿元，地方财政支出 2074.79 亿元，[2] 全国文化机构总数达到 305927 个，从业人员总数达

---

[1]　孙博洋：《大众创业万众创新：你我都是中国经济增长新引擎》，http://finance.people.com.cn/n/2015/0305/c1004-26643284.html，2015 年 3 月 5 日。

[2]　中华人民共和国国家统计局：《中国统计年鉴（2013）》，中国统计出版社 2013 年版，第 330 页。

到 228.8389 万人，[①] 重庆市财政用于文化领域的支出达到 330799 万元，[②] 文化机构数量也达到 1504 个，从业人员达到 14266 人。[③] 重庆市已经开启了以落实十八大 "持续加强社会主义核心价值体系建设、全面提高公民道德素质、丰富人民精神文化生活、增强文化整体实力和竞争力" 要求为主要内容的社会主义文化强市建设的新征程，开创了重庆市文化建设的新局面。促进重庆市城乡创业公共服务均等化的文化基础条件主要表现在这几个方面：

首先，积极响应国家加强社会主义核心价值体系建设的要求，推动重庆市创业文化建设，逐步形成 "爱国爱乡、创业兴渝、创业致富" 的社会风气，和 "自由互助、平等合作、公正公平、民主法治" 的社会环境。社会主义核心价值体系是兴国之魂，决定着中国特色社会主义发展方向，[④] 以推进社会主义核心价值观培育和广泛的理想信念教育，统一共识、凝聚力量，把广大人民团结凝聚在中国特色社会主义伟大旗帜之下，用中国特色社会主义理论体系武装人民、教育人民，以创业兴渝的实际行动为全面建成小康社会和中国特色社会主义事业贡献力量。以社会主义核心价值观和中华民族伟大复兴 "中国梦" 引领重庆市创业文化建设，规划创业价值观的发展目标，引导创业价值观的价值导向，统一创业价值观的道德准则，培育创新奋进的创业文化。

其次，积极响应国家全面打造我国创业精神文明的要求，提高公民道德素质，注重发挥创业活动的社会效应和创业群体的模范带头作用，逐步形成既弘扬中华传统美德又弘扬时代新风的爱国情怀、社会公德、职业道德、家庭美德、个人品德。重庆市坚持加强政务诚信、

---

① 中华人民共和国国家统计局：《中国统计年鉴（2013）》，中国统计出版社 2013 年版，第 812 页。

② 重庆统计局、国家统计局重庆调查总队：《重庆市统计年鉴（2013）》，中国统计出版社 2013 年版，第 137 页。

③ 同上书，第 480 页。

④ 张永奇：《社会主义核心价值观与公民道德生活价值的同异之辩——十八大对如何凝练表达社会主义核心价值观的科学回答和理论贡献》，载《前沿》2013 年第 1 期。

商务诚信、社会诚信和司法公信建设，推进公民道德建设工程，营造鼓励创业促进"劳动光荣、创造伟大"，积极投身创业、勇于创造创新的社会氛围，以创业精神文化宣传教育活动的社会化常态化形成尊重知识、尊重创新、尊重创业的社会风尚，以创业公共服务推动政务诚信和司法公信，以规范的创业活动带动商务诚信和社会诚信，为推进重庆市创业型经济和创业型社会建设增添动力，为全市人民以积极创业实现自身的全面发展创造条件。重庆市还通过及时跟进企业信用约束、强化对企业的监管执法等严管措施，使企业越来越关注和重视信用信息，2014 年以来联合征信系统查询访问量同比增长达55.7%，① 社会各界也开始普遍地关注和重视企业信用，社会诚信意识明显增强。

再次，按照不断丰富人民精神文化生活的要求，以人民为中心的创业导向，创新文化产品和服务，逐步形成以倡导积极健康文化为创业活动使命，以创业活动助推文化创业和文化产品的增加为创业活动目标，以创业公共文化服务推动公共文化服务建设为创业活动任务，以中华民族特色文化和重庆地区特色文化为开展创业创新活动良好机遇的创业创新新格局。党和国家切实把让人民享有健康丰富的精神文化生活作为全面建成小康社会的重要内容来看待，以满足人民群众日益增长的文化需要作为经济社会发展的重要目标。重庆市已建立了与五大功能区域相适应的文化发展格局，培育区域文化特色，推进历史文化名城、名镇、名街、民族特色村落和历史建筑保护性开发利用，保护好文物和非物质文化遗产，传承巴渝优秀文化；② 坚持面向基层、服务群众的根本要求，不断加大对农村地区、欠发达地区、库区、少数民族集聚地区文化建设的帮扶力度，不断开展群众性文化活动，推动公共文化服务向基层倾斜、向农村延伸；不断加强网络社会和文化领域的管理，使人民群众在社会主义文化建设中表现自我、教育自

---

① 重庆政府网 . 2014 年上半年重庆市深化工商登记制度改革情况［EB］. http：//www. cq. gov. cn/zwgk/tongjifengxi/2014/7/30/1327621. shtml，2014 年 7 月 30 日。

② 重庆市政府网 . 2014 政府工作报告［EB］. http：//www. cq. gov. cn/zwgk/zfgzbg/2014/1/1199980. shtml，2014 年 1 月 28 日。

我、服务自我，逐步提升自身精神文化生活水平。与此同时，重庆市还不断完善重大公共文化设施，随着国泰艺术中心、群众艺术馆投入使用，重庆新闻传媒中心等项目进展顺利，一批文化示范项目通过国家验收，推进区县、乡镇文化场馆标准化和高效利用，扩大免费开放范围和力度，文化领域涌现出一批文艺精品，① 为不断丰富重庆市人民群众的精神文化生活提供了养料。

最后，积极响应增强我国文化整体实力和竞争力的要求，大力鼓励文化创业发展和新型文化业态这一实现富民兴渝的重要力量，发挥创业活动的社会效应和经济效益的增进作用，推动文化事业全面繁荣和文化产业的快速发展。重庆市着重以创业活动和科学文化研究相结合、文化创业和科技创业相融合、公益性文化产业和经营性文化产业相促进、发展传统文化和借鉴国外优秀文化相借力、发展新型文化业态和培育高素质文化人才队伍相并重的形式，加快数字出版基地、两江国际影视城、黄桷坪艺术产业园等文化基地建设；继续鼓励支持、做大做强文化企业，有效发展了哲学社会科学、新闻出版、广播影视、文学艺术等事业；建立了创业公共文化服务机制，逐步完善公共文化服务体系，提高公共文化服务效能，培育文化产权市场，规范文化资产管理和艺术品交易，提高文化产业规模化、集约化、专业化水平，为树立高度的文化自觉和文化自信，逐渐将文化产业发展为重庆市支柱性产业的目标，为建设社会主义文化强市奠定了坚实基础。

五　生态基础条件

生态不仅仅是自然生态系统，更是人、自然、社会三者之间达到相互协调的和谐状态。从关系人民福祉、关乎民族未来长远大计的高度推进生态文明建设，是促进重庆市城乡创业公共服务均等化的又一基础条件。在资源约束趋紧、环境污染严重、生态系统退化的严峻形势下鼓励创业兴业，是反思传统工业化时代弊病，否定不计环境成

---

① 重庆市政府网 . 2014 政府工作报告 ［EB］. http：//www. cq. gov. cn/zwgk/zfgzbg/2014/1/1199980. shtml，2014 年 1 月 28 日。

本、不考虑科学可持续发展的老路，在深化改革结构转型的大战略上，持续实施增加经济存量增强经济活力的重要举措。因此，促进重庆市城乡创业公共服务均等化必须强调以生态保护维护为基本原则，以生态创业、绿色创业为鼓励和服务的基本取向，在服务创业兴业过程中，倡导生态文明理念、推动生态文明建设，努力走向社会主义生态文明新时代。国家和重庆市在这些方面的努力就直接构成促进重庆市城乡创业公共服务均等化的生态基础条件：

一是对自然生态系统和环境保护投入力度的加大和生态建设硬措施。2012 年国家财政用于环境保护总支出达到 2963.46 亿元，[①] 相比 2007 年的 995.82 亿元，[②] 增加 1967.64 亿元，是 2007 年的 3 倍。一方面，这说明我国生态环境恶化程度已经到了严重影响经济社会发展和人民生活水平提高的地步，遏制环境恶化和生态系统退化已经刻不容缓，2008 年以来连续发生的严重自然灾害和环境污染事件，尤其是近期的雾霾天气足以说明问题的严重性，大自然已经对我们以前不尊重自然、不顺应自然、不保护自然的行为和粗放型发展方式展开了报复；另一方面，表明了我国在环境保护和生态文明建设方面的意志和决心。从 2013 年开始，我国政府坚持统筹稳增长、调结构、促改革的工作重心，从单纯强调经济增长速度向高质量高效益的发展方向转变，向推进转型升级、改善人民生活方面发展，下决心用硬措施完成硬任务，坚决向污染宣战。深入实施大气污染防治行动计划，淘汰落后产能，实施清洁水行动计划，治理重点流域污染，实施土壤修复工程，整治农业面源污染，加大节能减排力度，控制能源消费总量，推进资源型产品价格改革，发展清洁生产、绿色低碳技术和循环经济，提高应对气候变化能力，持续推进生态保护和生态文明建设。[③]

---

① 中华人民共和国国家统计局：《中国统计年鉴（2013）》，中国统计出版社 2013 年版，第 330 页。

② 同上书，第 264 页。

③ 中央政府门户网站：《2014 年政府工作报告》，http：//www.gov.cn/guowuyuan/2014-03/14/content_2638989.htm，2014 年 3 月 5 日。

重庆市仅 2012 年增加环保财政支出 278730 万元，增加 27.6%，[①]
2013 年完成主城 14 户企业环保搬迁，关闭淘汰了一批小水泥、小造
船等落后产能，完成一批火电机组和水泥生产线脱硫脱硝改造，实施
46 项重点节能工程和实现主城 PM2.5 监测全覆盖，全市单位生产总
值能耗下降 5%，超额完成节能减排任务；城市生活垃圾、生活污水
处理率分别达到 98.5% 和 89%，长江、嘉陵江、乌江重庆段水质总
体保持Ⅱ类以上；全市森林覆盖率达到 42.1%，建成区绿地率提高
到 39.9%。

　　二是优化国土空间开发格局。这主要表现为国家"10+6"城市
群规划和新型城镇化的推进。按照人口资源环境向均衡经济社会生态
效益相统一的原则，打破原有区域的人为壁垒、行政界限束缚和"小
算盘"式的独立建设与核算模式，建立大区域意识和开放协作式发展
方式，统筹规划、合理布局、完善功能、大小结合、以大带小，推进
区域市场一体化，从区域整体规划建设产业集群，实现内部人才、资
金、技术、信息等生产要素和商品在区域内高效流动，实现资源利用
效益的最大化。重庆市已经结合成渝统筹城乡改革示范区战略全面启
动了五大功能区域发展战略，突出大生态区生态涵养和保护功能，不
断加强规划引导，优化产业和城镇布局，完善财政政策和考核办法，
初步呈现出"差异发展、联动发展、持续发展"的态势。重庆市立
足"五大功能区"的不同分工，在城市群规划指导下，推行新型城
镇化战略，加强城镇化空间管理，实现城镇空间的城镇建设等基础设
施建设用地、坚守耕地红线、启动画定生态红线、国土资源开发利用
和生态环境保护与整治的综合协调。以朝天门、钓鱼嘴、西永等十大
商务集聚区为牵引，实行大都市区与大生态区联动，引导产业、人口
和城镇功能合理分布，增强万州、黔江在大生态区的辐射带动作用和
涪陵作为大都市区联系大生态区的战略传递作用，支持有条件的区
（县）城向大中城市发展，确保有限土地的集约利用。吸取拉美国

[①]　重庆统计局、国家统计局重庆调查总队：《重庆市统计年鉴（2013）》，中国统计出版
　　　社 2013 年版，第 137 页。

家"失败城镇化"的教训，采取有效措施推进人的城镇化。以农村和农民工为重点大力促进城乡创业公共服务均等化，增加农民市民化发展能力，有序推进农业转移人口市民化，尤其是库区移民，为城乡居民获得平等的就业创业机会和收入来源提供均等的机会和环境，推动就业创业，避免"被市民化"，在重庆率先走出一条"以人为本、四化同步、科学布局、绿色发展、文化传承"的新型城镇化道路。

三是建立系统严格的生态文明制度体系。重庆市积极响应中央"源头保护、损害赔偿、责任追究、生态评价、环境治理、生态修复"等方面的制度建设要求，完成对生态环境的制度保护。坚持最严格的国土空间开发保护导向，建立健全自然资源资产产权制度、节约集约使用制度、用途管制制度和空间规划体系，建立既能反映市场供求状态和资源稀缺程度，又能体现生态资本价值代际补偿的资源有偿使用制度和生态补偿制度，坚定不移实施主体功能区制度和建立资源环境承载能力检测预警机制，建立水陆统筹的生态系统保护修复和污染防治区域联动机制，对自然生态空间进行统一确权登记，形成归属清晰、权责明确、监管有效的自然资源资产产权制度和资源税制度；对生产、生活、生态空间的开发管制界限进行严格划定，对水土资源、环境容量和河流资源超载区域实行限制性措施，建立不同功能区域、长江中上游重庆段的生态补偿机制，对限制开发区域和生态脆弱的大生态区（以渝东北生态涵养区和渝东南生态保护区为重点）及国家扶贫开发工作重点县取消地区生产总值考核。节约使用国土资源，集约开发国土空间，全力打造生产空间集约高效、生活空间宜居适度、生态空间山清水秀的重庆开发格局。同时，重庆市不断改革创新生态环境保护管理体制，独立对环境进行监管和行政执法，严格监管所有污染物排放的环境保护管理制度，严格实行企事业单位污染物排放总量控制制度，对造成生态环境损害的责任者要严格实行赔偿制度并依法追究刑事责任。发展环保市场，扩大排污权交易规模，推进碳汇交易、水权交易、环境污染第三方治理和生态文明示范区建设。2015年9月，《重庆市人民政府关于进一步推进户籍制度改革的实施意见》中明确指出，限制渝东北生态涵养发展区和渝东南生态保护发展区人口落户，积极推动渝东北生态涵养发展区和渝东南生态保护发展区人口梯度转移，进一步从人口密度控制方面落实生态保护战略。另外，重庆市还把资源消耗、环境损害、生态效益等指标纳入经济社会发展评价体系，建立符合生态文明要求的目标体系、考核办法、奖惩机制、举报制度，建立环境信息公布制度，加强社会监督和管理，全面实施生态文明宣传教育，提升全民的节约意识、环保意识、生态意识，形成全民倡导和参与绿色消费、循环使用、低碳生活的生态文明社会风尚和良好风气。

第二节　促进重庆市城乡创业公共服务均等化的要素发展基础

对促进重庆市城乡创业公共服务均等化的宏观基础条件的分析仅仅是从整体的经济社会运行环境影响重庆市城乡创业公共服务均等化发展可能性的条件分析，并不能对重庆市城乡创业公共服务均等化发展构成最直接的推动，促进重庆市城乡创业公共服务均等化发展的直接因素是其自身要素的发展，是能够产生最直接推动效应的发展基础。因此，必须对促进重庆市城乡创业公共服务均等化自身要素的发展情况做出阶段性总结，内部要素发展才是推动发展的基础。

根据 GEM 模型列出的"创业框架条件"与本书所指的"促进重庆市城乡创业公共服务均等化的自身要素"可以画等号这个观点，促进重庆市城乡创业公共服务均等化自身要素应当包括"金融支持、政府政策、政府项目、教育与培训、研究开发转移、商务环境、市场开放程度、有形基础设施、社会和文化规范、知识产权保护"。[①] 为了研究和实际需要以及论述的便利，也避免与"宏观基础条件"描述过的内容发生冲突，本书将促进重庆市城乡创业公共服务均等化的要

---

① 高建、程源、李习保、姜彦福：《全球创业观察中国报告（2007）——创业转型与就业效应》，清华大学出版社 2008 年版，第 76—77 页。

素发展基础概括为：财税支持、金融支持、基础设施建设、教育与培训、科技与知识产权保护、政府项目、商务信息服务七个方面。需要说明的是，我国鼓励支持创业兴业发展的具体政策措施很大部分都是以中小微企业为主要对象，具体政策也是以支持中小微型企业发展为主要表现形式的。在这个意义上，支持创业兴业政策和支持中小微企业发展政策是一致的，二者可以共用。

一　财税支持

"财税"指的是国家的"财政"和"税收"。其中财政作为经济过程时包括财政收入和财政支出，支持创业公共服务均等化发展的主要是财政支出中的转移性支出，即通过财政转移支付实现，主要作用于宏观经济活动；税收是我国财政收入的主要来源，税收支持或税收调节，主要通过税收的少征、免征、退税等税收杠杆对创业公共服务均等化发展进行引导和调整，作用于微观经济活动，使之与宏观经济运行相协调、相符合。它们都是国家宏观调控经济社会发展的重要政策性手段，在 GEM 概念模型中笼统概括为政府。本书认为，国家财税政策在再分配过程中直接或间接支持公共服务发展的作用不容忽视，尤其是当前所实施的创业公共服务中，财政转移支付和税费优惠等措施是其主要内容，更加不容遗漏。

对于公共服务均等化来说，其水平一般取决于两大变量：一是经济发展水平和财政实力，二是制度安排。改革开放以来，我国国家财政规模持续扩大和财政实力的不断增强，尤其是在 2007 年之后增速更加明显，为我国公共服务及其均等化发展提供了强大的财政后盾。如图 4-1[①]、图 4-2[②] 所示。

但是，因为至今国家鼓励创业和创业公共服务并没有从就业和就业公共服务中独立出来，所以在历年的统计年鉴中显示出的关于创业

---

① 中华人民共和国国家统计局：《中国统计年鉴（2013）》，中国统计出版社 2013 年版，第 328 页。

② 重庆统计局、国家统计局重庆调查总队：《重庆市统计年鉴（2013）》，中国统计出版社 2013 年版，第 135 页。

单位：亿元

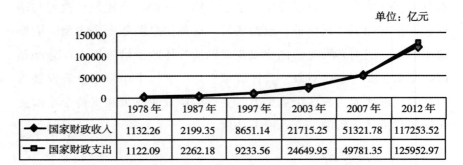

	1978 年	1987 年	1997 年	2003 年	2007 年	2012 年
◆国家财政收入	1132.26	2199.35	8651.14	21715.25	51321.78	117253.52
■国家财政支出	1122.09	2262.18	9233.56	24649.95	49781.35	125952.97

图 4-1　国家财政收支总额（1978—2012 年）

单位：万元

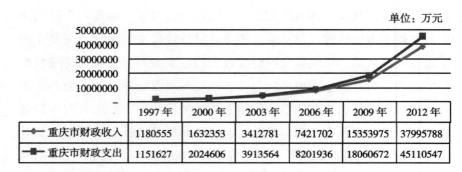

	1997 年	2000 年	2003 年	2006 年	2009 年	2012 年
◆重庆市财政收入	1180555	1632353	3412781	7421702	15353975	37995788
■重庆市财政支出	1151627	2024606	3913564	8201936	18060672	45110547

图 4-2　重庆市财政收支总额（1997—2012 年）

和创业公共服务的财政支出只能从一般公共服务、社会保障和就业两个项目的支出趋势得到验证。

　　如图 4-3①、图 4-4②所示。图中选取我国公共服务发展最为迅速的 2007 年至 2012 年的数据，借助一般公共服务、社会保障和就业两项支出反映国家财政和重庆市财政对创业公共服务的支持力度。经过计算，单就国家财政和重庆市财政对社会保障和就业项目支出的平均年增长率分别是 18.34%、24.4%，很明显地显示出政府对创业公共服务支持的能力和支持力度不断增强。公共服务均等化的重点在农村地区，创业公共服务均等化发展同样也是。2004 年至 2014 年连续十一年发布以 "三农" 为主题的中央一号文件，更

---

① 数据来源：根据中国统计年鉴 2008，2009，2010，2011，2012，2013 整理。
② 数据来源：根据重庆市统计年鉴 2008，2009，2010，2011，2012，2013 整理。

加说明了解决"三农"问题在我国社会主义现代化时期的重要地位，相应地，国家财政用于"三农"的支出逐年递增，以新农村建设和农村公共服务为重点的农村社会事业发展支出 2007—2012 年的增速分别为 6.4%、31.4%、23%、30.8%、21.9%，如图 4-5 所示。

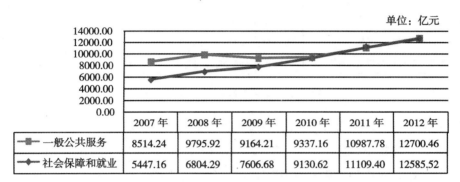

单位：亿元

	2007 年	2008 年	2009 年	2010 年	2011 年	2012 年
■— 一般公共服务	8514.24	9795.92	9164.21	9337.16	10987.78	12700.46
◆— 社会保障和就业	5447.16	6804.29	7606.68	9130.62	11109.40	12585.52

图 4-3　国家财政有关支出（2007—2012 年）

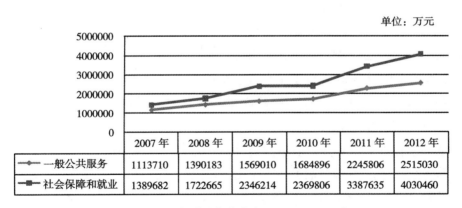

单位：万元

	2007 年	2008 年	2009 年	2010 年	2011 年	2012 年
◆— 一般公共服务	1113710	1390183	1569010	1684896	2245806	2515030
■— 社会保障和就业	1389682	1722665	2346214	2369806	3387635	4030460

图 4-4　重庆市财政有关支出（2007—2012 年）

其次，实行支持和促进创业的财政支出政策和税收优惠政策。财税支持创业兴业发展的政策措施在实际实施过程中一般具体表现为对中小微型企业的支持政策。财政资金具有巨大的引导作用，鼓励有条件的地区设立创业基金，逐年加大创业发展专项资金的支持力度，重点支持中小微等创业企业信用担保机构，可以有效地引导地方、创业投资机构及其他社会资金投入创业领域，使财政资金发挥出"四两拨

单位：亿元

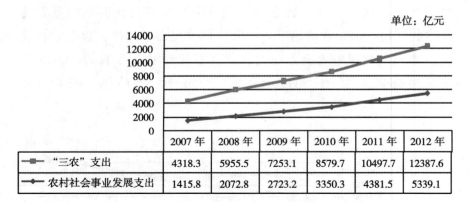

	2007 年	2008 年	2009 年	2010 年	2011 年	2012 年
"三农"支出	4318.3	5955.5	7253.1	8579.7	10497.7	12387.6
农村社会事业发展支出	1415.8	2072.8	2723.2	3350.3	4381.5	5339.1

图 4-5　国家财政用于农业的支出

千斤"的倍增效益。国家财政预算内扶持中小企业发展的专项资金规模从最初的 10 亿元已增至 2012 年的 141.7 亿元，在资金的使用过程中，强调向小型微型企业和中西部地区倾斜。中央和重庆市鼓励创业兴业的财政政策主要包括针对科技型创业企业的科技研发、吸收特殊人群就业或直接创业（如国家政策聚集帮扶的"九类人群"）、创业企业员工培训、鼓励创业资金投入产业结构调整和老少边穷地区等形式的财政补贴（如重庆市出台政策，凡为小微企业提供服务的银行、担保公司，市财政将给予贴息补助或担保金补助等），免征创业企业部分行政事业性收费（如财政部、国家发展改革委员会《关于免征小型微型企业部分行政事业性收费的通知》），政府优先考虑创业企业的事业性和投资性政府采购（如重庆市规定面向小微企业的采购项目不低于年度预算总额的 18%，还可给予其 6%—10% 的价格扣除），针对创业企业专门设立的贷款担保基金（如国家中小企业发展基金等）提供融资担保、贷款贴息、优惠贷款等形式的贷款援助等集中形式，如重庆市政府规定微型企业创业扶持贷款期限为 1—2 年，并按规定享受财政贴息。税收政策主要通过降低税率、税收减免、提高税收起征点和加速折旧等形式，如重庆市除享受西部大开发 15% 企业所得税降税外，还有三峡库区、民族地区、两江新区、开发区等税收优惠政策，对应纳税所得额低于 6 万元的小微企业，其所得减按 20% 计算，并按 20% 的税率缴纳企业所得税。[①] 据统计，2011 年为小微企业减税 290 亿元，惠及 924 万户个体工商户，[②] 仅暂免征收部分小微企业增值税和营业税部分，就为超过 600 万户小微企业带来实惠。[③] 为进一步降低小微企业融资成本，重庆市财政投入两亿元联合社会投资机构建立小微企业发展股权投资专项基金，扶持市场潜力大、创新能力强的小微企业做大做强，并组建重庆市再担保机构（重庆市三峡担保公司），设立代偿资金专户，再担保机构给予担保机构代偿额 50% 以上补偿时，代偿资金专户同时可给予最高 30% 的补偿。

最后，加快财税体制改革，助推创业兴业发展。初创企业对国家税收优惠政策有较强的敏感性，在初创企业的起步阶段给予税收优惠政策对鼓励创业创新、扩大创业对就业的带动作用以稳定就业，从而在经济新常态大逻辑中从容应对经济结构调整、经济增速放缓、消化前期政策进而稳定经济增长有不可忽视的作用。应当说明的是，我国税收的主要来源是大中型企业纳税，新创企业多为小微企业，且不说在初创阶段，即使是成长阶段，小微企业纳税总额依然很有限，对其税收优惠不仅不会影响我国税收格局，而且还会因市场主体存量增加和市场活力加强而带来新的税收增长点。因此，从 2011 年起，我国政府已经连续出台针对创业企业的税收优惠政策，包括免征增值税和营业税、企业所得税起征点提高至 3 万元、所得税减半征收范围的扩大并将核定征收型企业纳入优惠范围。当前，税收优惠政策的受益面已超过 90%，各类税种减免税款超过 600 亿元。2015 年 1 月，国务院常务会议继续出台减税降费措施助力创业创新，激发民间个人投资活力，继续减轻企业和员工负担约 400 亿元。享受减半征收企业所得

① 重庆市政府网：《重庆市人民政府关于大力发展民营经济的意见（渝府发［2012］62号）》，http://www.cq.gov.cn/publicinfo/web/views/Show! detail.action? sid = 1071980，2012年 6 月 6 日。

② 中央政府门户网站：《促进非公有制经济发展有哪些新举措?》，http://www.gov.cn/2013zfbgjjd/content_ 2365459. htm，2013 年 3 月 29 日。

③ 《中国财政》杂志社：《关于 2013 年中央和地方预算执行情况与 2014 年中央和地方预算草案的报告》，http://wcm.mof.gov.cn/pub/newczzz/caijingziliao/caijingshuju/201407/t20140731_ 1120821. html，2014-7-31。

税优惠政策的创业企业范围，从年应纳税所得额 10 万元以内（含 10 万元）扩大到 20 万元以内（含 20 万元），并按 20% 的税率缴纳；将已经试点的个人以股权、不动产、技术发明成果等非货币性资产进行投资的实际收益，由一次性纳税改为分期纳税的优惠政策推广到全国，以激发民间个人投资活力；将失业保险费率由现行条例规定的 3% 统一降至 2%。① 一方面，合理划分中央和地方的财权和事权，突出地方在支持创业兴业发展中的自主性和主动性，让地方有更大的空间和权力根据地方发债情况和财力状况制定与地方相适应的鼓励政策，发挥地方的主导作用。完善财政预算制度，建立公开、透明、规范、完整的预算体制；完善财政转移支付制度，增加对创业企业发展的专项转移支付项目；扩大营业税改增值税试点范围，减轻创业企业赋税负担等。另一方面，不断优化财政补助资金拨付流程，重庆市规定各区县工商局应在微型企业设立登记且开业经营满两个月后，按照"十户一捆，两周一批"的原则向当地财政部门提交财政补助资金拨付申请，区县财政部门在一周内将财政补助资金拨付到微型企业基本账户。② 2015 年，重庆市政府发出《关于鼓励企业加大研发投入推动产业转型升级发展的通知》，推出系列财政政策，引导企业作为技术创新的主体力量加大研发投入，提升其技术、品牌附加值，推动全市产业转型发展，为经济稳增长调结构积蓄更大动能。

二　金融支持

创业企业在创业过程中面临的最大问题就是融资难问题，金融支持是通过拓展融资渠道、增强创业企业信用能力和融资能力等方式增加新企业和成长型企业所需资金来源的可得性。GEM 通过专家问卷

---

① 《国务院减税降费助力小微企业和创业创新》，载《中国青年报》2015 年 2 月 26 日。

② 重庆政府网. 重庆市工商行政管理局《关于印发进一步完善微型企业扶持机制的实施办法的通知》［EB］. http：//spb. cq. gov. cn/printpage. asp？ArticleID = 204414，2014 年 9 月 2 日；重庆政府网. 重庆市工商行政管理局 重庆市财政局关于印发微型企业创业补助审核工作指导意见的通知［EB］. http://www.cq.gov.cn/publicinfo/web/views/Show! detail.action?sid = 4129131，2016 年 8 月 31 日。

调查的方式研究了我国 2002—2007 年金融支持状况，其结果总体呈现出逐年改善的态势，如提供给初创企业的权益资金、债务资金和首次公开发行（IPO）融资都有所提高，并指出在政府补助、非正式投资、创业资本提供的资金等方面还存在一定问题。[①] 这些问题就成为近些年我国健全金融支持创业兴业政策的主要方面，在实际推进过程中通常表现为对中小微企业的支持。

首先，鼓励银行业推行面向中小微型企业的优质金融服务，不断创新和产出适合创业企业发展的金融产品。银监会从 2011 年开始，连续下发文件引导银行业金融机构围绕创新小微企业服务、提升服务质量的目标，推行强化银行业对小微企业金融服务的正向激励的优惠政策，建设专业人才队伍打造小微企业金融服务团队，鼓励银行业金融机构针对不同行业、不同类型和不同规模的小微企业融资需求，通过召开融资服务洽谈会、推介会等多形式推动金融机构和小微企业加强合作和银企对接，从创新抵押方式、担保方式、还款方式和支持债券融资、小额贷款、股权投资、金融中介服务等多方面研发创新金融服务产品。如华夏银行还推出了商圈贷、租金贷、连锁按揭贷、宽限期还本付息贷、知识产权质押、小额信用贷等 30 多个小微企业金融专项产品和服务方案。截至 2012 年，主要金融机构及主要农村金融机构、城市信用社和外资银行给小微企业贷款余额达 11.58 万亿元，同比增长 16.6%，全国共建立小额贷款公司 6080 家，贷款余额达 5921 亿元。[②] 重庆市累计发放小额担保贷款 56.8 亿元，直接帮扶 6.3 万人创业就业，带动 19.4 万人就业。[③]

其次，组建创业投资引导基金。设置创业投资引导基金是国际上

①　高建、程源、李习保、姜彦福：《全球创业观察中国报告（2007）——创业转型与就业效应》，清华大学出版社 2008 年版，第 81 页。
②　中央政府门户网站：《促进非公有制经济发展有哪些新举措?》，http：//www.gov.cn/2013zfbgjjd/content_ 2365459.htm，2013 年 3 月 29 日。
③　重庆市人力资源和社会保障局公众信息网.2012 年度重庆市人力资源和社会保障事业发展统计公报［EB］.http：//www.cqhrss.gov.cn/u/cqhrss/news_ 53056.shtml，2013 年 8 月 26 日。

破解创业企业尤其是科技创新企业融资难、融资贵的问题。重庆市政府从 2007 年开展科技保险试点，到 2015 年底，设立的"创业种子投资引导基金""天使投资引导基金""风险投资引导基金"三大科技创业风险投资引导基金，分别为众创空间和孵化器等创业载体中培育创业团队和种子期创新型企业、初创创新型小微企业、成长期创新型企业等不同成长阶段的不同创业企业提供支援；重庆市科委会同市财政局、市金融办等部门共同制定了引导基金管理办法和知识产权质押融资管理办法，重点将建设"一个平台、三大体系"（即建设科技金融服务平台，股权投资体系、科技债权融资体系、知识产权质押及收储体系），致力于打造重庆的创业投资体系。现已经累计组建创业风险投资基金 17 只、规模近 90 亿元，累计投资科技型企业 176 家，促进 19 家企业通过创业板、新三板上市或通过 OTC 等途径进入多层次资本市场，为 2500 余家科技型中小微企业提供专业性的科技金融服务，覆盖从创新创业到创业企业成长壮大的全过程。按照重庆市政府的计划，到 2020 年，重庆市要形成创业投资引导基金参股基金规模 300 亿元、全社会创业投资规模 1000 亿元以上、培育以创业投资业务为主的创业投资机构 100 家以上、建立覆盖全市的科技金融服务网络和科技金融信息服务平台，其中，区县科技金融服务中心（工作站）达到 100 个以上，推动银行、担保、创投、保险、中介服务等机构服务科技型中小微企业 10000 家以上。①

再次，鼓励和引导民间资本投资。《国务院关于鼓励和引导民间投资健康发展的若干意见》充分肯定了民间投资是推进多层次资本市场体系建设的重要力量，为民间投资进入市场、参与市场竞争创造了良好环境。中央政府和重庆市政府都设立创业投资引导基金，通过参股和提供融资担保等方式扶持民间资本投资创业，运用税收优惠政策扶持民间投资企业发展并引导其增加对创业企业尤其是高新技术创业企业的投资，通过股权上市转让、股权协议转让、被投资企业回购等

---

① 李珩、吕思盼：《我市组建三大创业投资引导基金》，载《重庆日报》2015 年 12 月 14 日第 2 版。

途径完善民间资本投资的退出机制。同时，加大对民间资本投资的监管力度，稳定和优化资本市场运行秩序。

最后，促进适合创业企业特点的信用担保体系和信用评级制度建设，加快创业企业信用体系建设。从中央到地方建立多层次的创业企业信用担保体系，通过营业税减免、各项准备金税前提取、资本金注入、担保费用补贴等扶持政策发挥融资性担保业务在支持创业融资方面的积极作用。从登记、创立企业等源头开始建立创业企业信用体系，全面加强和完善创业企业信用评级制度建设，提高创业企业融资信用等级，加强创业企业信用信息的分析和公开，推动创业企业与金融融资机构的信用信息有效对接，提高创业企业融资能力。加强创业企业信用管理，构建"守信受益、失信受惩"的信用约束机制，积极宣传依法经营、诚实守信创业企业家的先进事迹，不断增强创业企业的信用意识。

三　基础设施建设

基础设施建设是我国大力推进基本公共服务均等化的重点内容，也是鼓励创业兴业的重要措施。基础设施建设涉及范围广，一般情况下以基本公共服务的方式出现。重庆市在支持创业的基础设施建设方面总体水平较高，主要表现为以下两个方面：

一方面，重点支持创业基地建设，放宽创业企业经营场所限制。在"十二五"期间，我国通过鼓励各地优先安排创业基地用地指标、鼓励社会各类投资主体参与创业基地建设和鼓励各类专业服务机构进驻创业基地提供服务等措施，重点支持建设 3000 余家创业基地和创业园区。其中，仅 2012 年中小企业服务年活动就支持培育出 600 家创业基地，服务创业企业百万户以上。重庆市 2012 年建立市级创业孵化基地 36 个，孵化企业 2339 户，带动就业 2.9 万人，创建 76 个区（县）级返乡创业（特色）园区、返乡创业街，农民工返乡创业 36.1 万户，吸纳城乡劳动力就业 163.7 万人。① 截至 2014 年 6 月底，

---

① 重庆市人力资源和社会保障局公众信息网.2012 年度重庆市人力资源和社会保障事业发展统计公报［EB］. http：//www.cqhrss.gov.cn/u/cqhrss/news_ 53056.shtml，2013 年 8 月 26 日。

重庆市已建成各类微型企业创业基地和孵化园 207 个，入驻微企 9315 户，带动就业 7.2 万人，2628 户大中型企业带动微型企业 9636 户。① 2015 年 9 月，据重庆市中小企业局发布的统计信息，重庆市市级小企业创业基地达到 139 个，入驻企业 5658 户，实现营业收入超过 1200 亿元，解决就业 32.6 万人。② 除此之外，重庆市为支持创业企业发展，进一步放宽了对创业企业经营场所的限制，允许创业者将家庭住所、租借房、临时商业用房等作为创业经营场所；对无法提交经营场所产权证明的创业者，允许持市场主办单位、各类园区的管委会（包括居委会、村委会）出具统一在该场所从事经营活动的相关证明，办理注册登记手续。

另一方面，重庆市不断加大城乡基础设施建设和改造力度，持续努力为创业基地和创业企业经营场所配套基础设施提供廉价、优质、迅捷的良好支持。重庆市加快城市综合体和"三港两路"枢纽功能的完善，已经全面实现"4 小时重庆"和"1 小时经济圈"的建设目标；依托国家互联网骨干直联点建设宽带中国重庆光网，打造国际信息港，信息港出口带宽现已达到 1700G，通信服务装机时限实现全市城镇 ≤3 日，农村 ≤5 日；加快推进区县和农村地区道路的提档升级，2013 年，重庆市新建改建农村公路 8050 公里，解决了 620 个行政村不通油路或水泥路的问题；改造农村电网，新增 1.4 万公里中低压线路和 66 万千伏安配电容量；推进天然气"县县通"，扩大清洁能源使用覆盖面；一大批市政、商贸、科教、文体、卫生等基础设施建成投用。

四　教育与培训

教育与培训是创业活动顺利开展的必要条件，重在提升创业者和创业企业自身创业兴业能力，以更加有效地将潜在商业机会转变为现

---

① 重庆市政府网. 2014 年上半年我市微型企业发展态势良好 ［EB］. http://www.cq.gov.cn/publicinfo/web/views/Show！detail.action？sid＝3913281，2014 年 7 月 27 日。

② 重庆市政府网. 我市新认定四家小企业创业基地 ［EB］. http://www.cq.gov.cn/publicinfo/web/views/Show！detail.action？sid＝4015884，2015 年 9 月 1 日。

实生产力。我国在基础教育环节对创业意识培养和创业技能提升方面已有明显改善，但与发达国家相比还存在着明显的差距，现行的创业教育与培训主要是在高等教育和职业教育环节中实现。

在国家层面实施的创业教育与培训。从 2003 年《中小企业促进法》颁布以来，国务院相关部委联合打造（以工信部为主）"国家中小企业银河培训工程"和"中小企业管理提升计划"，引入 SYB 创业培训项目，依托各地区中小企业管理部门和各类服务（培训）机构，安排和开展创业兴业培训工作。重点提升中小企业经营管理人员和中小企业创业者等创业人才的素质能力和专业技能，开展工商管理知识、法律法规、产业政策和企业信息化建设等培训；兼顾提升中小企业政府管理人员和服务机构从业人员的业务素质和服务技能，开展法律法规和有关促进中小企业发展政策措施培训等。从建立之初至今，仅国家中小企业银河培训工程就以每年培训 3—5 万人的速度，帮助有创业意愿并具备一定创业条件人员了解创业兴业政策法规、掌握相关创业兴业知识、增强创业兴业能力。

重庆市也按照鼓励和支持创业兴业的要求，在 2010 年颁布《重庆市微型企业创业扶持管理办法》（试行）和《重庆市微型企业创业培训实施细则》（试行）支持创业教育与培训活动。截至 2014 年 6 月底，重庆市已累计开展微企创业培训达 12.15 万人次。通过实行定点培训，凡具备微型企业创业培训办学条件并愿意承担微型企业创业培训工作的各类教育培训机构均可向重庆市微企办申报，并将定点培训机构名单（包括主管部门、机构名称、机构负责人、机构地址等信息）向全市公布；发放培训补贴，规定由同级财政部门按照每人1000 元的标准给予微型企业创业培训补贴，培训结业后 6 个月内未取得营业执照的继续按每人 600 元标准给予补贴，参加 SYB 创业培训按人均 1000—1500 元标准补贴；提升创业能力，开展政策解读、项目选择、担保贷款、企业管理、市场营销、合同签订及风险规避、员工聘用与社会保障、工商税务知识、创业实例分析、创业投资计划书制作及答辩等内容的培训，培训结束后，由培训机构出具结业鉴定意见；从优化培训课程、统一教学大纲、创新培训方式、加强师资管理，统一补贴标准、补贴绩效挂钩，规范补贴程序、及时拨付资金等方面着手，不断提高创业培训的针对性和实用性；加强培训管理，在实施细则中对创业培训的主要任务、对象、领导机构，以及培训机构和师资管理、培训组织实施、培训监督检查等项目做出了详细规定。另外，2013 年由重庆市微型企业协会牵头组建重庆市微型企业创业导师团，加强对创业活动的指导，进一步提升创业企业的创业兴业能力，提高创业成功率。

五　科技支持与知识产权保护

我国正处于建设创新型国家的历史时期，能否以有效的科技支持与知识产权保护，实现既有效地保护知识产权又能有效促进科技研发成果向创业企业转化，为创业创业提供技术支撑，为我国经济转型升级奠定基础，对于我国创业活动的结构优化和质量提升具有重要的影响。当前我国和重庆市科技支持与知识产权保护方面支持创业兴业的方式主要有以下几方面的措施：

其一，大力推动科技服务在研发中介、技术转移、创业融资、创业孵化、知识产权等领域的发展壮大。有序开放市场准入，发挥市场机制作用，引导社会资本积极参与科技服务企业或机构的创建，增强科技服务企业在研发、转移、融资、孵化和知识产权等环节服务推动技术型创业企业发展的作用和力量，加快专利技术和专业知识的产业化、效益化；加强财税支持科技服务业的力度，建立健全国家公共技术服务示范平台的认定和管理，通过各种财税手段、多元化资金投入体系和积极探索并创新政府购买科技服务、"后补助"等多元化服务供给模式减轻科技服务业发展阻力、提高国家创业公共技术服务示范平台的服务能力和示范影响力；整合科技资源，支持重点实验室、大型科技仪器中心等公共技术平台建设，尽可能向社会开放，为创业企业提供检验检测、质量控制、技术评价、信息化应用、设备共享等服务，鼓励事业性科研机构和高等院校结合市场需求和自身资源建立公共技术平台，向社会和市场开放推广技术产品或服务，如重庆市成立科技资源共享平台；加强科技人才引进和培养，强化国际科学技术交流与合作。

其二，不断完善政策支持体系，加快技术创新型创业发展。健全技术创新市场导向机制，深化技术股权、职称评审等考核和知识产权市场化改革，完善产权保护、员工持股、股权转化、分红激励等政策措施，建立资本、知识、技术、管理等要素参与市场的机制和其报酬由市场决定的机制，推动技术创新型创业活动。扩大风险投资规模，健全风险投资进入、盈利和退出机制，鼓励风险投资企业或机构向技术要素持有者和技术创新型创业企业投资，结合政府担保、金融贷款和民间投资，支持创业投资基金发展，加速技术成果向产业化、市场化、效益化转化。

其三，启动创业企业知识产权保护工程。2010 年国家知识产权局与工业和信息化部联合发布《关于实施中小企业知识产权战略推进工程的通知》，启动实施中小企业知识产权战略推进工程。实施国家示范性知识产权优势中小企业集聚区培育计划，以有计划地培训、宣传、推广活动等方式提升中小企业的知识产权意识，重点、分期、分批培育具有一定自主知识产权和品牌创造潜力的中小企业，建立和完善中小企业知识产权支撑体系和保护机制。

六　政府项目服务

2012 年以来，重庆市政府及多个职能部门实施了多项鼓励和支持创业创新的项目，为创业创新服务。重庆市科委主任李殿勋指出："重视创新就是重视重庆的未来"，"要把科技创新作为核心和关键，大力实施创新驱动发展战略"。2015 年 6 月，重庆市委、市政府出台《重庆市深化体制机制改革加快实施创新驱动发展战略行动计划（2015—2020 年）》，① 以产业链、创新链、资金链的耦合协同，人才为先、企业为主，遵循规律、全面创新为基本原则，从构建以市场为导向的创新体系、激发广大科技人员的创新活力、营造全面开放的创新环境、构建有利于创新驱动的投融资体制机制、强化组织实施四

---

① 《重庆市深化体制机制改革加快实施创新驱动发展战略行动计划（2015—2020 年）》，载《重庆日报》2015 年 6 月 18 日第 7 版。

个方面，培育和强化创新主体、优化科技资源和创新要素配置，提升科技服务能力、增强科技创新活力。这个文件既是重庆市实施创新驱动战略的阶段性成果，又是打造以科技创新为核心驱动的长江上游科技创新中心和国家创新驱动示范城市的指导性文件。以此为中心，重庆市着眼创业创新服务，实施了多项服务于创业创新的政府项目，总的来说，包括以下几个方面：

一是创新主体培育。最突出的要数由市科委启动实施的"3个1000"专项行动，① 以现有各类孵化平台、各类高等学校、研究开发机构和各类市场主体为基础，不断提升完善服务功能、调整存量资产的用途与功能、盘活现有市场主体，以 2020 年为时限，改造、拓展、投资建设 1000 家以上众创空间；以优秀创新创业项目为基础，以众创空间、科技企业孵化器、科技园区为载体，力争 3 年内培育科技小巨人 1000 家以上；以企业、高校、院所为基础，通过组建、改建和市外引进等方式，力争 2020 年累计培育 1000 家以上示范性新型科技平台。此外，重庆市科委还实施先进制造、大健康、互联网"三大产业"引领工程，② 通过技术创新和创业投资进行系统设计和布局，进行重点产业开发，促进产业转型升级。另外，重庆市还成立了"重庆市创业企业促进会"，③ 开展"重庆市微型企业创业大赛"，④ 定向支持创业企业发展。

二是人才创新创业项目。实施海外人才创新创业项目、中国留学

---

① 重庆市政府网：《市科委启动实施"3 个 1000"专项行动加速培育创新主体》，http：// www. cq. gov. cn/publicinfo/web/views/Show! detail. action? sid = 4023993，2015 年 9 月 30 日。

② 重庆市政府网：《把科技作为创新驱动的核心重庆加快推进四大重点举措》，http：// www. cq. gov. cn/today/news/2015/9/21/1393577. shtml，2015 年 9 月 21 日。

③ 重庆市政府网. 重庆市民政局关于重庆市创业企业促进会成立登记的批复 ［EB］. ht-tp：//www. cq. gov. cn/publicinfo/web/views/Show! detail. action? sid = 3953305，2015 年 1 月 21 日。

④ 重庆市政府网：《市工商局联合重庆日报举办重庆市首届微型企业创业大赛》，http：// www. cq. gov. cn/publicinfo/web/views/Show! detail. action? sid = 3931555，2014 年 10 月 23 日。

人员回国创业启动支持计划、重庆市留学人员"回渝创业启动支持计划"，引进海外人才、支持留学人员在渝创业。在海外人才引进方面，组织开展"重庆海外人才创新创业项目对接洽谈会"，仅 2015 年一次就有来自北美、欧洲等地区的 44 名海外高层次人才带着 42 个项目，与 20 个园区、75 家企业、20 家风投机构进行了对接洽谈。① 在"留学人员回国、回渝创业启动支持计划"实施方面，重庆市根据人力资源和社会保障部《关于实施中国留学人员回国创业启动支持计划的意见》（人社部发〔2009〕112 号），实施重庆市留学人员"回渝创业启动支持计划"，仅首批留学人员企业和优秀创业项目的留学人员企业就分别一次性给予 20 万元、10 万元创业支持资金。② 至今，重庆市已先后开展和资助了三批回渝创业留学人员企业。

　　三是重点人群和重点领域支持计划。在重点人群创业创新支持方面，重庆市对高校毕业生创业创新的支持尤为突出，如市教委根据"国家级大学生创新创业训练计划立项项目"精神，实施的"大学生创新创业训练计划项目"③ 和根据国家行政学院、重庆市政府签订的《战略合作框架协议》精神，实施"泛海扬帆——重庆大学生创业行动"等，④ 进一步鼓励和引导全市高校毕业生自主创业，探索建立政府激励创业、社会支持创业、劳动者勇于创业的创业新机制。与之相配套地开展"重庆市大学生创业引领计划"⑤ "泛海扬帆杯"重庆创

---

① 重庆市政府网：《重庆新增 11 个海外人才创新创业项目》，http：//www.cq.gov.cn/today/news/2015/8/24/1389208.shtml，2015 年 8 月 24 日。

② 重庆市政府网．关于确定首批重庆市留学人员"回渝创业启动支持计划"入选项目及经费划拨有关问题的通知〔EB〕．http：//www.cq.gov.cn/publicinfo/web/views/Show！detail.action？sid=3673438，2013 年 11 月 5 日。

③ 重庆市政府网．重庆市教育委员会关于报送 2014 年大学生创新创业训练计划项目的通知〔EB〕．http：//www.cq.gov.cn/publicinfo/web/views/Show！detail.action？sid=3906289，2014 年 7 月 1 日。

④ 重庆市政府网．关于印发 2014 年"泛海扬帆—重庆大学生创业行动"实施方案的通知〔EB〕．http：//www.cq.gov.cn/publicinfo/web/views/Show！detail.action？sid=3915831，2014 年 8 月 11 日。

⑤ 重庆市政府网：《关于实施重庆市大学生创业引领计划的通知》，http：//www.cq.gov.cn/publicinfo/web/views/Show！detail.action？sid=4055902，2015 年 12 月 10 日。

业大赛①等。此外，重庆市民政局还专门成立"巾帼创业服务中心"开展重庆市妇女创业服务项目。② 在重点领域方面，重庆市结合自身情况，偏重对"三农"的支持，实施了"科技创业扶贫计划项目"、科技特派员创业服务行动计划、重庆市青年农业科技创新创业大赛等项目，提高对农村农民创业的科技支持力度和服务水平。

除此之外，重庆市为保证各项计划和项目的顺利实施，从加强组织领导、完善管理服务、健全考核制度、积极引导宣传等方面，打造高效务实、试点示范、监督强化、氛围良好的组织实施体系，不断强化组织实施力度。

七　商务信息服务

创业信息服务在创业兴业过程中起到启发新思路、引发新创新、开发新产品、开拓新市场的重要作用，不容我们忽视，它依托各种信息平台以信息公开、市场化经营等方式传播，主要包括政策法律法规信息、创业市场信息、劳动力市场信息、创业产品信息、企业信用信息等。随着我国信息现代化的推进，创业信息服务也开始以新的面貌为创业活动服务。

2010 年我国国家财政安排 2.5 亿元资金支持创业服务体系建设，18 个省份开展示范服务机构、公共服务平台和创业基地认定，并依托这些平台和机构开展与创业相关的政策法律法规宣传和培训、投融资信息服务、技术信息服务、企业管理知识信息、国内外市场信息服务等专业信息服务。重庆市建立完善技术、信用、融资、市场等各类信息服务平台（如重庆市科技资源共享平台）和创业服务平台，截至 2012 年末，重庆市共新建和完善人力资源服务机构 358 个，全市所有街道（乡镇）和社区、91.7% 的行政村建立了服务网络，人力资源市场化信

---

① 重庆市就业服务管理局网站：《泛海扬帆杯重庆大学生创业行动》，http：//fanhaiyang-fan. org/www/site/site_ index_ 2_ 0. shtml，2011 年 6 月。

② 重庆市政府网. 重庆市民政局关于重庆市巾帼创业服务中心成立登记的批复 ［EB］. http：//www. cq. gov. cn/publicinfo/web/views/Show！detail. action？ sid = 3986184，2015 年 5 月 19 日。

息实现镇街全覆盖。重庆市就业服务管理局在全市人力资源市场设立小微企业服务窗口，建立本地区小微企业信息档案库，为企业提供用工指导、用工介绍、职业测评等服务；有关职能部门通过各自服务窗口和网站、集中式办公窗口和政府门户网站为创业企业及其投资者提供法律、法规、政策等各类信息咨询服务。重庆市还依靠中小微企业创业教育与培训机构、微型企业协会等社会组织和机构，宣传和培训创业和企业管理等相关信息，开展行业内信息交流与沟通。

第三节　重庆市城乡创业公共服务对象的发展

重庆市创业公共服务对象是以创业者群体、创业企业以及创业投资主体（者）为主的创业主体，他们的发展和壮大是我们促进重庆市城乡创业公共服务均等化的又一基础条件。因此，有必要对重庆市创业公共服务对象的发展现状和发展趋势进行整体性评价。

重庆市市场主体发展较快，创业热情高涨。2010 年 8 月以来，重庆市已累计发展微型企业 7 万余户，解决和带动就业近 60 万人；2012 年，重庆市新发放小额担保贷款 56.4 亿元，同比增长 71%，有效解决创业者融资难问题，直接扶持 6.3 万人自主创业，带动 19.4 万人就业；截至 2012 年底，全市创建 36 个市级创业孵化基地，孵化企业 2339 户，带动就业 2.9 万余人，创建 76 个区（县）级返乡创业（特色）园区、返乡创业街，农民工返乡创业 36.1 万户，吸纳城乡劳动力就业 163.7 万人。截至 2014 年 1 月底，重庆市共有各类内资市场主体 1534292 户，资金总额达到 14868.2 亿元，较去年年末分别增长 0.49%、1.98%。① 截至 2014 年 6 月底，重庆市共发展微型企业 11.83 万户，带动和解决就业 88.85 万人，注册资本金总额达到 127.01 亿元，重庆市微型企业网上预申请总量突破 18 万人次，达到 18.12 万人次，其中，已提交书面资料的达到 14.72 万户，已发执照

---

① 重庆市政府网：《开年以来重庆市内资市场主体平稳增长》，http://www.cq.gov.cn/publicinfo/web/views/Show! detail.action? sid＝3808640，2014 年 3 月 1 日。

11.83 万余户。① 仅从这一组数据可以明显地看出重庆市人民创业热情的豪放迸发，这不仅是国家政策支持力度加大的结果，更是重庆市积极贯彻和落实党和国家创业政策、大力改善创业公共服务的结果。不断新增的创业主体，不仅为市场增添了新的活力，创业带动就业的倍增效应已经显现，而且在以自身的发展优势不断为人民群众提供优质的产品和服务，创业促进内生消费能力效应也同步显现。

重庆市创业群体创业能力大大提升。创业培训参与人群扩大，截至 2014 年 6 月底，重庆市已累计开展微企创业培训达 12.15 万人次，累计 1.12 万户微型企业成长为小型企业，2014 年新增 0.25 万户，并涌现了如创办重庆云威科技有限公司的重庆大学学生李力等优秀创业典型人物；创业企业结构发展良好，在 2014 年上半年，重庆市大中专毕业生创办微型企业 1470 户，已占到上半年新增微型企业总数的 22.37%，较同期占比增加 9 个百分点，现代服务业发展占比 68.47%，较同期占比增加 15 个百分点。这一系列数据表明，重庆市创业群体已经形成，并在创业兴业过程中涌现出创业先锋，在企业经营管理中以创业者自己的事迹影响着更多人，极大提升了社会创业意识、创业热情和创业能力。

本章小结

本章重点从宏观条件基础、要素发展基础和服务对象发展三个方面对重庆市城乡创业公共服务均等化建设的整体环境进行了研究和梳理。一方面是对促进重庆市城乡创业公共服务均等化自身要素发展情况的阶段性总结，另一方面是对创业公共服务对象发展的整体性评价，或者说是对重庆市城乡创业群体、创业企业和创业人才队伍发展现状和发展趋势的整体性评价。

首先，本章将促进重庆市城乡创业公共服务均等化看作一个综合性政策目标，是重庆市社会主义现代化事业与社会主义和谐社会建设

① 重庆市政府网：《2014 年上半年我市微型企业发展态势良好》，http://www.cq.gov.cn/publicinfo/web/views/Show! detail.action? sid=3913281，2014 年 7 月 27 日。

整体向前推进的部分工程和核心节点之一，创业公共服务及其均等化是一个牵一发而动全身的系统工程，不仅与重庆市经济社会发展全局相互影响，而且其均等化水平的提高将直接开启重庆市新阶段新发展的序幕。在这部分分析中，整体框架上采用"五位一体"从布局的体例，将国内和重庆市内发展情况和条件结合起来研究，从而达到系统全面地分析重庆市促进城乡创业公共服务均等化宏观条件的目标。

其次，从财税、金融、基础设施建设、教育与培训、科技与知识产权保护、政府项目、商务信息七个方面探索促进重庆市城乡创业公共服务均等化的要素发展基础，认为财税支持对直接降低创业企业发生发展成本、优化发展环境具有基础作用，金融服务和金融创新对破解创业企业资金瓶颈、挖掘民间资本投资潜力、构建信用担保体系和信用评级制度具有重要作用，基础设施建设和教育培训质量和水平的不断提升不仅为打造创业公共文化提供了物质基础，而且为提高创业者创业能力和人民自身发展能力提供了条件，科技和知识产权保护既有效地保护知识产权，又为促进科技研发成果向生产力转化提供支撑，而政府项目和商务信息服务在政府主导的创业公共服务均等化过程中具有重要作用，能够直接带动创业企业的快速成长。这七个方面的探索将对后文探索促进重庆市城乡创业公共服务均等化评价指标体系的领域层造成重大影响。

最后，研究和分析重庆市城乡创业公共服务对象的发展情况，他们的发展壮大是研究促进重庆市城乡创业公共服务均等化的起点之一，以对他们的整体评价中发现重庆市市场主体发展较快、创业热情持续高涨，创业群体的创业能力也在大幅提升。这表明了重庆市的促进创业公共服务及其均等化进程已经起步，并有所突破。至此，基本完成了对重庆市推进城乡创业公共服务均等化的基本条件的研究。其实，对基本条件的研究是对重庆市创业公共服务发展情况的阶段性概括，从中掌握的创业公共服务的基本内容也在后面研究城乡创业公共服务均等化评价指标体系的领域层和具体指标选择提供了实践基础，也为后文中对重庆市推进城乡创业公共服务均等化发展现状及制约因素的研究提供了基础材料。

第五章　重庆市城乡创业公共服务均等化评价指标体系构建

重庆市城乡创业公共服务均等化现状调查是从创业公共服务均等化理论走向现实实践的中间环节，也是实现本书实践意义的重要步骤。基于促进重庆市城乡创业公共服务均等化理论依据和现实条件的探讨，需要对重庆市城乡创业公共服务均等化的现状进行深入的调查，从而将理论依据、现实条件与实证调查结合起来，为下一步深入挖掘制约重庆市城乡创业公共服务均等化的主要因素提供数据支撑。无论是对均等化现状的把握，还是展开实证调查，都必须有一个框架标准。因此，构建重庆市城乡创业公共服务均等化评价指标体系就成为衔接理论与实践的桥梁，也是展开实证研究、评价均等化程度、发掘和改善城乡创业公共服务均等化路径的必要条件。

第一节　构建重庆市城乡创业公共服务均等化评价指标体系的目标

构建重庆市城乡创业公共服务均等化评价指标体系，是在一定的理论与实践目标指导下进行的。本章所设计的评价指标体系具有三个目标：一是社会公平正义的价值取向，二是初步理论成果验证，三是指标体系的应用性目标。这三个不同层次的目标，不仅决定了重庆市城乡创业公共服务均等化评价指标体系的整体结构和层次性目标结构，而且在整个设计和运行过程中具有指标取舍、最终判断指标权重和目标一致性的作用。

第一，社会公平公正的价值取向。城乡创业公共服务均等化评价指标体系因其引导和评价功能决定了它必须有正确的价值取向，在促进重庆市城乡创业公共服务均等化过程中坚持社会公平正义的价值取向，就是要让社会成员、创业者和创业企业共同开展创业活动、参与创业公共服务的生产、供给、治理，在社会公共资源配置和创业、发展成果分配过程中公平、合理地共享创业所带来有益成果，共同承担创业失败所带来的负面效应。西方资本主义国家推进实施城乡创业公共服务均等化多是出于国内弱势群体的压力而维持社会各阶层之间的冲突的可控性以保持社会稳定，或是国际社会的政治压力，根本上是缓和资本主义社会自身矛盾之举，其非均等化的根源更为深刻且政府无意真正解决。我国是社会主义国家，人民是国家的真正主人，人民的自由全面发展是党和政府的工作目标和存在价值。提高人民的发展能力和发展水平，实行城乡创业公共服务均等化，推动和实现社会的公平正义，不仅是符合国家战略发展要求的，是政府不可推卸的责任和义不容辞的义务，而且是符合最广大人民群众根本利益的，是党和政府工作的出发点和落脚点。创业公共服务等社会公共资源的非均等化配置，鼓励和支持创业等发展战略的非公正性设计，保障和服务创业活动、创业企业的制度的非公平性安排和执行，都是对社会主义公平正义价值取向的背离。然而，上述"非均等化"现象在我国经济社会发展历史上对城乡二元经济结构和城乡之间创业公共服务的非均等化格局的形成影响巨大。究其原因，就在于新中国成立后的"赶超型经济"和改革开放后的"先富带动后富"在价值取向上的"偏速度""重效率"，即使是在建国初期的"平均化""共贫"也是"城市是城市""农村是农村"的隔阂，严重忽视了社会主义对公平正义的价值取向。该评级指标体系在创业公共服务均等化的引导和评价过程中，更加突出对农村等落后地区创业公共服务生产、供给情况的描述，体现出社会公平公正价值取向中的"补差性原则"，即在继续保持城市创业公共服务水平和质量提升的同时，强调创业公共服务向农村等落后地区的偏向性供给，以"高起点""高发展""高成效"的农村等落后地区创业公共服务供给和治理，不断缩小城乡之间的差距。因此，以社会公平公正为价值取向来构建重庆市城乡创业公共服务均等化评价指标体系，能够让城乡社会成员、创业者和创业企业共享创业公共服务及其均等化所带来的发展成果，充分拓展人们自由发展的空间。

第二，初步理论成果验证。本章构建重庆市城乡创业公共服务均等化评价指标体系的另一个目标在于初步总结之前的理论研究成果，进一步将研究的理论成果的描述、解释、预测进行科学化、实证化的评价指标转化，测评理论研究成果的正确性。首先，对理论研究成果的验证表现在有关创业公共服务及其城乡均等化基本概念的验证。本书认为创业公共服务是在人们满足基本温饱需求、基本公共服务及其均等化发展到一定程度后，为了满足人们更高生活需求而必须供给的、以鼓励创业活动发生、支撑创业企业发展为主要内容的一系列公共服务及公共产品的总称。它包括创业公共政策供给、创业公共制度保障、创业公共文化环境、创业公共基础设施建设、创业公共服务供给主体发展等几个方面。在本章构建的重庆市城乡创业公共服务均等化评价指标体系中的领域层指标设计正是围绕创业公共服务的基本内容而进行的，即将指标体系的领域层指标定义为创业公共文化服务、创业教育培训服务、创业公共孵化服务、创业公共基础设施服务、创业公共信息服务、创业公共融资服务、创业公共科技服务、创业财税服务八个领域。此外，还体现在对创业活动发生、发展过程研究的运用。该指标体系中的"环节层"及其对应指标，即是按照创业活动发生、发展过程中所需要的各类服务和现实中各个服务主体已经生产和供给的服务程序而设计的。

第三，指标体系的应用性目标。首先，完整、科学、合理的评价指标体系能够充分地反映重庆市城乡创业公共服务均等化的状态，包括全面反映和评价创业公共服务均等化的水平，整体或部分创业公共服务主体、项目和内容的有效性，服务供给及其所产生的效果、效益，找出及量度未能满足的需求和满意程度，以及考察体制机制、政策实施效果和创业公共服务治理的质量和效能。其次，运行有效的评价指标体系能够监测重庆市城乡创业公共服务均等化的过程，预测和计划重庆市城乡创业公共服务均等化的发展趋势。再次，本章所设计的促进重庆市城乡创业公共服务均等化评价指标体系，除了初步总结之前研究的理论成果，进一步将研究成果的描述、解释、预测进行科学化、实证化的转化之外，还有两个方面的作用，即测评评价和绩效考核。测评评价是对重庆市城乡创业公共服务均等化水平和群众满意程度的测评和评价，以便于找到创业公共服务供给过程与服务对象需求之间的差异、服务过程的信息不对称所造成服务空白或误区，以及服务程序、服务制度、供给主体、服务项目等因素的可优化、可提升、可改进的空间。绩效考核是对重庆市城乡创业公共服务均等化供给主体从城市和乡村两个方面展开的测评和工作引导，将供给主体活动分为投入、产出、效果三个项目环节出发进行量化考核，每一个环节的评价都是对上一环节绩效的考核，横向了解同一创业公共服务各环节工作阶段、供给水平和绩效情况，纵向了解不同创业公共服务投入的偏向性、产出效率和结果绩效等情况，以期在对比分析和评价考核反馈的基础上，引导创业公共服务供给主体不断改进工作方法、改善供给模式、创新供给管理。最后，有效的评价指标体系能够为重庆市城乡创业公共服务的治理主体提供有关城乡创业公共服务及其均等化方面的各种有用信息和一手资料。在实际调查过程中，通过以创业者和创业企业、普通群众为对象对创业公共文化服务、创业教育培训服务、创业公共孵化服务、创业公共基础设施服务、创业公共信息服务、创业公共融资服务、创业公共科技服务、创业财税服务八个领域的实地调研实现，测评同一地区创业公共服务的平均水平和城乡之间服务水平的偏离平均水平的程度，通过比较衡量和评价城乡间创业公共服务均等化程度和水平，并形成促进重庆市城乡创业公共服务均等化的反馈意见。

第二节 重庆市城乡创业公共服务均等化评价指标体系的层次划分

重庆市城乡创业公共服务均等化评价指标是一个非常复杂的指标群，为了更加清晰地表达评价目的，更加全面地规划评价范围，更加深入地描述评价内容，我们有必要对重庆市城乡创业公共服务均等化评价指标体系的目标、领域、项目、指标进行层次性的划分和简要的概述。

一 目标层次

创业公共服务均等化不仅是创业公共服务的阶段性目标，还是创业公共服务实施路径选择，更是衡量创业公共服务实施程度的重要指标。根据在第一部分中把创业公共服务均等化定义为以政府为主导的创业公共服务供给主体，能够满足全体公民在均等的权利基础上，自由平等地表达自身需求、自由平等地选择创业公共服务产品与服务要求的过程标准，可以看出，促进重庆市城乡创业公共服务均等化评价指标体系设计和构建的直接目标是为促进重庆市城乡创业公共服务均等化服务，这是该评价指标体系目标层次的唯一内容，是促进重庆市城乡创业公共服务均等化评价指标体系的一级指标。从创业公共服务均等化本身的内涵来说，促进重庆市城乡创业公共服务均等化的首要目标是以鼓励创业服务创业的方式，通过创业带动就业的路径，不断缩小城乡发展差距，破除城乡二元经济结构，最终实现城乡之间居民公平且自由的发展。对于城乡创业公共服务均等化的过程来说，其目标实现的标准有三个层次的内容：创业机会平等、创业权利和利益的平等、创业规则的公平正义。

其一，创业机会均等。本书所强调的创业机会是指创业者（包括潜在创业者）获得发展的可能性和发展空间、余地。在此意义上，创业机会均等是指在特定社会环境和发展阶段中，人们在地位、权利、人格尊严平等的基础上能够获得的发展机会是均衡的、平等的，如获取创业信息、获得创业教育培训机会，以及在相同条件下能够获得的创业政策数量和质量相同，身处于平等的创业社会文化等。创业机会平等更加注重对实验性失败的尊重、创业活动的鼓励，具体表现在三个方面：一是起点平等，即城乡间居民不论性别、出身、地位、民族等个别情况的差异，具有同样的人格尊严和人格尊严受尊重的权利，都相同地拥有获得生存和发展的机会，在创业成功或失败的时候都能够获得社会的公平对待和尊重；二是过程平等，即城乡间居民在获取平等起点时的标准一致、不受外部干扰，人们拥有平等的自由的选择机会和选择权利，创业公共服务的各个项目、各项内容对符合条件的创业者或创业企业公平供给，即在相同的条件下，城乡居民能够同等地享受所提供的创业公共服务，或者说，城乡不同居民都能够得到创业公共服务生产和供给方相同的回应效果；三是按照贡献分配，即创业者和创业企业应承认创业者和创业企业自身差异和资源禀赋差别性，按照实际贡献大小参与创业成果分配，这样既符合按劳分配原则，又能够充分调动各类生产要素的有效配置，还能够利用利益驱动的人的本性激发社会创业活力。可以说，机会均等是相对而言的，是明显的条件性均等原则，它对创业者个人或创业企业本身差异的承认，本质上就已经预示着，在平等、均等等价值所反映的城乡创业公共服务供给程序和过程所造成的结果的不均等，尤其是在分配和结果方面，绝对的机会均等带来的是绝对的不均等。

其二，创业权利均等和均衡利益保证。创业权利均等和利益保证是指城乡居民在享受创业公共服务方面的基本权利平等的基础上，因享受服务而获得的利益保证的程度和效能是相等的。在现实当中，创业活动具有非常大的不确定性和多样性，人们对创业公共服务的具体需求也是千差万别的，权利和利益的均等不是一刀切的平均供给和均等获利，而是要求更加注重享受服务和选择服务的自由、平等的权利，更加注重对城乡居民在拥有自由平等的选择权利的基础上对不同创业服务需求实际满足的程度和效能，更加注重在获得相同服务项目或内容的条件下能够获得相同比率、相同效率、相同效能的结果，并为按照贡献分配创业成果、保证创业者或创业企业应得利益奠定基础、创造条件。本书认为，要实现创业权利均等和均衡利益保证，最为核心的是应当实现城乡创业公共服务生产供给方式的转变，即由自上而下的指标分配式的生产供给方式，转变为自下而上反馈式与自上而下积极回应相结合的双向生产供给方式，以形成生产、供给主体与服务对象之间的信息交互、转化机制，实现重庆市城乡创业公共服务均等化体系的核心从政府中心向创业者和创业企业中心转化，从而摆脱城乡之间创业公共服务非均等化供给的财政、体制制度硬约束。

其三，创业规则的公平正义。创业规则的公平正义是指创业公共服务生产供给过程中的法律、政策、制度、章程等规则，以及创业公共服务程序、项目、内容是公开、透明和公正的，处处体现公平、反映正义。规则是博弈的规则，规则的公平正义是博弈能力和过程的公平正义，在城乡之间自身条件和资源禀赋存在巨大差异的情况下，它更多地体现在创业公共服务资源的"补差"分配上。因为，即使是在制度、程序等创业规则公平、完善的条件下，由于人的能力和所处环境的不同，"规则公平"不能实现"规则正义"，初次分配之后必然存在的结果不公平往往是城乡差异扩大的主要诱因。因此，创业规则的制定和实施，一方面要求政府立足社会主义的公平正义的价值追求和社会整体利益，扫除一切干扰创业规则公平的外部因子，如人为障碍、特权等，建立和完善鼓励和保障创业活动有序、有效开展的创业公共服务法律、政策、制度、章程和公平的创业公共服务程序、项目、内容以体现创业规则的公平正义；另一方面要求在对创业公共服务资源进行权威性分配上，按照社会主义的公平正义和整体利益的原则，对初次分配的利益格局进行必要的调整，适当地向弱势方、落后农村地区倾斜，着力提升农村创业公共服务的能力和水平，以补齐城乡创业公共服务均等化的短板，体现社会主义的公平正义。

三者之间是一个有机的整体，相互联系、相互影响、相互促进，是城乡创业公共服务均等化评价指标体系系统性、协调性、动态性的具体体现。另外，从创业公共服务对象选择上看，三者在对象上又各有侧重地呈现过程的递进关系：创业机会平等是针对城乡间所有的居民而言的，需要所有对象的共同维护和监督；创业权利和利益的平等是针对具有创业意愿和准备开展创业活动的人群，在服务内容上可以根据自身喜好和创业需要进行自由选择，并以动态性的自由选择来表现其均等性；创业规则的公平正义是针对已经开始创业活动、还处于初创期至高成长期之间的创业者及其创业企业。这三个层次的内容是促进重庆市城乡创业公共服务均等化目标层次的内涵延伸，是评价和考核重庆市城乡创业公共服务均等化水平和绩效的一致标准。

二 领域层次

构成促进重庆市城乡创业公共服务均等化的领域层次的目的是为了从中观层面上全面系统地把握目标层次，在目标层次和指标层次之间建立可参考的服务项目，使促进重庆市城乡创业公共服务均等化的评价指标体系更具科学性、可比性和可操作性，防止具体指标发生遗漏，为之后对国外城乡创业公共服务均等化实践的比较研究和重庆市城乡创业公共服务均等化具体策略的提出提供框架。本章将从创业公共文化服务、创业教育培训服务、创业公共孵化服务、创业公共基础设施服务、创业公共信息服务、创业公共融资服务、创业公共科技服务、创业财税服务八个领域进行阐述，构成了促进重庆市城乡创业公共服务均等化评价指标体系的二级指标。

其一，创业公共文化服务。创业文化是指人民群众在创业立业、创业创新、创业致富和创业报国的进程中所形成的创业精神、创业制度、创业行为、创业设施和社会对创业的态度的总和。[①] 创业公共文化服务就是在形成创业文化过程中，为实现对潜在创业者、创业活动实施者及其创业企业的鼓励支持以及促进创业环境的优化，针对于全体社会成员的公共服务。在具体实践过程中，必须重视地方文化根植的分析和培育，将创业公共文化服务与当地文化环境因地制宜又与时俱进地结合起来。创业公共文化服务更加注重创业者自身修养和思想素质的提升，更加注重对创业者人格尊严的尊重和创业活动的鼓励，主要包括为促进创业精神的提炼、宣传、传播，加快创业制度制定、完善、普及，鼓励和刺激创业行为发生、支持，创业基础设施建设等方面。创业公共文化服务的供给主体是多元的，可以由政府、企业、社会团体和个人单独生产供给，也可以实行联合供给。在实践中，因其公共性的存在，其生产和供给往往是政府实施，或政府主导的。尤其是在社会对创新创业的正确态度的形成上，政府具有较强的引导作

---

① 肖陆军：《我国创业文化建设的对策探讨》，载《重庆行政》（公共论坛）2014 年第 5 期。

用，重点在形成以创新创业的"容错"机制为核心的社会化"宽容"态度，允许并鼓励"实验性努力"的大量发生，为创新创业提供条件。

其二，创业教育培训服务。创业教育培训服务是指为提升创业者创业能力素质和专业技能，提升创业者自我发展能力，针对具有创业意愿和潜在意愿的创业者而提供的在教育培训方面的公共服务。创业教育培训服务更加注重潜在创业者和创业活动实施者的能力素质和专业技能的提升。其对象主要有两个：一是具有创业意愿和潜在意愿的群体，其中最重要的是大学生群体、新生代农民工群体和军转人员；二是创业活动实施者，主要包括具有明显创业意愿而准备创业者和正在实施创业活动的创业者。创业公共教育培训服务的主要内容也包括两个方面：一是一般创业能力素质的教育培训，主要包括关于创业的心理素质、道德素养、创新思维和创新能力、创业机会识别与把握、创业一般过程、国家有关创业的一般性法律政策制度等方面；二是专业创业技能的教育培训，主要包括一般创业模式和渠道、创业项目获取、创业风险认识与规避、创业团队管理和企业管理、创业融资、专业科学技术理论与应用、专业领域的法律政策制度等方面。创业教育培训服务的主体以学校、教育培训机构、行业协会为主。

其三，创业公共孵化服务。创业公共孵化服务是指为一般型创业者提供仿真市场环境，或为高新技术企业提供市场预热环节，或为新兴产业集群培育而开展的创业实践服务平台，以达到孕育新的创业企业、新的高新技术市场化方向、新的产业集群、新的业态的目的。创业企业在孕育期和婴儿期如果能够得到细致周到的孵化服务，那将有利于创业企业的成活和成长。一般说来，良好的孵化器提供的创业服务包括创业培训、政策咨询、工商代办、融资服务、中试服务、公共技术平台、管理咨询、法律服务、税务服务等等。创业公共孵化服务的主要类型有一般创业孵化园、大学生创业孵化园、国家级或地方高新技术产业孵化园、地方专门产业孵化园等，也有些地区规划设立新的产业园作为孵化地方创业企业和增强地方创新能力的重要方式。

其四，创业公共基础设施服务。创业公共基础设施服务是指为鼓励和支持创业活动的发生发展以及创业企业和创业链条中分包商、供应商、商务咨询机构等的健康成长而建立的有形无形的公共场所、机构平台、网络平台等公共服务，它往往与创业公共孵化服务相配套，在一些地方，创业公共基础设施服务从属于创业公共孵化服务而设置在孵化器、创业园区内。主要包括两类：一是有形的创业公共基础设施服务，主要包括创业场所建设及其配套的道路、设施、通信、废物处理、水电气、排污等基础设施建设，支持创业的服务性职能机构建设；二是无形的创业公共基础设施服务，主要包括创业场所的人员素质与技能提升、支持创业的互联网平台建设等。

其五，创业公共信息服务。按照创业公共信息服务的对象，可以将创业公共信息服务分为以下几个方面：一是针对创业者个人的一般性创业公共信息服务，其主要目的是为创业者提供创业行业和专业技能咨询、教育培训、法律法规、政策制度规章、创业相关流程及相关手续办理等方面的支持；二是针对创业企业的特殊创业公共信息服务，其主要目的是为了克服外部性的信息不对称和不完全对称而进行的特殊形式和内容的创业公共信息服务，主要包括企业财务信息、资产状况、经营范围和项目等方面的信息。一般性创业公共信息服务可以由所有能够提供信息服务的机构平台生产供给，特殊创业公共信息服务必须由政府或政府担保机构担保的中介机构进行，如政府设立信息资源统筹中心，并且要在保持该机构独立性和中立性的同时加强各方面对该机构的有效监督和管理，保证信息的安全性。

其六，创业公共融资服务。创业公共融资服务是指为新成立和成长型企业提供充足的权益资金、债务资金和风险投资而进行的通过直接地提供或间接地担保、扩展融资渠道等方式提供的公共服务。发展创业公共融资服务主要包括：第一，积极倡导金融创新，引导和鼓励金融机构创新金融产品、创新抵押方式、创新担保方式、创新风险控制方式、创新金融配套法律和服务体系；第二，鼓励风险投资对创业的支持，一方面加大对风险投资行业的政策优惠和保护力度，帮助风险投资单位对投资项目进行有效筛选和专业评估，另一方面健全风险投资监督管理机制，保护创业企业在投资增值、回报和退出等方面的合法权益；第三，规范民间借贷和非正式投资。①

其七，创业公共科技服务。创业公共科技服务是指为满足创业者及其创业企业快速发展的需要，对创业者及其创业企业进行技术技能指导和培训、提供技术应用和技术人员支持的，以及对创业理论和技术创新研发机构、部门提供资金、场所、政策、人员、产权保护等支持的，以加快科技创新与市场转化应用的公共服务。创业公共科技服务的主要形式有：一是直接资助，直接向研发机构、实验中心、科研平台的技术创新项目提供资金、设施等支持，以及直接向科技型创新创业企业投资进行的支持；二是间接支持，通过信用担保、知识产权保护等方式支持创业企业和创业科技研发机构和研发人员。

其八，创业财税服务。财税政策促进创业的作用内生于财税政策之中，财税政策通过国家财政收支和税收政策的改变，调节资源配置和收入分配，实现经济稳定和发展的目标，是政府宏观调控的重要政策工具之一。在供给侧结构性改革和打造"大众创业万众创新"新引擎的背景下，创业财税服务成为为企业减负和降成本的重要政策手段。财税政策通过税收、收费等形式筹集收入，通过投资、公共支出、转移支付等形式形成支出，调节经济运行，可以更有效地作用于鼓励创业。政府要积极通过财政补贴、政府项目和政府采购、建立财政基金以及财政支持创业基础设施建设等形式的创业财政政策，和运用所得税、增值税、印花税、资源税等税种以及利用加速折旧、投资抵免、延期纳税、税前还贷、提高税收起征点等优惠方式对创业企业进行有效的财税支持。②

三　环节层次

考虑到我们无法直接参与创业公共服务的供给，从过程或环节的角度直接对重庆市城乡创业公共服务均等化供给效能的测评和评价是非常困难的，所以我们依据"黑箱"原理把实际的创业公共服

① 肖陆军：《健全创业政策体系对策探讨》，载《人民论坛》2014 年第 32 期。
② 同上。

务供给过程或环节看作一个"黑箱"，从其投入—产出—效果关系间接对创业公共服务供给过程或环节进行测评和评价，即单位投入产出更多创业公共服务或产品则表明这个过程或环节的有用性和有效性，这个供给机制就是有效能的。因此，促进重庆市城乡创业公共服务均等化评价指标体系的三级指标就由各领域的投入、产出、效果构成。

其中，创业公共服务投入主要指在创业公共服务供给过程中各种资源的使用量，包括人力资源、财力资源、物力资源、时间资源、信息资源等；创业公共服务产出主要指在创业公共服务供给过程中各种资源的转化程度，包括产出服务或产品的覆盖率、人均数量或平均数量；创业公共服务效果主要指在创业公共服务供给过程的末端环节中，供给对象实际获得、享受或分配到的创业公共服务数量、变化量、服务满意度等。

促进重庆市城乡创业公共服务均等化评价指标体系的四级指标由各领域内各环节的具体指标构成，在下一部分会详细阐述。综上所述，促进重庆市城乡创业公共服务均等化评价指标体系框架如表5-1所示：

表5-1　　　促进重庆市城乡创业公共服务均等化评价指标体系框架

目标层	领域层	环节层	指标层
促进重庆市城乡创业公共服务均等化	创业公共文化服务	投入	略
		产出	略
		效果	略
	创业教育培训服务	投入	略
		产出	略
		效果	略
	创业公共孵化服务	投入	略
		产出	略
		效果	略

目标层	领域层	环节层	指标层
促进重庆市城乡创业公共服务均等化	创业公共基础设施服务	投入	略
		产出	略
		效果	略
	创业公共信息服务	投入	略
		产出	略
		效果	略
	创业公共融资服务	投入	略
		产出	略
		效果	略
	创业公共科技服务	投入	略
		产出	略
		效果	略
	创业财税服务	投入	略
		产出	略
		效果	略

第三节　重庆市城乡创业公共服务均等化评价指标的选取

对促进重庆市城乡创业公共服务均等化评价指标体系的指标层次的划分，仅仅是在横向上对指标的简单分类。在纵向上领域层次的八个领域各环节的内容如何以具体的指标项目反映目标层次的三个主要目标，就成为现在亟待解决的问题。本节将从指标层次的具体指标项目选取原则、选取依据两个方面，最终形成指标体系的具体内容。

一　指标选取原则

重庆市城乡创业公共服务均等化评价指标的选取原则是在指标选取过程中所应遵循的基本要求，是构建全面、系统、科学、可行的城乡创业公共服务均等化评价指标体系的根本。本节认为重庆市城乡创业公共服务均等化评价指标的选取应当遵循以下几个原则：

其一，反映目标的客观全面性原则。指标选取的目的是通过具体指标项目的测评数据反映指标体系目标层次的内容，针对性地反映目标就成为评价指标选取的首要原则，其他选取原则也是反映目标原则的具体延伸；其次是客观性原则，真实客观地反映指标项目的测评数据是评价指标的基本要求和得以存在的前提；最后是全面性原则，以防止因获得评价数据残缺导致评价偏离目标和偏离客观实际的情况出现。

其二，反映经济的简单可行性原则。指标选取恰当与否直接影响着实际调查研究的成效和成本，简明实用，尽可能地不使用晦涩难懂的专业词汇和敏感性指标，以便在调查过程中有更普遍的适用性，防止语言歧义和难以理解造成信息失真；另外，指标选取应便于收集和量化，所有指标选取数据都必须有切实的渠道获取，反映经济性、可行性、可操作，便于推广和指导工作。

其三，反映系统协调的科学性原则。指标选取的全面性并不意味着各指标之间联系的隔断，评价指标体系是一个系统完整协调的整体，必须强调指标体系的系统性、协调性，既突出重点又防止遗漏，既注重分类指标的选择又要考虑到综合指标的运用，既考虑横向指标的完整性又考虑纵向过程中调查研究与应用研究的契合性，以科学合理的选择和安排反映指标体系的系统性和协调性。

其四，反映动态的独立互补原则。为了指标体系的可行性我们采用了领域划分和环节划分的方法，使针对创业活动整个过程的各个领域和环节都能够相对独立、相互补充。在实际运行过程中，因供给能力和发展水平的限制，城乡之间创业活动实际所需的创业公共服务也有所不同，实现各领域的齐头并进是不现实的，这就要求指标选取方面既要相对独立不受干扰，又要相互补充不能偏废，随着创业活动的发展和创业公共服务均等化的发展而保留有动态调整的空间。

二　指标选取依据

重庆市城乡创业公共服务均等化是逐步推进的过程，是针对创业者和创业企业创业活动发展过程和发展需要、各创业公共服务供给主体提高供给能力的显示和改善供给职能作用的一系列反映，他们是重庆市城乡创业公共服务均等化评价指标选取的依据。

其一，指标选取必须以创业活动发展过程为分类依据。评价指标直接针对的是创业公共服务的均等化供给情况，根本指向是促进重庆市城乡间创业活动的发展，因此，指标选取必须符合创业者和创业企业创业活动的发展过程和发展需要，并据此展开指标体系的设计和应用。其中创业公共文化是对创业活动发生可能性的刺激，创业教育培训服务、创业公共孵化服务、创业公共基础设施服务主要是针对创业活动发生阶段创业能力提升，创业公共信息服务、创业公共融资服务、创业公共科技服务、创业财税服务主要针对创业活动初始阶段发展条件的支持，各领域创业公共服务又都可以随创业活动的发展而不断提高服务水平。

其二，指标选取必须以创业公共服务供给主体职能互动和能力预估为依据。一方面城乡创业公共服务均等化是建立在各创业公共服务供给主体的合作分工和职能互动基础上，采取多元化服务供给模式以实现创业公共服务供给的有效性，只有从创业公共服务供给主体之间的职能分工和互动出发，才能得到科学、客观的评价数据；另一方面，评价指标体系设计的重要目的之一是考察创业公共服务供给主体的供给能力、供给效率和绩效评价，换句话说，就是对创业公共服务供给主体供给能力大小和供给职能有效性的评价，因此，指标选取必须以创业公共服务供给主体职能互动和能力预估为依据。

其三，指标选取必须以创业者和创业企业为主的创业公共服务客体的需求和回应为依据。满足以创业者和创业企业为主的创业公共服务客体的需求并对其需求的及时有效的回应是创业公共服务均等化的主要目的，所有指标都是围绕这个目的展开评价的；同时满足以创业者和创业企业为主的创业公共服务客体的需求也是该评价的重要标准，只有需求的满足和及时回应新需求才能显示创业公共服务供给主体服务的有效性。这就要求对促进重庆市城乡创业公共服务均等化评价指标体系不能仅仅停留在评价环节，还要为不断改善供给机制和完善供给制度作出及时的引导。

三　各领域各环节指标内容

促进重庆市城乡创业公共服务均等化评价指标体系的所有指标内容都是根据上述指标选取原则和选取依据，经过深入总结理论研究成果，全面分析创业过程、主体供给职能和人民群众创业公共服务需求，经有关专家讨论修改，在结合国内创业公共服务实践的基础上最终决定的，力求符合科学、客观、全面、合理评价促进重庆市城乡创业公共服务均等化的要求，以期为随后的调查研究奠定坚实基础。

其一，创业公共文化服务领域。在投入环节，设定创业公共文化服务的财力资源投入和创业公共文化服务的人力资源投入两项，前者包括财政支出占比、人均财政支出、财力投入结构（用各投入主体支出比例表示），后者包括每千人配备创业公共文化服务工作者数量和文化工作者素质（用各学历人员比例表示）等指标；在产出环节，设定各类创业精神的提炼、宣传、传播手段的覆盖率、创业服务站所覆盖率两个指标；在效果环节，设定创业服务站所服务群众数量、潜在创业意愿人员比例、明确创业意愿人员比例、鼓励家人创业比例等指标。

其二，创业教育培训服务领域。在投入环节，设定人均创业教育培训经费支出、人均专任教师数量、专任教师学历水平、人均专家数量等指标；在产出环节，设定创业教育培训普及率（可用年教育培训数量及人数表示）、人均创业教育培训服务补贴数量、人均创业教育培训机构数量、平均创业教育培训课时数、人均专家服务时数（可用享受专家服务人数与总人数之比表示）、大学生创业见习岗位覆盖率、"九类人员"获得创业教育培训服务的比例等指标；在效果环节，设定具有一般创业能力素质人员比例（由创业教育培训机构认定）、具有专业创业技能人员比例（由创业教育培训机构认定）、服务满意度等指标。

其三，创业公共孵化服务领域。在投入环节，设定创业孵化园建设经费支出、创业孵化园服务人员数量等指标；在产出环节，设定省级及以上创业孵化园数量、人均创业孵化园数量及面积、创业企业入园比例、创业孵化园孵化能力（可用年平均在孵企业数量表示）、创业孵化园平均服务项目数量、专业创业孵化园数量等指标；在效果环节，设定创业企业入园期望值、创业孵化园年均孵化成活企业数量、入园企业满意度（可用孵化满意企业数与入园企业数之比表示）等指标。

其四，创业公共基础设施服务领域。在投入环节，设定年均创业公共基础设施建设经费支出、人均创业公共基础设施建设费用等指标；在产出环节，设定有形的创业公共基础设施服务覆盖率、无形的创业公共基础设施服务覆盖率等指标；在效果环节，设定实际可获得该服务人数占比、服务满意度等指标。

其五，创业公共信息服务领域。在投入环节，设定年均创业公共信息服务经费投入、人均创业公共信息服务费用、创业公共信息服务专职人员数量、人均专家数量等指标；在产出环节，设定一般性创业公共信息服务平台覆盖率、专业性创业公共信息服务平台覆盖率、人均专家服务时数（可用享受专家服务人数与总人数之比表示）等指标；在效果环节，设定"九类人员"获得创业公共信息服务的比例、实际可获得该服务人数占比、个人服务满意度、创业企业获得服务满意度等指标。

其六，创业公共融资服务领域。在投入环节，设定可提供创业公共融资服务机构数量、平均创业金融产品数量、财政担保资金投入总额、政策性金融机构贷款总额、信用贷款免息总额、创业基金总额、民间借贷和非正式投资总额等指标；在产出环节，设定人均财政担保资金投入额、人均政策性金融机构贷款额、人均信用贷款免息额、人均创业风险投资额、人均创业基金额、民间借贷和非正式投资额比例（可用企业融资结构表示）等指标；在效果环节，设定人均实际可获得资金额、实际可获得资金企业数量占比、平均可获得资金总额占比（与实际融资总额之比）、服务满意度等指标。

其七，创业公共科技服务领域。在投入环节，设定年均创业公共科技服务投入经费、平均创业公共科技服务产出机构经费投入、科技型创新创业企业平均投资、用于支持科技型创业企业和创业科研机构、人员的贷款、担保及知识产权保护等费用总额、科技人才发展资金总额等指标；在产出环节，设定人均创业公共科技服务费用、人均研发机构、实验中心数量、人均拥有科研项目数量、创业公共科技服务平台覆盖率、创业企业平均专利数量等指标；在效果环节，设定创业公共科技服务平台使用率、科研项目市场转化率、年均创业公共科技服务经济效益、服务满意度等指标。

其八，创业财税服务领域。在投入环节，设定年均鼓励和支持创业活动的财政奖励和补贴、转移支付总额、年均减免创业企业行政事业性收费总额、年均支持创业的各类税种税收优惠总额、年均创业企业带动就业的税收优惠和补贴总额、年均支持创业企业政府项目和政府采购总额等指标；在产出环节，设定人均财政奖励、补贴、转移支付费用、减免创业企业行政事业性收费额占比、创业企业各类税种税收优惠占应缴税费比例、创业企业吸收就业平均人数、创业企业获得政府项目和政府采购平均额等指标；在效果环节，设定创业成本降低比例、服务满意度等指标。

综上所述，促进重庆市城乡创业公共服务均等化评价指标体系如表5-2所示：

表5-2　　　　促进重庆市城乡创业公共服务均等化评价指标体系

目标层	领域层	项目层	指标层
促进重庆市城乡创业公共服务均等化	创业公共文化服务	投入	创业公共文化服务的财力资源投入：财政支出占比，人均财政支出，财力投入结构（各投入主体支出比例）；创业公共文化服务的人力资源投入：每千人配备文化工作者数量，文化工作者素质（各学历人员比例）
		产出	各类创业精神的提炼、宣传、传播手段的覆盖率；创业服务站所覆盖率
		效果	创业服务站所年服务群众数量；潜在创业意愿人员比例；明确创业意愿人员比例；鼓励家人创业比例
	创业教育培训服务	投入	人均创业教育培训经费支出；人均专任教师数量；专任教师学历水平；人均专家数量
		产出	创业教育培训普及率（可用年教育培训数量及人数表示）；人均创业教育培训服务补贴数量；人均创业教育培训机构数量；平均创业教育培训课时数；人均专家服务时数（可用享受专家服务人数与总人数之比表示）；大学生创业见习岗位覆盖率；"九类人员"获得创业教育培训服务的比例
		效果	具有一般创业能力素质人员比例（由创业教育培训机构认定）；具有专业创业技能人员比例（由创业教育培训机构认定）；服务满意度

续表

目标层	领域层	项目层	指标层
促进重庆市城乡创业公共服务均等化	创业公共孵化服务	投入	创业孵化园建设经费支出；创业孵化园服务人员数量
		产出	省级及以上创业孵化园数量；人均创业孵化园数量及面积；创业企业入园比例；创业孵化园孵化能力（可用年平均在孵企业数量表示）；创业孵化园平均服务项目数量；专业创业孵化园数量
		效果	创业企业入园期望值；创业孵化园年均孵化成活企业数量；入园企业满意度（可用孵化满意企业数与入园企业数之比表示）
	创业公共基础设施服务	投入	年均创业公共基础设施建设经费支出；人均创业公共基础设施建设费用
		产出	有形的创业公共基础设施服务覆盖率；无形的创业公共基础设施服务覆盖率
		效果	实际可获得该服务人数占比；服务满意度
	创业公共信息服务	投入	年均创业公共信息服务经费投入；人均创业公共信息服务费用；创业公共信息服务专职人员数量；人均专家数量
		产出	一般性创业公共信息服务平台覆盖率；专业性创业公共信息服务平台覆盖率；人均专家服务时数（可用享受专家服务人数与总人数之比表示）；"九类人员"获得创业公共信息服务的比例
		效果	实际可获得该服务人数占比；个人服务满意度；创业企业服务满意度
	创业公共融资服务	投入	可提供创业公共融资服务机构数量；平均创业金融产品数量；财政担保资金投入总额；政策性金融机构贷款总额；信用贷款免息总额；创业基金总额；民间借贷和非正式投资总额
		产出	人均财政担保资金投入额；人均政策性金融机构贷款额；人均信用贷款免息额；人均创业风险投资额；人均创业基金额；民间借贷和非正式投资额比例（可用企业融资结构表示）
		效果	人均实际可获得资金额；实际可获得资金企业数量占比；平均可获得资金总额占比（与实际融资总额之比）；服务满意度

续表

目标层	领域层	项目层	指标层
促进重庆市城乡创业公共服务均等化	创业公共科技服务	投入	年均创业公共科技服务投入经费；平均创业公共科技服务产出机构经费投入；科技型创新创业企业平均投资；用于支持科技型创业企业和创业科研机构、人员的贷款、担保及知识产权保护等费用总额；科技人才发展资金总额
		产出	人均创业公共科技服务费用；人均研发机构、实验中心数量；人均拥有科研项目数量；创业公共科技服务平台覆盖率；创业企业平均专利数量
		效果	创业公共科技服务平台使用率；科研项目市场转化率；年均创业公共科技服务经济效益；服务满意度
	创业财税服务	投入	年均鼓励和支持创业活动的财政奖励和补贴、转移支付总额；年均减免创业企业行政事业性收费总额；年均支持创业的各类税种税收优惠总额；年均创业企业吸收就业的税收优惠和补贴总额；年均支持创业企业政府项目和政府采购总额
		产出	人均财政奖励、补贴、转移支付费用；减免创业企业行政事业性收费额占比；创业企业各类税种税收优惠占应缴税费比例；创业企业带动就业平均人数；创业企业获得政府项目和政府采购平均额
		效果	创业成本降低比例；服务满意度

第四节　创业公共服务项目的阶段性分层

创业公共服务的多个项目本就是层次不齐、并不能同步启动和同步推进的。在促进重庆市城乡创业公共服务均等化评价指标体系中的八个领域层指标项目是城乡创业公共服务均等化的主要分项内容，或者说是城乡创业公共服务均等化的八个主要方面内容。在促进城乡创业公共服务均等化的实际操作过程中，八个指标项不可能也不能同步启动和同步推进。

一般来说，可以按照创业活动酝酿、发生、发展、壮大几个阶段，或者按照创业者启动创业活动、创办创业企业的过程对创业公共服务的需求层次，尤其是在财政规模有限、投入受限的地区，可以根据自身实际和创业活动情况，来细致规划创业公共服务的各个项目的具体实施阶段，以期达到"好钢用在刀刃上""四两拨千斤"的效果。因此，将创业公共服务的多个项目分为不同的层次，形成不同层次、不同项目的创业公共服务内容层层递进、环环相扣的格局，就成为促进和切实推进城乡创业公共服务均等化的关键环节。如表 5-3 所示：

表 5-3　　　　　　　　　创业公共服务项目阶段性分层

创业阶段	层次	步骤排序	服务项目	备注
酝酿	基础层	1	创业基础设施服务	可根据实际情况重新排序
		2	创业公共信息服务	
		3	创业教育培训服务	
发生	衔接层	1	创业公共文化服务	可根据实际情况重新排序
		2	创业公共孵化服务	
		3	创业财税服务	
发展	提升层	1	创业公共融资服务	可根据实际情况重新排序
		2	创业公共科技服务	

在基础层次上，应以创业活动酝酿阶段为服务核心定位。这一层次的创业公共服务应当重点服务于创业者创业意向的激发、创业潜能的挖掘、创业计划的制定等几个方面。因此，这一层次的创业公共服务项目应以创业教育培训服务、创业公共基础设施服务、创业公共信息服务三大服务为主。该层次的创业公共服务的突出特点是公共性、普遍性、基础性。首先考虑无需对象选择的普遍性服务项目，采取普惠式的方式进行，如创业教育培训服务。可以从创业公共服务供给主体的意愿和偏向出发，选择向谁提供该项服务。例如重庆市就首先选择九类就业困难群体优先供给创业教育培训服务。如此主动的供给创业教育培训服务反而能够收到较大的社会效应，同时也避免了供给对象选择复杂、困难的难题。教育培训的内容也可以以创业基础知识（包括创业管理、创业观念激发、创业者素质、创业流程、创业计划等）、创业政策宣传、法律法规普及等普遍需要的内容为主。在此情况下，师资队伍建设相对也更容易，也利于拥有创业意愿、具有创业

潜能的创业者脱颖而出。而后，再有选择地推进更高层次的服务内容。但是应当加强配套资金的管理，需要注意投入资金的合理、合法、高效地使用。同样的，创业公共基础设施服务和创业公共信息服务也可以采用同样的方式逐步推进。

在衔接层上，应以创业活动发生阶段为服务核心定位。这一层次的创业公共服务应当重点服务于创业者创业意向向创业活动的转化、创业初始阶段瓶颈的破除、为创业者减轻创业负担和减少创业成本等几个方面。因此，这一层次的创业公共服务项目应以创业公共文化服务、创业公共孵化服务、创业财税服务三大服务为主。该层次的创业公共服务以启动创业计划、企业处于初创阶段为基本条件，进行规范性、制度性、持久性的服务供给。基础层创业公共服务项目的推进，能够获得一个衔接层服务项目（即创业公共文化服务、创业公共孵化服务、创业财税服务）启动的机遇。通过创业教育培训服务、创业公共基础设施服务、创业公共信息服务三项服务的推进，既能够在社会上形成政策支持和引导创业的良好氛围（尤其是在我国这样政策参与利好分配的国家，政策倾向的深入人心能够凝聚巨大的力量形成政策所引导的洪流），从而为创业公共服务其他项目的高起点推进提供基础环境又能够筛选出真正有意向、有能力的创业者进入创业公共孵化器。此时，正是衔接层创业公共服务项目启动的最佳时机。一方面，它可以为创业教育培训服务、创业公共基础设施服务、创业公共信息服务的强势推进营造更加良好的社会氛围和筛选出真正有意向、有能力的创业者，使之进入针对性强、专业性强的创业教育培训服务、创业公共基础设施服务、创业公共信息服务提供基础；另一方面，它可以利用第一层次三项服务推进所造成的影响而大造声势，还可以启动创业公共孵化服务为真正有意向、有能力的创业者提供创业孵化场所及相应的配套设施和政策，尤其是政策性、规范性、制度性的创业财税服务。这不仅有利于衔接层服务项目自身发展推进，而且能够在衔接过程中使创业者和创业企业进入提升服务层次。其中，创业财税服务尚属主动型创业公共服务，在进入创业发生阶段的创业者和创业企业，可以通过享受政府财政奖励和补贴、政府财政担保基金、转移支付总额、减免创业企业行政事业性收费、税收优惠、减免、先征后返和纳税补贴等途径，减轻创业负担和减少创业成本，使创业者和创业企业能够快速成长。

在提升服务层次上，应以创业活动的发展阶段为服务核心定位。这一层次的创业公共服务应当重点服务于优秀创业者和发展较好的创业企业获得更好的发展机会上。因此，这一层次的创业公共服务项目应以创业公共融资服务、创业公共科技服务为主。该层次的创业公共服务的突出特点是间接性、针对性、提升性、专业性。在此阶段启动提升层次服务项目，一方面是基于这两项服务的供给主体特征考虑，尤其是创业公共融资服务，即使是公共财政设置引导资金建立财政担保基金，也只是引导和鼓励金融机构向创业者和创业企业提供融资服务，其服务效果的决定性因素在于创业企业的发展状况；创业公共科技服务也必须以创业企业的技术发展能力和潜力为前提，服务效果同样取决于创业企业的发展情况。因此，提升层的服务项目具有间接性的特点，必须以创业企业的发展为前提。

需要指出的是，关于创业公共服务项目阶段性分层，是针对创业活动的一般情况而提出的，每一个层次所包含的服务项目的内容是对该阶段的核心服务而言的，其层内排序也是一般现象的总体概括。因此，创业公共服务项目阶段性分层中每一层次的项目内容和排序都不是绝对的。在具体实际操作过程中，可以根据当地实际情况，在不同层次内考虑到不同群体的需求差异，适时调整推进步骤，灵活务实地推进实施的具体过程，尤其是在财政规模有限、投入受限的地区，绝不能奢望一蹴而就、立竿见影的效果。

本章小结

本章是承上启下的一章。既是对促进重庆市城乡创业公共服务均等化理论基础和基础条件的探索、分析研究的阶段性成果，也是开展重庆市城乡创业公共服务均等化实证研究的基本工具。首先，对重庆市城乡创业公共服务均等化评价指标体系的层次划分进行研究，并将其划分为目标层、领域层、环节层和指标层四个层次，分别指向重庆市城乡创业公共服务均等化的总体目标、领域划分或项目领域、分项建设环节和具体参考指标。在构建过程中，对重庆市城乡创业公共服务均等化中的均等化标准内涵进行分析，总结出创业机会平等、创业权利和利益平等、创业规则的公平正义三个目标；在理论基础研究和条件研究的总结归纳基础之上，概括出重庆市城乡创业公共服务均等化的八个项目领域，同时也构成创业公共服务均等化的主要内容框架；分项建设环节层是衔接层，连接项目领域和具体指标，并依据投入、产出和效果三个环节对接不同指标在不同环节的具体表现，也为指标选取提供两层框架。其次是指标选取，列举出反映目标的客观全面性原则、反映经济的简单可得性原则、反映系统协调的科学性原则、反映动态的独立互补原则四项原则，并全面考虑创业活动发生发展过程、创业公共服务供给主体职能互动和能力预估、考虑服务对象需求及对其的回应为基本依据，提炼出各领域各环节指标的具体内容，从而建立促进重庆市城乡创业公共服务均等化的评价指标体系。最后，提出创业公共服务项目的阶段性分层理论，这是对该指标体系具体实施过程中，尤其是在应用该指标体系指导重庆市统筹城乡创业公共服务均等化进程中所需要强调的阶段性分层推进策略。这既是为下一章进行实证研究提供理论基础，也为之后研究促进重庆市城乡创业公共服务均等化的原则提供基本参照。

第六章　重庆市城乡创业公共服务均等化的实证研究

在第四章中，已经对重庆市城乡创业公共服务均等化整体的现实条件进行了理论上的剖析。为了更深层次地对重庆市城乡创业公共服务均等化程度进行测评，本章依据上一章构建的重庆市城乡创业公共服务均等化评价指标体系，选取重庆市较为落后的典型县展开城乡创业公共服务均等化现状的实证调查。在区县众多、地区和城乡差距较大的重庆市开展这样的实证研究，对充分估计重庆市城乡创业公共服务均等化所面临的问题和困境，具有重大意义。

第一节　重庆市城乡创业公共服务均等化实证调查

重庆市城乡创业公共服务均等化实证调查包括前期准备和调查实施两个过程。其中，前期准备涉及样本选择、调查方案制订两个环节。

一　调查目的、样本选择及调查方式

本次调查旨在更深层次地对重庆市城乡创业公共服务均等化程度进行测评，选取重庆市较为落后的县，从中下端入手，了解其城乡创业公共服务均等化水平，把握其在重庆市整体推进城乡创业公共服务均等化过程中的进程和实施程度，充分把握重庆市城乡创业公共服务均等化所面临的问题和困境，以便于对制约重庆城乡创业公共服务均等化发展的因素进行深层分析，为提出促进重庆市城乡创业公共服务均等化的具体策略奠定坚实基础。

根据本次调查的目的，本章选取重庆市经济社会发展较为落后的 A 县为本次调查的样本，符合本次调查希望从中下端入手的研究思路。A 县是国家级贫困县，重庆市产业扶贫重点县，地处三峡库区腹地和重庆市版图的中心，属于重庆市"五大功能区"规划的"渝东北生态涵养发展区"，靠近"城市发展新区"，连接"渝东南生态保护发展区"。同时，A 县还是重庆市典型的移民大县，县城是全市唯一跨江全淹全迁的县城，是重庆市经济发展"调结构、稳增长"的重要前沿，也是特色产业发展重点区域。同时，A 县具备重庆市"大山区、大库区、大农村"典型特征。在具体调查过程中，还选取 A 县的县城所在地 X 街道和特色产业发展镇 Y 镇，进行重点走访调查和实地考察。这样不仅能够达到预期调查目的，更能够从 A 县的 X 街道和 Y 镇的调查中，了解A 县创业公共服务均等化的城乡差距，以便更深刻地把握其发展现状。因此，本书选取的样本不仅能够说明重庆市城乡创业公共服务均等化的实施程度、发展水平，而且能够在实地考察的过程中了解到基层对创业公共服务的需求程度和实施困境，更能够深层次地把握重庆市城乡创业公共服务均等化所面临的问题。

本次调查经历两个阶段：一是初步了解阶段，通过与 A 县政府联系初步了解了其创业公共服务的实施情况，A 县创业公共服务发展还处于初级阶段，实施还不具有广泛性。根据这一情况，实施问卷式调查不具备可行条件。因此，本次调查主要采取实地考察的方式进行。二是调查实施阶段，于 2014 年 12 月中旬和 2015 年 6 月下旬分两次展开。在具体的考察过程中，从 A 县政府及其职能部门收集政策、财政、服务项目等资料和数据。通过 A 县政府介绍到 X 街道和 Y 镇进行实地考察，进行乡镇资料和数据的采集。在确定调查样本后，始终保持与样本的实时联系，以便对资料和数据进行及时更新。

二　样本概况

（一）A 县概况

A 县地处四川盆地东部边缘、三峡库区腹地和重庆市版图中心。全县土地面积 2900.86 平方公里，其中耕地面积 81389 公顷。县城濒临长江，是三峡库区建设整体搬迁新建的一座县城，建成区面积 15 平方公里，建成区绿化覆盖率 39.8%，森林覆盖率 43.9%。县城距重庆市区水上 173 公里、陆上 150 公里。A 县是典型的山区县，境内山峦绵亘、溪河纵横、丘谷交错，山区约占全县面积的五分之三，丘陵次之，仅在河谷、山间有狭小的平坝，海拔最高 2000 米、最低 175 米，多在 200—800 米之间。[①] 全县辖 23 个镇 5 个乡两个街道，全县镇乡街下设 53 个居民委员会、277 个村民委员会。2013 年末全县户籍人口总户数 27.8 万户，总人口 83.5 万人。其中，非农业人口 23.9 万人，农业人口 59.6 万人。[②]

（二）X 街道概况

X 街道是 A 县的政治、经济和文化中心，土地面积 78.1 平方公里，耕地面积 2630 公顷，森林面积 1631 公顷，森林覆盖率 38%。街道辖 14 个社区、9 个行政村，户籍人口 13.1 万人，其中，农业人口 1.8 万人，流动人口两万余人，城镇化率 86.4%。[③]

（三）Y 镇概况

Y 镇位于 A 县县城东南部，距县城 21 公里。全镇土地面积 184.3 平方公里，耕地面积 2815 公顷，森林面积 11026.7 公顷，森林覆盖率 60.04%。下辖 1 个社区、12 个行政村，102 个村（居）民小组，总户数 9256 户，总人口 29885 人。Y 镇有"农业综合示范园区""乡村旅游示范区""万亩油菜乡村旅游示范区"，是 A 县的"农业科技大观园、城市休闲后花园"。[④]

第二节　A 县 X 街道和 Y 镇城乡创业公共服务均等化实证调查

本节将调查所收集到的材料和数据分为两个部分：一是反映 A

---

① 《A 县年鉴》编辑部：《A 县年鉴 2014（总第 11 卷）》，2014 年版，第 16 页。

② 同上书，第 18 页。

③ 同上书，第 144 页。

④ 同上书，第 156 页。

县、X 街道和 Y 镇城乡创业公共服务均等化实施的整体环境，即其现实条件。这部分材料和数据可以直接体现出 A 县、X 街道和 Y 镇实施城乡创业公共服务均等化的可能性。通过该研究可以对 A 县城乡创业公共服务均等化进程作出初步判断。二是根据本书所构建的重庆市城乡创业公共服务均等化评价指标体系展开对 X 街道和 Y 镇的实证调查，反映其城乡创业公共服务均等化的具体情况，即其现状调查材料和数据。通过这两个部分材料和数据的梳理和比较，不仅可以验证本书所构建的重庆市城乡创业公共服务均等化评价指标体系的科学性，而且还可以分析出 A 县在推进城乡创业公共服务均等化过程中存在的主要问题，并对该推进过程的困境作进一步分析，进而提取出制约重庆市城乡创业公共服务均等化的因素，最终为提出促进重庆市城乡创业公共服务均等化的对策提供实证材料。

一　A 县实施城乡创业公共服务均等化的现实条件

（一）经济基础

A 县围绕"生态涵养、绿色崛起"的总任务，全力以赴稳增长、调结构，经济发展状态良好。从整体情况来看，2009—2014 年，A 县地区生产总值（当年价格）以年均 15.4% 的速度稳步增长，如图 6-1 所示：[1]

非公有制经济生产总值、第三产业生产总值和人均生产总值的年均增长速度也分别达到 17.2%、9.98%、15.5%，地区生产总值 6 年增长两倍多，非公有制经济和第三产业也分别增长了 2.16 倍、1.74 倍。[2] 非公有制经济和第三产业增长迅速，这表明 A 县创业活力逐步增强的同时，也为创业公共服务快速发展提供了良好的经济发展环境。三次产业结构调整效果明显，如图 6-2 所示：[3]

三次产业结构从 2009 年的 22∶38.1∶39.9 调整为 2014 年的

---

[1]　《A 县统计年鉴（2015）》，第 54 页。

[2]　注：非公有制经济和第三产业是创业活动的主要领域，这两项指标数据可以间接反映创业的活跃程度。

[3]　《A 县统计年鉴（2015）》，第 64 页。

单位：万元

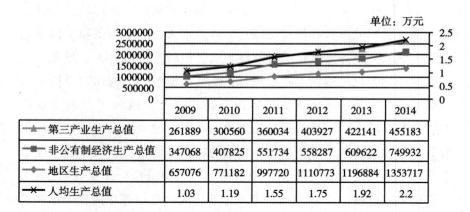

	2009	2010	2011	2012	2013	2014
▲ 第三产业生产总值	261889	300560	360034	403927	422141	455183
■ 非公有制经济生产总值	347068	407825	551734	558287	609622	749932
◆ 地区生产总值	657076	771182	997720	1110773	1196884	1353717
✕ 人均生产总值	1.03	1.19	1.55	1.75	1.92	2.2

图 6-1　A 县经济发展数据（2009—2014）

单位：%

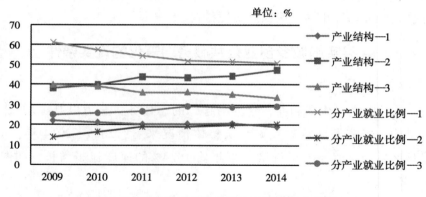

图 6-2　A 县三次产业结构和分产业就业比例

19.1：47.2：33.7，第二产业发展成绩突出，其中，工业生产总值六年增长 2.26 倍，建筑业生产总值六年增长 2.97 倍，工业化进程正处于加速期，这更加说明了 A 县的发展潜力；第三产业比重下降的同时，就业比例增加，表明 A 县第三产业发展更加注重带动就业能力的增长。在 A 县快速的经济发展态势下，财政收支稳定增长。如图 6-3 所示：[①] A 县地方财政收入以年均 34.9% 的速度增长，地方财政支出也以年均 25.8% 的速度增长，占当年 GDP 总值的比重平均分别达到 13.7% 和 36.6%。2014 年，A 县完成地方财政收入 247925 万元，比

---

① 《A 县统计年鉴（2015）》，第 59 页。

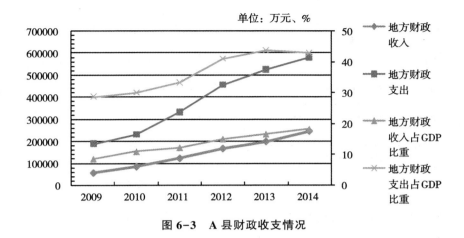

图 6-3　A 县财政收支情况

上年增长 23.7%，完成地方财政支出 581381 万元，比上年增长 10.8%。[1] 这表明在 A 县地方财政支付能力逐步增强的同时，体现出 A 县经济发展对财政的依赖程度非常高，地方财政也以少收多支的方式推动地方经济发展，当然这也给 A 县财政造成很大压力，需要更多政府债务和市级及以上财政的帮扶弥补缺口。在财政支持创业公共服务方面，[2] 可以参考相关统计指标，对其进行整体判断，如图 6-4 所示：[3] A 县一般公共服务支出以年平均 25% 的速度增加，六年增长 2.95 倍；对社会保障和就业支出也以 11% 的速度增加，六年增长 1.67 倍，创业就业的财政保障能力正在逐步提升。从金融机构存贷款余额情况来看，如表 6-1 所示：[4] 人民币存款和贷款余额较上年末都增长了 12.2%，其中，个人消费贷款、经营贷款和短期贷款分别是所列指标增加值的前三甲，表明 A 县居民消费观念转变迅速，市场活力进一步增强。但是，值得注意的是，个人存款余额增长较快，存款

①　A 县 2014 年国民经济和社会发展统计公报，2015 年 3 月 3 日。

②　注：据考察结果，A 县当前统计口径中，没有此项分类，对创业公共服务的支出分散在一般公共服务支出、教育支出、科学技术支出、社会保障和就业支出、商业服务业等事务支出和其他支出几项当中。其中，尤以社会保障和就业支出为甚，可以进一步参考该项支出来预判创业公共服务的财政支付整体情况。

③　《A 县统计年鉴（2015）》，第 215 页。

④　2014 年重庆市 A 县国民经济和社会发展统计公报。

单位：万元、%

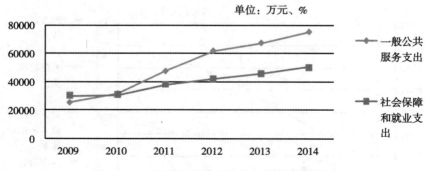

图 6-4　A 县财政支持创业公共服务发展情况

余额仍大于贷款余额两倍多，居民在储蓄、投资、消费的选择中，储蓄仍然是其最佳选择，这表明在 A 县居民收入提升的同时，公共服务的保障能力还有待加强，这也正是 A 县在推进城乡创业公共服务均等化过程中的一个重要任务。

表 6-1　　　　　　　　A 县 2014 年末金融机构存贷款余额

指标	年末数（万元）	比上年末±%
人民币存款余额	2250750	12.2
#单位存款	451136	-1.9
个人存款	1738038	14.1
人民币贷款余额	1041094	12.2
#短期贷款	356916	14.6
中长期贷款	683768	11.0
#经营贷款	166437	22.0
个人消费贷款	260954	32.1

另外，A 县以打造"中国肉牛之都"为切入口，提速打造肉牛"总部经济"，还成功注册马德里国际商标，不仅有力推动了 A 县农业现代化、产业化、科学化发展，而且带动农民脱贫致富、农村改貌换颜，更将市场开放、经济发展、生态旅游、新型城镇化和扶贫有机结合起来，有力提升了 A 县的发展潜力。

（二）政治保证

从上面的论述中可以初步看出，A 县政府在推进城乡创业公共服务均等化过程中所承担的角色是其他性质主体无法替代的，甚至是当前阶段的唯一主体。因此，为城乡创业公共服务均等化提供了政治保证。尤其是在宏观经济下行压力巨大、全面深化改革的背景下，A 县围绕"生态涵养、绿色崛起"的总任务，深入推进重点领域改革。

其一，积极推进政府机构改革，推进政府职能转变。尤其是于 2014 年完成卫生局、计生委、城乡建委、市政园林局的改革重组，调整理顺城市建设、工业园区、旅游管理和食品药品安全监管体制，在很大程度上为创业企业在卫生、城建等方面减少创业阻力、降低创业行政成本；同时，A 县承接市级机关下放的行政审批事项 108 项，取消和下放事项 27 项，建立项目立项、规划、建设环节并联审批制度，推进工商登记制度改革，完善创业企业扶持机制，[①] 行政审批效率、对创业创新的拉动能力、服务能力提升明显。同时，A 县集中开展工程领域、人事编制、公共资金管理、公车公房使用、行政效能、违规经商办企业等六大突出问题专项治理，共审计核减工程投资 1.5 亿元，停止或整改违规支付资金 4.1 亿元，清理整治党政干部企业兼职 205 人，清退"吃空饷" 195 人，辞退 60 人，清理超标超编公务用车 66 辆，腾退办公用房 5065 平方米，"三公"经费支出同比下降 40.52%，精简考核项目 380 项，开通阳光 114 政府热线和"曝光台"，曝光违纪典型案例 42 起，A 县基本形成"风清气正、风正劲足"的良好局面。

其二，稳定推进统筹城乡重点改革，尤其是全面开展农村集体经济组织清产核资和量化确权，规范流转土地 44.6 万亩，农民工户籍制度改革转户 5031 人，农村"三权"抵押贷款余额达 1.71 亿元，[②] 为农民进一步放开手脚走新型城镇化道路、走向城乡一体化打破制度藩篱，为农民以土地等资源参与全要素竞争、参与创业创新提供了制度保障。一方面紧抓重点片区，大力实施"精准扶贫"，仅 2014 年，就有 22 个整村扶贫推进村通过市级验收，减少贫困人口 1.8 万人，

---

① A 县 2015 年政府工作报告，2015 年 2 月 4 日。

② 同上。

新（改）农村公路 175 公里，解决 7600 人饮水安全问题，[①] 扶贫兜底，着力缩小城乡差距。另一方面加大农村公共服务体系建设，重点完善农业科技服务体系，积极培育农业龙头企业、农民专业合作社和农业科技示范户，不断加大农机推广力度、提高农业综合利用水平，仅 2014 年，A 县新培育重庆市级农业龙头企业 7 家、农民专业合作社 104 个、农业科技示范户 1880 户，并且启动了国家农业科技园区建设，农业增加值超过 25.9 亿元；[②] 健全完善一般乡镇"10 个有"基础设施建设，启动市级美丽乡村建设，持续改善农村居民服务水平和居住条件。

其三，深化投融资改革，破解资金瓶颈。在融资方面，整合金融资源，实行以融促建、融建分离，全力打造金融融资平台，2014 年成立一个融资平台、五个建设公司，全年融资规模达到 27.6 亿元，不仅大幅增强 A 县融资能力、融通效率和融资规模，而且能够使 A 县在使用资金过程中有更高的效率、获得更好更大的效果。在投资方面，A 县积极创新投资方式，更加注重投资服务民生。2014 年，A 县通过试行 PPP 投融资合作建设模式，引进渝富集团，承债式收购存量土地和债务，加快了农村土地流转速率，激发了农民投资参与热情，引进清合集团，采用"民办公助"的方式投资建设学校，取得了良好的效果和示范效应，为投资方式创新打开了新局面。

其四，实施预算管理改革和县乡财政体制改革，健全财税工作机制。A 县以深入学习和贯彻新《预算法》为契机，落实各项预算管理改革，积极构建全口径预算体系，进一步严格预算执行，硬化预算约束，做到"以事定资、以钱管事"，实现事权和财权相匹配。在健全财税工作机制方面，A 县在不断加强财税支持力度的同时，进一步清理规范财税扶持优惠政策，严格落实财税征收主体责任，进一步完善财政投资评审制度，强化财政投资评审和预算绩效评价，提高政府财税管理能力和政府性投资效益。对于支出远大于收入的 A 县财政来

---

① A 县 2015 年政府工作报告，2015 年 2 月 4 日。

② 同上。

说，加强政府性债务的管控、逐步消减债务存量、防范和化解政府债务风险，一直是 A 县政府的重点工作，为此，A 县着力各类资金的统筹调度，重点深化国库集中支付管理改革，实施国库集中支付电子化管理，提高政府性资金管理水平。另外，A 县还实施了县乡财政体制改革，规范乡镇财政收支运行，缓解基层财政收支压力，保障基层各项事业的正常运转，逐步激发基层经济社会发展活力。

（三）社会条件

A 县在落实十八大、十八届三中全会精神要求中，始终把保障和改善民生作为"第一目标"，量力而行且尽力而为地解决群众最关心、最迫切的民生问题。在办理市上交办的 15 件民生实事、实施"五大民生督办工程"的同时，扎实办理一批重点民生实事：不断深化教育领域综合改革以促进教育公平、不断健全促进就业创业体制机制以实施更积极的就业政策、不断调整收入分配格局以规范收入分配秩序、不断加强公平可持续的社会保障制度以实现城乡统筹整合、不断创新社会治理体制以维护最广大人民的根本利益，从基本公共服务供给、公共资源配给、政策制度体系完善等方面为城乡创业公共服务均等化创造了良好社会基础。

其一，改善条件，促进社会公平。A 县 2014 年年末各类学校达到 250 所，其中，新建（改扩建）校舍 3.2 万平方米，4 所学校建设全面启动，小学适龄儿童人数 6.02 万人，净入学率 100%，初中毛入学率和高中毛入学率分别达到 100% 和 91.8%，平均教育年限 11.5 年，在全县范围内全面实施农村义务教育阶段学生营养改善计划，惠及学生 7 万余人;[1] 2013 年，A 县高考重点本科上线 556 人，同比增长 14.2%。[2] 同时，职业学校仅有 1 所，特殊学校也仅有 1 所，建成一所具有中级职业教育资质的创业就业专门培训机构，能够保障创业教育培训服务的顺利开展。但是，现存创业就业培训学校当中，仍然以就业培训为主，真正实施创业教育培训课程的非常有限。此外，A

[1]　2014 年重庆市 A 县国民经济和社会发展统计公报。

[2]　A 县年鉴编辑部：《A 县年鉴 2014（总第 11 卷）》，2014 年版，第 19 页。

县还通过竞争性谈判的方式选择更加优质的培训机构开展创业就业培训。

其二,加强服务,健全就业创业机制。A 县持续推进"创业 A 县"建设,继续做大"微企孵化园"和"创业一条街"规模,大力促进创业就业。以加强园区服务为基础,加速配套教育、文化、体育、商贸、金融等要素,加大企业协调服务力度、健全完善社会事业和商业设施,支持和引导园区企业与大专院校、科研单位合作,打造宜居宜业的园区环境,促进产城融合。以微型企业孵化平台建设为抓手,推进大众创新创业,通过加强行业引导、优化审批程序、坚持分类补助、整合扶持政策、严格项目管理五项重点任务和组织领导、示范引导、协作服务三项基本保障措施,建立县、乡镇(园区)、社区(村)三级微型企业创业公共服务体系,构建以创新带动创业、以创业促进就业的良好格局。以解决创业资金瓶颈为要诀,成立以分管副县长为组长的 A 县微型企业创业补助资金评审指导组,专门负责创业企业补助资金工作;发放"助保贷"和小额担保贷款支持创业企业发展,仅 2014 年就发放"助保贷"5000 万元、小额担保贷款 2.17亿元,[1] 到 2014 年年末,A 县各类市场主体存量已经达到 38704 户,仅 2013、2014 两年,新发展市场主体数就达到 10590 户,[2] 新增规模以上企业 10 家,完成申报市级高新技术企业 1 个,新增市级高新技术产品两个,转化市级科研成果 10 项。[3] 以解决重点人群就业问题为重点,A 县通过回引农民工返乡就业创业[4]、促进普通高等学校贫困毕业生就业创业、[5] "军魂永驻·创业圆梦"优秀退伍军人创业评选表彰、[6] 巾帼创业先锋先进事迹报告会、[7] 青年创业沙龙[8]及三峡后续

---

① A 县 2015 年政府工作报告,2015 年 2 月 4 日。

② 2013、2014 年重庆市 A 县国民经济和社会发展统计公报。

③ A 县 2015 年政府工作报告,2015 年 2 月 4 日。

④ 参见:A 县县委 [2013] 第 87 号文件。

⑤ 参见:A 县政府办公室 [2014] 第 61 号文件。

⑥ 参见:A 县双拥办发 [2015] 第 1 号文件。

⑦ 参见:A 县妇联 [2014] 第 15 号文件。

⑧ 参见:A 县团县委发 [2015] 第 31 号文件。

工作等活动解决农民工、高校毕业生、退伍军人、妇女、青年和三峡移民等重点群体就业创业。其中，对高校毕业生的扶持力度最大，尤其是高校贫困毕业生。通过提供实习机会、安排就业见习、实施定向培养等方式提升高校贫困毕业生就业能力，通过基层事业单位、企业提供岗位和政府购买公益性岗位等方式开发就业岗位，拓宽高校贫困毕业生就业渠道，通过实施财税扶持和场租水电费补贴、财政贷款奖励和担保费补贴、优先实施产业引导、优先政府采购等方式鼓励高校贫困毕业生自主创业，通过优化公共就业创业服务平台、发放求职补贴、提供免费求职登记和档案托管、代偿学费、有限组织培训等公共就业创业服务，全程帮扶高校贫困毕业生就业创业。对三峡移民的就业扶持力度也非常大，A 县 2014 年度申报三峡后续项目 61 个、补助资金 8.23 亿元，申报预备费项目补助资金 4.3 亿元；编制三峡后续规划二期项目库，入库项目 132 个、补助资金 31.88 亿元；发放扶助资金 3266 万元，完成移民就业培训 9240 人，新增移民就业劳动力转移 2060 人，完成移民划地资金房产权证办理 3610 件；制定对口支援产业合作规划，建立产业发展合作基金，全年到位无偿援助资金 4987 万元。[1] 通过这些措施，A 县 2014 年就成功回引农民工返乡就业创业 1.02 万人，城镇新增就业 1 万人，年末城镇登记失业率为 3.46%，同比下降 0.05 个百分点，[2] 2013、2014 两年城镇登记失业率下降 0.19 个百分点。按照 2015 年工作报告的目标设定，A 县计划在 2015 年发放小额担保贷款规模要比上年提高 15 个百分点，达到 2.5 亿元以上，职业技能培训 8000 人，全年新增就业人数达到 1.1 万人以上，回引劳务人员 7500 人。[3]

其三，调整分配结构，优化收入分配格局。A 县通过拓展居民财产性收入渠道，完善收入分配和再分配调节体制机制和政策体系，规范收入分配秩序，提高劳动报酬在初次分配中的比重，着重保护劳动

---

[1] 2014 年重庆市 A 县国民经济和社会发展统计公报。

[2] 同上。

[3] A 县 2015 年政府工作报告，2015 年 2 月 4 日。

所得。居民收入持续提高，生活水平逐步提升，居民投资潜力增强，如表 6-2 所示：① 城镇居民人均可支配收入和农村居民人均纯收入六年分别增长 9676 元和 4687 元，分别增长 1.8 倍和 2.2 倍；城镇和农村居民食品支出增长明显，占消费支出的比重在 2014 年均下降至 40% 以下；年末城乡居民储蓄余额以年均 20.9% 的比率稳步增加，这表明 A 县城乡居民有更多的资金可以进行投资创业活动。A 县还通过强势的扶贫工作，改善低收入人群收入水平，减小贫困人口规模，居民最低生活保障人数从 2009 年的 76354 人减少到 2014 年的 14953 人，减少五分之四，六年累计脱贫人口 107238 人，其中 2013—2014 年共脱贫 45246 人，占到 42.2%，② 足以窥见 A 县在增加农民居民收入方面取得的可喜成就。

表 6-2　　　　　　　A 县 2009—2014 年城乡居民收支情况　　　　　单位：元

指标	2014	2013	2012	2011	2010	2009
城镇居民人均可支配收入	21749	19981	18132	15765	13558	12073
城镇居民人均消费支出	12702	15637	13130	12504	11118	8626
其中：食品支出	4751	7559	6702	6649	4594	3628
农村居民人均纯收入	8679	7861	6932	5991	4766	3992
农村居民人均生活消费支出	6821	4039	3804	3613	2575	2212
其中：食品支出	2705	2045	1754	1737	1286	1140
年末城乡居民储蓄余额	20665	18219	15684	12526	9712	—

其四，建立更加公平可持续的社会保障制度，重点突破基本养老保险制度改革和基本医疗保险制度改革。A 县城乡居民养老保险、居民医疗保险参保率在 2013 年就已经分别达到 94%、96%；③ 2014 年城乡居民医疗保险基本实现应保尽保，城乡居民养老保险参保率达到 95%。④ 其中，2014 年年末参加城镇企业职工基本养老保险人数达到

① 《A 县统计年鉴 2015》，第 62、65 页。
② 《A 县统计年鉴 2014》，第 62、65 页；《A 县统计年鉴 2015》，第 62、65 页。
③ 2013 年重庆市 A 县国民经济和社会发展统计公报。
④ A 县 2015 年政府工作报告，2015 年 2 月 4 日。

54948 人，比上年增长 10.9%；城镇职工参加基本医疗保险人数
817501 人，比上年增长 6.2%。[①] 2014 年，A 县民政事业支出 2.1 亿
元，救助困难群众 11 万人次，完成 4 所福利院扩建工程，建成城乡
社区养老服务站 115 个，获评"全国五保工作先进集体""全国文明
优抚单位""全国敬老文明号"等荣誉称号。另外，A 县还不断健全
符合国情的住房保障和供应体系，建成公租房 1 万平方米、安置房
11.5 万平方米，社会保障的财政投入制度、管理体系和基本服务体
系基本形成。

其五，创新社会治理体制，着力解决民生突出问题。A 县积极探
索社会网络化管理，深入开展全国社区治理和服务创新试验区、全国
社会组织建设创新示范区创建工作，激发社会组织活力，促进社会
"自治、法治、共治"；积极创新有效预防和化解社会矛盾体制，逐
步将信访纳入法制轨道，2014 年市上挂牌的 10 件信访积案全部化
解，全县信访总量同比下降 47.1%；加强社会治安综合治理，健全公
共安全体系，命案侦破率连续 8 年保持 100%，治安警情同比降幅全
市第一，群众安全感指数达 94.9%；努力实现乡镇（街道）、村（社
区）法律顾问全覆盖，推进"全民普法宣传"新常态的形成。[②] 另
外，A 县不断加强社会治安综合治理，扎实推进安全生产大宣教、大
排查、大整治、大执法、大督查专项行动，保持社会总体稳定。

（四）文化促进

A 县积极响应党中央和国务院"创业带动就业"、打造"大众创
业万众创新"新引擎的号召，主动采取措施围绕"大众创业万众创
新"主题，举办"创业论坛有奖征文大赛"，[③] 持续推进"创业 A
县"建设。结合 A 县"国家级贫困县"的县情和脱贫奔小康的重要
任务，除进行之前提到的回引农民工返乡就业创业、促进普通高等学
校贫困毕业生就业创业、"军魂永驻·创业圆梦"优秀退伍军人创业

---

① 2014 年重庆市 A 县国民经济和社会发展统计公报。
② 《A 县年鉴》编辑部：《A 年鉴 2014》（总第 11 卷），2014 年版，第 19 页。
③ 参见 A 县政府办 ［2015］ 第 67 号文件。

评选表彰、巾帼创业先锋先进事迹报告会、青年创业沙龙及三峡后续工作等活动外，A 县借"精准扶贫"之力，打"产业扶贫"之牌，借"扶贫支农"平台，唱响"创业创新"主旋律，打造"大众创业万众创新"文化环境，带动"创业 A 县"建设。这是 A 县在促进城乡创业公共服务均等化工作中的一大特色。尤其是在 2015 年 10 月开始实施 A 县阿里巴巴农村淘宝项目建设后，进一步优化了农村电子商务发展环境，加快 A 县电子商务网络向农村发展的步伐，有效搭建"工业品下乡、农产品进城"的双向流通网络，促进生产要素和产品在城乡之间有序流动，发挥电子商务的时空优势、速度优势、信息优势和便捷优势，转变群众营销理念，改变城乡商贸业态，解决农村产销信息不对称和农民难以享受现代化便捷服务的问题，提升 A 县农村流通现代化水平。根据该项目的阶段性目标，2015 年度，要建成县级服务中心 1 个、村级服务站 50 个，次年累计建成村级服务站 170 个，2017 年要实现全县村级服务站全覆盖。① 届时，A 县 340 个村级单位，若每个单位带动 5 个创业户，每户平均带动 6 人就业，就将创造 1 万个就业岗位；同时，由此拉动的基本公共服务和基础设施的均等化，尤其是创业公共服务的均等化进程的效能是不可估量的。另外，A 县特有的"上善"文化及其所呈现出"唯善呈和"的文化主题，其实质是"道德诚信、忠孝和谐"精神，是 A 县人民特有的文化基因，这也将成为 A 县人民群众诚信创业、勇于创新的文化积淀，促进 A 县"大众创业万众创新"环境形成的文化土壤。

（五）生态环境

按照重庆市"五大功能区"规划，A 县地处"渝东北生态涵养发展区"。A 县政府相应地制定了"生态涵养、绿色崛起"的发展总任务，高起点编制生态文明建设规划，科学划分镇域功能区域，实行分类指导、差异互补的生态保护政策，以发展特色产业、特色效益农业、生态旅游产业等生态产业为主要发展渠道，促进产业发展生态化、生态经济产业化。A 县打造镇江化工园等特色工业集群时，更加

---

① 参见：A 县县委办［2015］第 76 号文件。

严格执行环评审查，坚决防止和杜绝环境污染行为，稳妥慎重发展更环保、价值更高端的天然气精细化工产业集群；在推进新型城镇化过程中，建立环境卫生网络化管理机制，集中开展市民素质提升、市容环境整治、居民生活环境提升等专项活动，改善城区环境质量；按照"留得住青山绿水，记得住乡愁"的总体要求，优化完善乡镇和村庄规划，强化集镇市容环境整治，推进农村危旧房改造，建设"美丽乡镇"；实施"旅游靓牌"战略，以"天下名山""雪玉奇观"辐射生态乡村旅游，融合打造商旅经济；围绕"1+6+X"特色农业体系，推进农业结构调整和发展方式转变，推进肉牛"总部经济"建设和农业园区建设，壮大柑橘产业、烤烟产业、榨菜产业，加快农业土地所有权、承包权、经营权三权分置，提升农业组织化、标准化、规模化、市场化水平，促进一二三产业融合发展；启动新一轮退耕还林、天然林保护工程，积极试点河流流域生态文明建设、生态恢复工程和石漠化地区综合治理，构筑库区绿色屏障。可以预见，A 县"生态涵养、绿色崛起"战略定能在时下取得更加突出的成绩。2014 年开始，重庆在"渝东北生态涵养发展区"和"渝东南生态保护发展区"试点取消县长 GDP 考核指标，将进一步为 A 县大刀阔斧推进"绿色崛起"提供坚实的政策保障。

　　综上所述，A 县推进城乡创业公共服务均等化的基本条件已经具备。无论是经济发展环境，还是财政支持的力度；无论是政府的重视程度，还是政策结构支撑；无论是社会性主体的发展，还是一般性基本公共服务的均等化；无论是地域文化土壤，还是创业文化的积极打造；无论是生态涵养发展规划，还是绿色崛起的生态化发展战略，都已经开始聚焦于打造"大众创业万众创新"新引擎之上，开始融入到创业创新的战略布局之中。但是，A 县几乎所有能够促进城乡创业公共服务均等化的举措，所围绕的中心点并非是"完全的创业"，更非单纯的"创业公共服务"。当前重庆市促进城乡创业公共服务均等化的进程也存在同样的情况。重庆市所辖 38 个区县中有 14 个"国家级贫困县"，且集中分布在"两翼"地区，由此造成重庆市城乡创业公共服务均等化进程的"两极分化"："一圈"中的绝大多数区县推进创业创新和促进城乡创业公共服务均等化走在全市前列，甚至全国前列，创业创新、创业就业相互促进；而"两翼"中的"贫困县"则"疲于奔命"，忙碌于"脱贫摘帽"，自然推进创业创新和促进城乡创业公共服务均等化过程明显显露出"扶贫"的特征。A 县则更加明显，促进城乡创业公共服务均等化进程分布于"扶贫攻坚战"规划中，服务于"脱贫摘帽"的"扶贫大局"，实际措施和政策实施都明显偏向于"三农"中的贫困户，是贫困户"产业扶贫""精准脱贫"的重要举措，促进城镇居民创业创新的创业公共服务举措明显相形见绌。这是 A 县促进城乡创业公共服务均等化的典型特点，这一特点在进一步的调查中更加明显地表现出来。

二　A 县 X 街道和 Y 镇城乡创业公共服务均等化的现状调查

从 2014 年 A 县 X 街道和 Y 镇人口情况来看，X 街道总人口 135183 人，其中，非农业人口 117125 人，城镇化率 86.64%；Y 镇总人口 29461 人，其中非农业人口 2491 人，城镇化率 8.46%。[①] X 街道和 Y 镇是 A 县区域内典型的城乡关系。选取 X 街道和 Y 镇的调查，不仅可以更加深入地对 A 县城乡创业公共服务均等化进程进行研究，而且还可以以此两地为基础样本，对重庆市城乡创业公共服务的"二级差距"进行研究，[②] 这样就将本研究从重庆市城乡创业公共服务均等化的横向研究，推向更加深入的纵向研究，以使本研究更加全面、深刻。

本次调查是在上文所构建重庆市城乡创业公共服务均等化评价指标体系的基础上展开的。在取得 A 县政府的支持下，采用"双管齐下"的方式开展实证调查研究：一是发送调研函，以重庆市城乡创业公共服务均等化评价指标体系为框架，向 A 县 X 街道和 Y 镇发送调

---

① 数据来源《A 县统计年鉴 2015》，第 86 页。

② "二级差距"具体指重庆市整体"一圈"与"两翼"的"城""乡"关系构成的创业公共服务"一级差距"和一区县范围内县城与乡镇的"城""乡"关系构成的创业公共服务"二级差距"。

研函件，均收到复函，取得 A 县 X 街道和 Y 镇城乡创业公共服务均等化的有效数据及材料；二是实地考察，在对函件中的材料进行进一步加工整理后，赶赴 A 县 X 街道和 Y 镇展开实地考察，在当地政府工作人员带领下，对两地创业公共文化服务、创业教育培训服务、创业公共孵化服务、创业公共基础设施、创业公共信息服务、创业公共融资服务、创业公共科技服务、创业财税服务八项内容展开调查。

（一）A 县 X 街道和 Y 镇城乡创业财税服务均等化的现状调查

表 6-3　　　　　　　　2014 年 X 街道和 Y 镇主要统计指标[①]

单位：万元

地区	地区生产总值	财政收入	财政支出
X 街道	400688	15602	5553
Y 镇	29201	1345	1856

创业财税服务主要以财政专项转移支付、减免税收、财政补贴、税收补贴和先征后返等形式鼓励和促进创业企业的创业创新活动。当然拥有足够的财政支付能力是其基本条件。从 X 街道和 Y 镇两地主要统计指标来看，如表 6-3 所示，2014 年 X 街道实现地区生产总值 400688 万元，是 Y 镇的 13.72 倍，实现财政收入 15602 万元，是 Y 镇的 11.6 倍，财政支出也是 Y 镇的 2.99 倍。仅从财政规模来看，如图 6-5 所示，[②] X 街道和 Y 镇财政规模增长曲线基本一致，但是两地的财政规模差距却在逐步拉大，经过计算得知，两地财政收入规模差距六年内以平均 30.44% 的速度拉大，财政支出规模差距六年内以平均 36.93% 的速度拉大，六年分别扩大了 3.5 倍和 2.9 倍。相对强大的经济能力和财政规模为 X 街道创造了创业公共服务优于 Y 镇的先决条件，同时也说明了 Y 镇经济主体存量较少、税基较小的现实，入不敷出的财政现实在以财政支撑公共服务为特色的 A 县，Y 镇财政对创业公共服务的支撑作用不足就表现得更加明显。由于财税政策的统一性，两地

---

① 《A 县统计年鉴 2015》，第 245、255 页。

② 同上。

财政支持和鼓励创业活动的创业公共服务并无明显不同，主要的差异表现在税收政策方面。在调查中，根据 X 街道所提供的数据，2014 年仅先征后返的税额就达到 1000 万元，这也是其在财税方面鼓励创业创新的主要方式；而 Y 镇则更多地采用减免创业企业税收的方式鼓励创业活动和促进创业企业发展。具体数据在对两地的调查中并未获得。

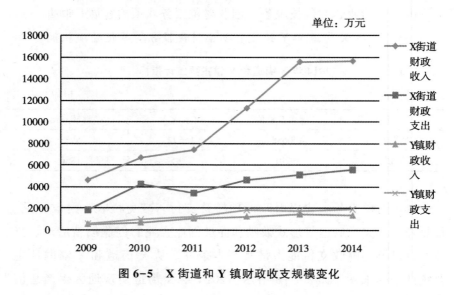

图 6-5　X 街道和 Y 镇财政收支规模变化

（二）A 县 X 街道和 Y 镇城乡创业公共基础设施服务均等化的现状调查

　　除交通、电力、邮电、通信等基本基础设施之外，X 街道和 Y 镇两地与创业相关的公共基础设施服务各具特色。X 街道以经济中心、城镇供需为基础定位，大力发展肉蛋奶、船舶制造、物流园建设为重点，Y 镇则以农牧渔生产、生态旅游开发等为重点。在调查中，并未取得最新数据，仅能通过 2013 年数据来窥察两地创业公共基础设施服务的发展现状。首先是 X 街道，2013 年共投入 600 余万元，建成大棚蔬菜基地 20 公顷，发展设施蔬菜 80 公顷，发展食用菌双孢菇 20 公顷；投入资金 140 余万元，新建庭院牧场 16 个（累计达 40 个）；以峰顶村（牛粪加工、蘑菇种植）、"薯薯农业"（红薯种植、淀粉加工、辅料养殖）为代表的循环经济已具雏形，辐射发展红薯 333.3 公顷、红缨子高粱 200 公顷；以船舶制造为主导的传统产业不断提速增效，以软件孵化园（共有 6 家企业入驻，实现产值 7000 万元，税收 1300 万元）为主导的新兴产业后劲十足，以恒都肉牛、生态土鸡为主的一批特色美食店日趋繁荣，以新凯路五金一条街、斜南溪龙河大桥汽车美容一条街等专业街市逐渐成形；引进两家物流公司、两家皮制品公司，签订物流运输、箱包生产、服装设计、机电生产、印刷等项目 12 个，协议资金达到 23.57 亿元，到位资金 5.42 亿元。2013 年 X 街道新增限额以上商贸企业 25 家，新增工业企业两家，新增微型企业 172 家，实现销售收入 35.21 亿元，实现增加值 12.96 亿元，实现利润 3.26 亿元。[1] Y 镇则凭借境内有 9 处著名旅游景区景点和独特的手工艺品，大力推介和打造乡村旅游品牌、农业采摘旅游体验区，形成"乡村旅游+采摘+农家乐"的经营模式；大力打造 A 县"现代农业综合示范乡村旅游观光区"，引进占地 0.33 公顷的大鲵（娃娃鱼）驯养基地、13.33 公顷的黄颡鱼养殖基地，形成 20 公顷的现代农业展示体验区；引进养殖公司、专业合作社和农业开发公司发展牧业养殖，共投入或筹资 1900 万元，建设养殖场、庭院牧场和养殖基地，Y 镇现已形成独特的"自繁自养、繁养结合"以肉牛为主的庭院养殖模式和"村委会+合作社+畜牧局+西南大学+微型企业"的发展模式，把庭院牧场与微型企业发展相结合，延长产业链条；Y 镇种烟区含 3 个村 8 个社 44 个基本户，种植面积 73.67 公顷，共收购烟叶 2821 担，农民实现烤烟收入 310.27 万元。Y 镇通过多产业联动发展的思路，走产业化、企业化之路，既做大做强了地方特色产业，又提升了创业活动率和微型企业的成活率、成长率。2013 年，Y 镇全年新发展微型企业 25 户，新增肉牛微型企业 22 户（其中飞仙洞村被命名为"市级肉牛养殖庭院牧场微型企业特色村"），新发展庭院牧场 27 个，全年招商引资协议资金 2.4 亿元，实际到位资金 6000 万元。[2]

---

[1] 《A 县年鉴》编辑部：《A 县年鉴 2014》（总第 11 卷），2014 年卷，第 144 页。
[2] 同上书，第 156 页。

（三）A县X街道和Y镇城乡创业公共文化服务均等化的现状调查

X街道是A县的县政府所在地，是A县的政治、经济和文化中心，也是A县打造"创业A县"的大本营，且与A县特有的"上善"文化发源地仅一江之隔。X街道借此优势，大力宣传创业创新文化，主动挖掘"上善"文化土壤中的创业创新养分，实现本土文化与创业创新文化的高度融合发展，积极推进城乡创业公共文化服务的均等化。X街道城镇化率已经达到86.64%，农业人口占比较小，因此，X街道创业公共文化服务供给过程有集中程度高的特点。从实地调查的情况来看，X街道在2014年投入1万余元，联合A县就业局集中开展两次创业创新相关法律法规、优惠政策等大型宣传活动，发放宣传资料3000余份，受众超过5000人。同时，展开对具有创业意向者和创业初始阶段的个体户、微型企业业主的不间断进家入户宣传，宣传规模达到500余人次。2015年11月，X街道联合A县微型企业协会举办"A县微型企业产品巡回展"活动，参展项目包括农产品、工业品、文体用品、电子产品等多行业多项产品，积极打造"大众创业万众创新""草根创富"的创业文化生态。另外，X街道还不断加快街道文化中心、图书室、电子阅览室等文化基础设施创业公共文化服务功能建设，加强农家书屋和可移动文物的管理，X街道创业公共文化的服务功能正在逐步增强，服务能力和服务水平也得到大幅度提升。Y镇与X街道相比则表现出典型的乡村特色，拥有"农业综合示范园区""乡村旅游示范区""万亩油菜乡村旅游示范区"，是A县的"农业科技大观园、城市休闲后花园"。① 调查中，Y镇相关机构和工作人员并未提供详细的投资创业公共文化服务的经费数据。乡镇政府大厅和所调查村落公共服务中心等公共文化宣传中心，均以电子屏滚动显示的形式宣传就业岗位、招工招聘、创业口号等信息，但仍以就业信息为主，对促进和鼓励创业创新的利好政策、法律法规宣传力度尤显不足。

---

① 《A县年鉴2014》（总第11卷），2014年版，第156页。

创业公共文化服务所造就的创业文化氛围远非一朝一夕即可蹙就，比较一组数据，可能会对两地投资创业环境氛围有更深的了解。2013 年全年，X 街道新增加微型企业 172 个，而 Y 镇只新增 25 个微型企业，[1] 两地相差近 7 倍；2014 年全年，X 街道固定资产投资的绝对额达 446744 万元，涉及项目个数 91 个，Y 镇固定资产投资绝对额仅 54242 万元，不足 X 街道的八分之一，涉及项目个数 18 个，不足 X 街道的五分之一。[2] 从这两项结果可见两地创业投资环境之间的巨大差距。城镇地区投资创业的环境氛围固然比广大农村要好，毋庸置疑。但是，在社会主义国家的广大农村地区，尤其是我国这样已经进入工业化中期和全面建成小康社会关键节点的国家的农村地区，提高农村、农民自身发展能力和创业创新能力则尤为重要，这更加说明推进城乡创业公共服务均等化的必要性和迫切性。

（四）A 县 X 街道和 Y 镇城乡创业教育培训服务均等化的现状调查

乡镇创业教育培训服务的重点在于培训导师的筛选和培训内容的选择，培训的方式多以讲授和讨论为主。对于 X 街道和 Y 镇，培训导师主要来自于 A 县就业局、中小企业服务中心、下派技术特派员和扶贫驻村工作队等渠道，培训内容也以讲授创业基础知识、鼓励和促进创业政策法规和讨论切合当地主导产业发展实际需求的技术能力提升等方面主题为主，实地现场管理和技术指导则非常有限。培训班次多设在周末相对闲暇时间。2013 年，X 街道就联合 A 县就业局、三峡技校等机构，开展就业再就业宣传 5 次，完成储备制培训（三峡技校招生）5 人，农民工技能培训 423 人，回引就业创业 852 人，农民工返乡创业 16 户，农村劳动力新增转移 208 人；解决三峡移民后续问题，全年培训移民 398 人，移民就业或转移就业 500 人。[3] 2014 年，X 街道继续联合县级各部门、机构，开展免费培训 4 次 560 余人，指导

---

① 《A 县年鉴》编辑部：《A 县年鉴 2014》（总第 11 卷），2014 年版，第 144、156 页。

② 《A 县统计年鉴 2015》，第 107 页。

③ 《A 县年鉴》编辑部：《A 县年鉴 2014》（总第 11 卷），2014 年版，第 144 页。

和培训创业成功 48 人。Y 镇 2014 年的创业教育培训服务却不是很具体，培训的方式、内容、受益人数、培训成效等数据没有提供。实地考察过程中，相关工作人员表示，创业教育培训是以实地业务指导和技术帮扶等形式开展，集中式的培训仅开展过一次，设两个班次，共 200 余人参加培训，主要讲授创业基础理论知识和创业思维培养。

（五）A 县 X 街道和 Y 镇城乡创业公共孵化服务均等化的现状调查

以创业孵化器为标志的创业公共孵化服务是孕育创业活动和创业企业成长壮大的摇篮。具有较好孵化设施、政策诱导配置和良好的孵化能力是创业公共孵化服务的主要标准。

在对 A 县 X 街道和 Y 镇创业公共孵化服务的实地考察过程中，两地差距非常明显，X 街道投资 150 万元，建成 X 街道科技孵化楼一期工程，装修厂房和办公楼 2000 余平方米。现已入驻 11 家企业，其中，软件、电子商务等新兴产业 5 家，商贸企业服务站和中小企业服务中心各一家，总部经济企业 3 家。年产值可达 2 亿元，实现利税 2000 万元。二期工程将投资 300 余万元，修建厂房和办公楼 3000 余平方米，建成后可容纳 10—20 家企业入驻。同时，X 街道还建成一个软件孵化园，现已有 6 家企业入驻，实现产值 7000 万元，实现利税 1300 万元，为新型产业发展奠定了一个良好的基础。另外，X 街道 2014 年已经全面启动国家级创业基地争创活动。对 Y 镇创业公共孵化服务的考察却无果而终。一方面，创业孵化服务在创业公共服务的所有项目中，属于相对高端的项目，建设一个创业孵化基地的基本条件不是资金，而是创业活动所需的必要环境，一个由很多种创业公共服务所共同塑造的必要环境，X 街道和 Y 镇在创业公共孵化服务方面的差距正说明了创业公共服务塑造创业环境及其所塑造的创业环境对创业活动和创业企业成长、壮大的重要性。另一方面，一个创业孵化基地具有一定的辐射范围，Y 镇与 X 街道的地理距离并不是太远，X 街道的科技孵化楼和软件孵化园对 Y 镇具有很强的辐射作用和吸引作用，相对减弱了 Y 镇建设创业孵化园的动力。这两个因素是造成 Y 镇创业公共孵化服务异常薄弱的原因。

（六）A县X街道和Y镇城乡创业公共信息服务均等化的现状调查

对信息的感知能力、把握能力、处理能力、转化能力是一个成功的创业者所必须具备的非物质要素。同时，创业信息是激发创业意愿和促成创业活动的重要因素，也是创业者能够在激烈的市场竞争中夺得头筹、成功创业和创业兴业的重要因素。创业公共信息服务的水平和能力，在一定程度上能够表明一个地区创业发展的程度和水平，能够反映一个地区创业公共服务发展的进程。在调查中发现，X街道和Y镇在创业公共信息服务方面同样存在着巨大差距，反映着两地创业发展和创业公共服务发展的不同阶段。Y镇在创业公共信息服务供给方面，从信息宣传力度、信息发布数量、信息发布内容几方面来看，都停留在较为基础的阶段，仅通过乡镇公共服务中心的电子屏、乡镇主要路段和街道的宣传栏等方式，宣传就业创业政策信息、岗位信息。据调查结果显示，Y镇2014年共投入2万余元，宣传创业教育培训信息，餐饮、服装等行业信息，宣传和服务方面严重受到限制，影响效果也非常有限。而X街道则通过扶持在科技孵化楼一期工程入驻的中小企业服务中心和商贸企业服务站，投入资金5万余元，分别给两个主要服务基站建立了网站，使其服务能力、服务的针对性和信息影响能力有很大程度的提升。2014年，X街道共向A县500余家工业企业、2000余家商贸物流企业等提供创业信息5600余条。除此之外，X街道还通过政策、法律法规宣讲等宣传活动，以及入户走访宣传活动，使信息传播面积更广、信息质量更高、针对性更强。显然，X街道已经跨越了进行基础信息泛化宣传的阶段而进入针对性更强的专业信息供给阶段。可见，X街道和Y镇在创业公共信息服务方面的巨大差距。

（七）A县X街道和Y镇城乡创业公共融资服务均等化的现状调查

创业公共融资服务是以财政性担保基金投入引导贷款和财政性创业补贴等形式为主的破除创业企业和创业活动初始阶段资金瓶颈的重要举措，是创业公共服务中的重要项目，也是政府打造良好创业环境和政府政策性引导创业的主要途径。因此，创业公共融资服务是较为基础性的创业公共服务之一。其中，财政性担保基金引导创业者和创业企业进行小额贷款行为、发挥财政担保基金"四两拨千斤"作用是创业活力提升和创业企业发展水平提高的重要表现。在调查中发现，X 街道在这方面所做的努力是 Y 镇所不能比的。2013 年，X 街道就为科技孵化楼 11 家企业融资达到 5000 余万元，为 130 户创业户争取小额担保贷款 780 余万元，在 2014 年，X 街道所组织小额担保贷款更是达到了 1425 万元，同比增长近 100%。另外，X 街道村居融资平台覆盖率早在 2013 年就已经达到 100%。而 Y 镇仅向调查组提供了其创业公共融资服务以财政性担保基金投入引导贷款为主，并没有提供具体的担保数据和融资数据及其引导作用数据。对当地主要创业企业的调查更加说明了 Y 镇在创业公共融资服务方面的不足，他们获取创业公共融资服务信息的主要渠道来自电视、报纸和新媒体，并非当地基层政府的宣传，在获得贷款的过程中，当地基层政府也显得被动，并没有起到应有的服务作用。两地创业公共融资服务的差距更加说明了基层政府在宣传、引导等功能方面的工作还有待进一步的加强，群众的期待使得这一服务的供给和加强供给更加迫切而必要。

（八）A 县 X 街道和 Y 镇城乡创业公共科技服务均等化的现状调查

创业公共科技服务是提高创业者和创业企业劳动生产率、核心竞争力和创新能力的重要手段，也是创业机会实现市场化外溢的催化剂，更是引进和聚集科学技术人才的基础条件。政府公共财政科技研究及其引导企业产品研发资金投入的不断增加、专项政策造成对科技等高端人才的吸引力提升是创业公共科技服务发展的基础条件，科技企业和科技人才的增加、拥有和应用专利数量增加极大地调动了科研院所、科技人才、企业的创新积极性以及创新成果的增加是创业公共科技服务能力和服务水平提高的重要标志。在对 X 街道和 Y 镇的实地考察过程中，X 街道积极联合 A 县就业局等行政职能部门和三峡职业学院的技术人才，投入科技宣讲宣传和技术服务，仅 2014 年就进行大型科技宣传两次，发放科技宣传资料两万余份，取得了良好的效果。2014 年新增科技企业 3 家，企业申请专利数量达到 5 个。Y 镇一方面通过加大财政资金投入、落实和提供税收优惠、出台专项政策，重点打造其特色支柱产业发展大格局，从而吸引优秀人才创新创业，也极大地调动了当地科技人员自主创业创新的积极性；另一方面，借力于 A 县组织的"扶贫攻坚技术服务团"中支援 Y 镇的 15 名技术人员，为发展产业的贫困户提供技术人员定点联系指导，提供专业的技术支撑和科技咨询，同样收到了良好的效果。可见，两地的创业公共科技服务分别从当地的创业发展情况和产业发展情况，提供专门的科技服务，都具有极强的针对性和实用性。这是创业公共科技服务的一项基本特征，这也是 A 县创业公共科技服务供给的宝贵经验。

第三节　重庆市城乡创业公共服务均等化调查结论

通过此次调查，从 A 县 X 街道和 Y 镇的比较中发现重庆市城乡创业公共服务的"二级差距"，并得出以下结论：

其一，应据实确定创业公共服务推进的阶段性步骤。在本书第五章的最后一部分中提出了创业公共服务的阶段性分层问题，把创业公共服务的八个领域层指标项目从创业活动的一般规律角度划分为基础层、衔接层、提升层三个阶段性层次。三个层次的服务内容和排序都不是绝对的，要根据实施创业公共服务项目的地方实际情况，切实地制定相应的推进阶段性步骤。对于 A 县来说，从对 X 街道和 Y 镇创业公共服务的实施情况来看，A 县创业公共服务不仅整体仍然处于初始阶段，而且城乡之间存在着巨大的差距。然而这样的"二级差距"和重庆市"一圈""两翼"之间的差距具有相同的性质，甚至对于城乡创业公共服务均等化这个过程来说，两种差距并无差异。城乡创业公共服务均等化是一个持续发展的过程，不是一场运动、一次投入就可以实现的，决不能奢望毕其功于一役。对于重庆这样存在着城乡二级巨大差距的地区，尤其是在财政规模有限、投入受限的"乡村"更是如此。对于重庆市城乡创业公共服务均等化来说，首先据实确定创业公共服务推进的阶段性步骤，"有多大锅，下多少米"，才能步步为营、扎实筑牢，最终实现均等化目标。因此，避难就易、去繁从简，率先选择或者优先选择采取普及式、惠利式的形式推进，主动供给具有切实可行性的普遍性服务项目，并适时调整推进步骤，灵活地、实事求是地实施具体推进过程，伴随发展条件和经济社会发展能力的提升，不断向更高层次的服务项目突破，才是重庆市促进城乡创业公共服务均等化的基本思路。对于 A 县来说，在衔接层项目发展条件尚未到来之前，必须稳步推进基础层服务项目，并在有条件的地区，如在经济发展基础较好、社会创业创新意识较强的地区或乡镇，开展衔接层和提升层服务项目试点，建立创业公共服务辐射中心，满足发展条件较好的创业者和创业企业对较高端创业公共服务的需求。

　　其二，无论是按行政层级来看，还是按经济社会发展程度来看，越是靠近底层或是落后地区，对创业公共服务的需求越是迫切，也越全面、越复杂。在类似 A 县这样条件落后的地区，对创业公共服务需求的迫切性与全面供给的复杂性之间形成对立的矛盾。不仅是重庆，在我国乃至全球城市发展有个一般共性，在一定地域范围内，经济中心与政治中心具有一致性，即行政层级越高其所在地经济社会发展程度越高。这样的发展规律，既能够放大政治和经济的相互促进能力，又能够放大公共服务的辐射能力。同时，这样的布局往往也不可避免地造成城乡之间的差距。对创业改变落后面貌的期盼形成对应的是远离创业公共服务所造就的良好创业环境的现实。尤其是已经进入工业化中后期的我国，劳动力从农业部门向其他部门直接转移流动的人口红利正在悄然逝去，或者说其他生产部门本身所能够容纳的农业剩余劳动力已经接近饱和，已经进入必须由农业剩余劳动力自己创造转移机会的时代，即大众创业万众创新的时代。但是，缺乏技术能力和市场经验的农民，走这条路的艰难险阻是可想而知的，这样又造成了创业机会事实上的不平等，他们急切渴望能够拥有破除这些阻碍的有效工具，这个工具就是创业公共服务，而这个工具真正发挥作用的过程就是创业公共服务的均等化。创业对他们来说是陌生的，市场经济对他们来说也是陌生的，如何在市场经济大潮中创业对他们来说更是陌生的。"零基础"又必须打基础，"一头雾水"又必须"拨云见日"，因此，他们才是对创业公共服务需求最迫切的群体。这样庞大的群体一旦创业成功，带来的力量是不可想象的，这才是"大众创业万众创新"的中坚力量。向他们提供何种创业公共服务，如何提供创业公共服务都是必须解决的问题。他们拥有的资源有限、能力有限、技术有限，机会也有限，城镇居民创业获取一个或几个服务项目可能就能解决问题，可对他们而言，系统地、全面地、协调地服务才可能满足需求。毋庸置疑，向他们供给创业公共服务的工程量要远远大于城镇居民。因而，向基层人民群体供给创业公共服务和实现创业公共服务的城乡均等是复杂的、全面的。从另一角度来看，应当肯定的是，我国这样四级行政体制中的各个层级，能够形成很多点状发展高地和中心辐射点，与乡村或人口聚集点共同编织完成一张公共服务网络。城镇居民的创业公共服务供给相对更加容易实现，部分相对高端的创业公共服务项目可以在这些条件好的地区率先试点，短时间内就能形成点状发展高地和中心辐射点。这或许是解决创业公共服务需求的迫切性与全面供给的复杂性矛盾，推进城乡创业公共服务均等化的一个突破点。

其三，实现城乡创业公共服务均等化既需要纵向上的阶段性分层推进，又需要横向上的全面协调推进。上面已经提到，分阶段、分层次、分步骤地推进创业公共服务是城乡创业公共服务均等化整体上的战略，而解决创业公共服务需求迫切性与全面攻击复杂性矛盾是局部推进的策略。战略步骤的选择不能替代具体策略的选择，"战略"和"策略"之间又构成推进城乡创业公共服务均等化过程中新的矛盾点。然而"战略""策略"二词所蕴含的意义已经给出解决这一矛盾的思路：以"战略"为主线，以"策略"为重点，将"战略"分解为地域性"策略"。利用创业公共服务项目的阶段性分层和个别服务项目的程度性分层，就可以实现二者的结合。以 A 县为例，在整体上，A 县必须正视其处于创业公共服务推进初始阶段的现实，此阶段仍以基础层中的几项创业公共服务为主要内容。但是，可以在 X 街道这样有条件的地区，率先试点衔接层和提升层中的服务项目，使之形成创业公共服务发展高地和中心辐射点，向发展较快、有更高需求的创业者和创业企业提供较为高端的创业公共服务项目。如此方法，也同样适用于像 Y 镇这样较为落后的基层地区。基础性的创业公共服务项目和个别服务项目的基础性服务则广泛向"纵深"展开，为创业公共服务整体水平的提高奠定基础。

本章小结

为了更深层次地对重庆市城乡创业公共服务均等化程度进行测评，本章依据上一章构建的城乡创业公共服务均等化评价指标体系，选取了重庆市较为落后区县 A 县及其 X 街道和 Y 镇展开城乡创业公共服务均等化现状的实证调查数据，以便于充分估计重庆市城乡创业公共服务均等化所面临的问题和困境。

经过调查，了解了 A 县城乡创业公共服务均等化水平，这对于把握其在重庆市整体推进城乡创业公共服务均等化过程中的进程和实施程度，充分把握重庆市城乡创业公共服务均等化所面临的问题、困境和具体策略奠定坚实基础。本章将调查所收集到的反映 A 县城乡创业公共服务均等化实施的整体环境的材料整理为 A 县城乡创业公共服务均等化的现实条件，把反映其城乡创业公共服务均等化的具体情况从八个方面整理为现状调查材料和数据。通过这两个部分材料和数据的梳理和比较，不仅可以验证本书所构建的重庆市城乡创业公共服务均等化评价指标体系的科学性，而且还可以分析出 A 县在推进城乡创业公共服务均等化过程中的问题，并对该推进过程的困境作进一步分析，进而得到制约重庆市城乡创业公共服务均等化的因素，因此总结出三条调查结论：应据实确定创业公共服务推进阶段性步骤；无论是按行政层级来看，还是按经济社会发展程度来看，越是靠近底层或是落后地区，对创业公共服务的需求越是迫切，也越全面、越复杂；实现城乡创业公共服务均等化既需要纵向上的阶段性分层推进，又需要横向上的全面协调推进。这都为提出促进重庆市城乡创业公共服务均等化的具体举措提供实证材料。

第七章 重庆市城乡创业公共服务均等化 发展的制约因素分析

从上一章的调查分析可以得出两点基本结论：一是重庆市创业公共服务和全国其他地区一样还处于初始发展阶段，没有充分地发挥出创业公共服务鼓励创业、服务创业、发展创业的重要作用；二是重庆市创业公共服务在城乡之间的均等化发展存在着巨大差距，在量上表现为当前创业公共服务的发展仍以城市为重心，针对农村地区农民创业的创业公共服务发展还非常有限，在质上表现为没有区分城乡之间不同的创业公共服务需求，而造成所供给的创业公共服务无法满足创业群体的真正诉求。重庆市城乡创业公共服务均等化发展既是基本公共服务发展的必由之路，又是创业公共服务自身发展的目标。因此，深入研究分析重庆市城乡创业公共服务均等化发展的制约因素既是实现创业公共服务自身发展的必然要求，又是促进重庆市城乡创业公共服务均等化发展的前提准备。

显而易见，重庆市城乡创业公共服务并没有得到均等化的发展，非均等化现象突出，主要是因为重庆市城乡创业公共服务均等化的发展受到多种因素的制约，既有经济因素，也有政治因素和传统文化因素，既有机制的不健全，也有供给制度的不完善，既有创业公共服务资源的配置不合理，也有事权与财力的不匹配和有效评估监督机制的缺乏。重庆市城乡创业公共服务非均等化就是这些因素共同作用的结果，主要表现为重庆市城乡二元经济结构、城乡间公共财政保障机制不健全、城乡公共服务资源的行政体制壁垒且布局不合理、城乡创业公共服务需求和表达渠道差异、城乡间创业公共服务供给模式单一且缺乏有效的评估监督机制等方面。其中，城乡二元经济结构和城乡间公共财政保障机制不健全是重庆市城乡创业公共服务均等化进程的最大障碍。

第一节　重庆市城乡二元经济结构

早在 20 世纪 50 年代中期，经济学家刘易斯提出了著名的"二元经济"模型理论。在本书第二章中已经对城乡二元经济模型理论做出简要介绍，二元经济结构是传统落后的农业经济和现代化的非农产业经济并存的一种经济结构。二元经济结构不是某一个国家所独有的，它存在于所有的发展中国家，也是世界各国经济社会发展所必须经历的过程。作为一种经济现象，二元经济结构在经济发展过程中显示出由二元向一元的转化趋势，这个转化过程是与传统农业部门剩余劳动力向工业部门转移同步的。城乡之间，或者农业部门和工业部门之间存在的差异，即城乡二元经济结构，在一定阶段是推动城乡经济发展的重要动力；恩格斯也曾表示地区发展差距为经济社会发展提供了必要的动力。因此，城乡二元经济结构的存在，在经济社会发展过程中具有积极作用。我国农村和农业的发展基本上也经历了刘易斯等人所表述的发展阶段，使得我国城镇化和工业化得到迅速发展。但是，我国城乡发展并没有真正走上一元化的道路，城乡差距不但没有因此缩小，反而有走向两极化的趋势。我国城乡二元经济结构的形成除了刘易斯等人所论述的城乡间农业部门和工业部门资本运用、生产规模、生产方式、生产效率、收入平等等方面的差异所构成的经济社会发展客观规律外，还有新中国成立以来长期实施城乡分割的发展战略的原因，并且后者是其主要因素。不仅表现为经济差异，而且表现为社会差异。城乡二元经济结构既是城乡基本公共服务（包括城乡创业公共服务）二元结构的结果，也是其重要原因。

建国初期，我国在经过短暂的国民经济恢复阶段后，开始了大规模工业建设，在优先发展重工业的战略引导下，集中全国之力，尤其是依靠农业积累、农村支持、农民贡献，"发挥集中力量办大事的优势"，建立起我国比较完整的国民经济和工业化体系，改变了当时中国落后的经济状况，城乡差异性发展就此拉开序幕。农业部门和工业部门被人为地分割为两个独立于市场之外的部门，农民不仅无法享受工业化发展的成果，而且农业以大宗农产品统购统销政策等不平等的剪刀差式工农产品交易，为工业发展提供积累、换取工业设备和技术。我国的工业化发展的速度十分迅速，成果十分明显，但是我国的工业化发展成果是以牺牲农业发展为代价的。据统计，1978 年以前，国家从农业中提取的经济剩余约为 6000 亿—8000 亿元。以优先发展重工业的战略既造成了工业、农业发展的严重失调，也造成了城市、农村发展的严重失衡。如图 7－1 所示[①]，工业产值增速明显高于农业。从建国初期到改革开放前，我国的工业发展和农业发展存在严重的不平衡，差距较大，无论是从技术方面还是生产水平方面，工业都远远高于农业。农业生产的缓慢发展，同时也使得农村剩余劳动力数量不断增加，农村隐蔽性失业现象严重。倾斜性的发展战略引起了城乡之间生产力发展水平的差异从而导致了城乡二元经济结构的形成。另一方面，我国实行城乡分割的户籍制度发展固化了二元经济结构。1958 年我国颁布《中华人民共和国户口登记条例》，该条例确立了新中国第一个户籍制度，并以法律的形式严格限制农村人口进入城市，限制城乡间的人口流动，城乡间劳动力流动渠道被隔断。1964 年李先念就曾说："该在农村吃饭的，还是在农村吃好"，"城市并不缺乏劳动力"，"更不要轻易从农村招收职工"。[②] 同时，由于农村实行单一的集体所有制，农村地区的人口流动也受到严格限制，农民被束缚在土地上。农村居民和城市居民被户籍制度分割为社会地位、公民权利、发展机会等方面极不平等的两大集团，[③] 城乡间分割发展的社会结构阻断了城乡间生产要素、产品及人口的流动，形成了城乡对立

---

① 《中国统计年鉴（1999）》，第 55 页。
② 《李先念文选》，人民出版社 1989 年版，第 285—286 页。
③ 樊继达：《统筹城乡发展中的基本公共服务均等化》，中国财政经济出版社 2008 年版，第 9 页。

的二元社会结构，城乡分离体制最终形成。① 另外，公共资源的倾斜性配置加深了城乡二元经济结构的程度。新中国成立初期，为了大力发展工业，政府在配置公共资源的时候，严重偏向工业建设的依托——城市，这就造成了农村和城市在享用公共资源的时候存在严重的不均等。政府在实施资源配置的时候，未能实现统筹配置，主要以城市发展为主，将大部分的有限的资源都配置给了城市。在公共服务供给方面，保险、医疗、住房等基本公共服务主要依托国有企业、单位供给，也大都集中在城市，农村地区的公共服务少到可以忽略不计。这个时期对农村的公共资源的配置远不能促进农业的大力发展，农业发展滞后于工业，农村发展水平严重滞后于城市。这种不均衡的资源配置是农民收入水平低、城乡经济发展差异大和城乡间居民收入差距大的重要原因，也是加深城乡二元经济结构的重要因素。

单位：亿元

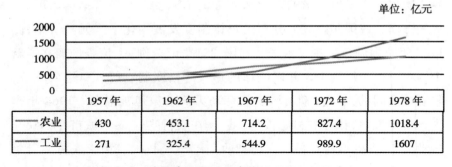

	1957 年	1962 年	1967 年	1972 年	1978 年
农业	430	453.1	714.2	827.4	1018.4
工业	271	325.4	544.9	989.9	1607

图 7-1　我国农业和工业产值（1957—1978 年）

党的十一届三中全会后，通过实行家庭联产承包责任制，渐次放开对农村、农民的限制，调整城乡利益关系。推动农业生产发展，丰富农产品供应，"初步改变了农业生产长期落后的被动局面"。② 如图

---

① 刘明慧：《城乡二元结构与公共分配制度的作用机理分析》，载《财经理论与实践》（双月刊）2006 年第 4 期。

② 樊继达：《统筹城乡发展中的基本公共服务均等化》，中国财政经济出版社 2008 年版，第 9 页。

7-2 所示,①农村居民家庭人均纯收入从 1978 年的 133.6 元增加至 2012 年的 7916.6 元,增长近 60 倍,农村居民生活得到极大改善。同时,也应该看到,城镇居民家庭人均可支配收入的增长速度远远大于农村居民家庭人均纯收入,城镇居民家庭人均可支配收入从 1978 年到 2012 年增加 24221.3 元,增长 7053.4%,是农村居民家庭人均纯收入的 2.57 倍。1978—2012 年间,城乡居民收入差距从 209.8 元增加至 16648.1 元,2003 年前(不含)平均增长速度 14.8%,2003 年后增长速度减缓,降至 12.3%,如图 7-3 所示②。城乡居民之间不断扩大的收入差距和不断加快的工业化进程,使得农村大量剩余劳动力开始流向城市,为企业提供了大量廉价劳动力,有力地增强了我国企业的国际竞争力,为改革开放以来沿海地区外向型出口企业和劳动力密集型企业的发展奠定了基础,为我国成为"世界工厂"贡献了巨大力量。《2013 年全国农民工监测调查报告》显示,2013 年全国农民工总量 26894 万人,比上年增加 633 万人,增长 2.4%。其中,1980 年及以后出生的新生代农民工 12528 万人,占农民工总量的 46.6%,占 1980 年及以后出生的农村从业劳动力的比重为 65.5%。③住户中外出和居家外出的农民工,不仅给城市原本就短缺的基本公共服务等公共资源带来巨大压力,在城市中基本处于边缘地带,承担大量重脏苦累的工作,却仅得到微薄的收入和歧视性的冷眼,无法享受和城市居民一样的公共服务,而且还给农业生产和农村生活带来巨大变化,留守儿童、孤寡老人的抚养、赡养问题愈来愈成为社会问题的焦点,撂荒土地等问题也亟待解决。可以明显地看出,和改革开放之前农村通过工农产品的价格剪刀差支持城市和工业发展不同的是,当前主要通过农村剩余劳动力和土地价格剪刀差来支持城市和工业的发展,农村和城市之间的差距仍然在持续扩大,农民和市民之间的差距

---

① 《中国统计年鉴(2013)》,第 378 页。

② 数据来源:《中国统计年鉴 2013》,第 378 页。

③ 国家统计局网站:《2013 年全国农民工监测调查报告》,http://www.stats.gov.cn/tjsj/zxfb/201405/t20140512_ 551585.html,2014 年 5 月 12 日。

也在不断地扩大。

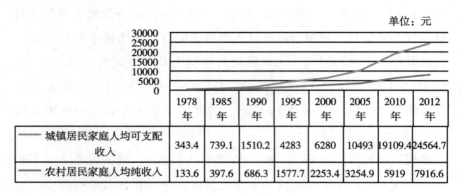

单位：元

	1978年	1985年	1990年	1995年	2000年	2005年	2010年	2012年
城镇居民家庭人均可支配收入	343.4	739.1	1510.2	4283	6280	10493	19109.4	24564.7
农村居民家庭人均纯收入	133.6	397.6	686.3	1577.7	2253.4	3254.9	5919	7916.6

图 7-2　城乡居民家庭人均收入

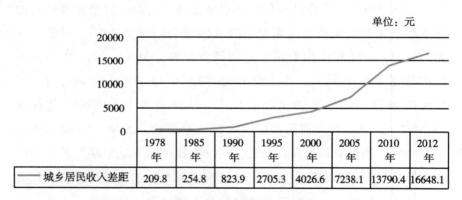

单位：元

	1978年	1985年	1990年	1995年	2000年	2005年	2010年	2012年
城乡居民收入差距	209.8	254.8	823.9	2705.3	4026.6	7238.1	13790.4	16648.1

图 7-3　城乡居民收入差距

　　重庆市是城乡二元经济结构的典型地区，以重庆一小时经济圈为中心的国际现代化都市与以渝东南和渝东北地区为代表的经济社会发展落后地区并存，构成重庆市城乡经济社会发展严重不平衡的二元格局。抗日战争时期，重庆地区因其特殊的地理位置而作为全国抗战的总后方，大批工业企业内迁；新中国成立后，轰轰烈烈的"三线建设"继续巩固重庆发展工业的战略地位，进一步加深了重庆市二元经济结构的程度。改革开放之后，重庆市经济社会发展速度明显加快，1990 年到 1996 年，重庆市国内生产总值平均增长速度达到 23.7%，其中，1993—1995 年平均增速达到 34.5%的峰值；直辖之后，重庆市经济继续以平均 14.6% 的速度平稳快速增长。[①] 同时，重庆市一小时经济圈与渝东南、渝东北地区之间的差距也迅速拉大，[②] 2006—2012 年间，三个区域分别以 21.7%、22.7%、22.6% 的速度增长，如图 7-4 所示，[③] 重庆经济发展水平不断上升，全市的经济实力有了很大的提高。经济发展水平和经济发展能力的提高，势必带来财政收入和财政支付能力的提升，以及城乡居民收入的提高和城乡公共服务水平的提升。

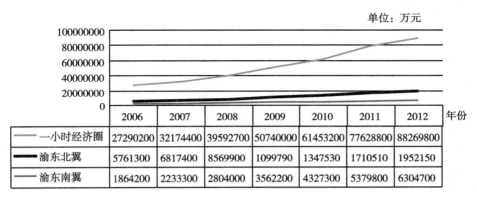

单位：万元

	2006	2007	2008	2009	2010	2011	2012
一小时经济圈	27290200	32174400	39592700	50740000	61453200	77628800	88269800
渝东北翼	5761300	6817400	8569900	1099790	1347530	1710510	1952150
渝东南翼	1864200	2233300	2804000	3562200	4327300	5379800	6304700

图 7-4　重庆各区生产总值

　　但是，重庆市城乡之间的差距和区域发展不平衡、广大农村地区和库区发展落后、城市带动农村的状况没有得到根本的改变，重庆市城乡二元经济结构更加明显。如图 7-5 所示，一小时经济圈与渝东北生产总值差从 2006 年的 21528900 万元增加至 2012 年的 68748300 万元，与渝东南地区生产总值差从 25426000 万元增加至 81965100 万元，分别以 21.4%、21.6% 的速度增长，基本与各区经济发展速度持平；较为落后的渝东南地区与发达的一小时经济圈的差距增长速度要高于渝东北地区 0.1—0.2 个百分点，说明落后地区的城乡差距扩大

---

① 数据来源：根据《重庆市统计年鉴（2013）》，第 35 页计算。

② 选取这三个区域的主要原因有二：其一，这三个区域可以涵盖重庆市各地区发展的基本情况；其二，三个区域的城市化发展有明显差异，截至 2012 年底，一小时经济圈的城镇化率达到 68.04%，而渝东北和渝东南的城镇化率分别为 40.44%、33.36%，前者可以代表重庆市城市发展水平，后者可以代表重庆市农村发展水平。

③ 数据来源，根据《重庆市统计年鉴》2007—2013 年数据整理。

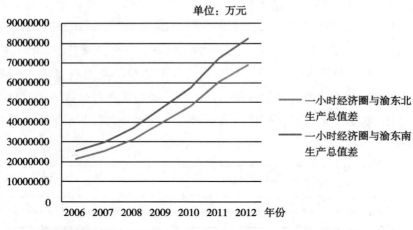

图7-5　重庆市一小时经济圈与两翼地区生产总值差

速度要大于相对发展较快地区。如果把城乡之间公共服务非均等化供给所带来的差距考虑在内，重庆市城乡之间的差距将在此基础上继续扩大30%—40%。可见，重庆市城乡二元经济结构已经成为制约城乡创业公共服务均等化发展的一个主导因素。

表7-1

年份		2007	2008	2009	2010	2011	2012
农业产值比重（%）	全国	10.8	10.7	10.3	10.1	10.0	10.1
	重庆	10.3	9.9	9.3	8.6	8.4	8.2
农业劳动力比重（%）	全国	40.8	39.6	38.1	36.7	34.8	33.6
	重庆	44.8	43.7	42.2	40.3	38.1	36.3
非农业产值比重（%）	全国	89.2	89.3	89.7	89.9	90.0	89.9
	重庆	89.7	90.1	90.7	91.4	91.6	91.8
非农劳动力比重（%）	全国	59.2	60.4	61.9	63.3	65.2	66.4
	重庆	55.2	56.3	57.8	59.7	61.9	63.7
比较劳动生产率	农业 全国	0.2647	0.2702	0.2703	0.2752	0.2873	0.3006
	农业 重庆	0.2299	0.2265	0.2204	0.2134	0.2205	0.2259
	非农业 全国	1.5068	1.4785	1.4491	1.4202	1.3804	1.3539
	非农业 重庆	1.6250	1.6004	1.5692	1.5309	1.4798	1.4411
	差值 全国	1.2421	1.2083	1.1788	1.1450	1.0931	1.0533
	差值 重庆	1.3951	1.3739	1.3488	1.3175	1.2593	1.2152

年份		2007	2008	2009	2010	2011	2012
二元对比系数	全国	0.1757	0.1828	0.1865	0.1938	0.2081	0.2220
	重庆	0.1415	0.1416	0.1405	0.1394	0.1490	0.1568
二元反差系数	全国	0.300	0.289	0.278	0.266	0.248	0.235
	重庆	0.345	0.338	0.329	0.317	0.297	0.281
城乡居民收入二元对比系数	全国	0.3003	0.3017	0.3000	0.3097	0.3199	0.3223
	重庆	0.2787	0.2872	0.2844	0.3010	0.3200	0.3215
公共投资二元对比系数	重庆	0.0178	0.0225	0.0421	0.0448	0.0460	0.0535

数据来源：根据《中国统计年鉴（2013）》和《重庆市统计年鉴（2013）》计算。

　　我们可以使用二元经济结构的测度指标，如比较劳动生产率[1]、二元对比系数[2]、二元反差指数[3]、城乡居民收入对比系数[4]、公共投资二元对比系数[5]等几个方面的变量来更深层次地考察重庆城乡二元经济结构。

---

[1] 比较劳动生产率是某一部门的产值比重与这一部门中的劳动力数量的比重之间的比值，它反映的是该部门一年中劳动生产率水平的高低。通常情况下，农业比较劳动生产率低于1，而非农产业比较劳动生产率高于1。一个国家或地区的农业劳动生产率与非农业劳动生产率之间的差距越小，说明该国家或地区的二元经济结构程度越低，二元性不强。反之亦然。

[2] 二元对比系数是指二元经济结构中农业部门和非农部门之间的比较劳动生产率的比率，主要反映城乡二元经济结构的总体水平。二元对比系数越小，农业部门和非农业部门的差别越大，二元性也就越大，二者向相反的方向变动；反之，二元对比系数越大，则说明农业部门和非农业部门之间的差别越小，二元性也就越小。

[3] 二元反差系数是农业部门和非农业部门之间的产值比重与劳动力比重之差的绝对数的平均值。理论上二元反差系数在0到1之间。二元反差系数越大，农业和非农业之间的差距也就越大，二元性的经济结构就越明显，当二元反差系数为0时，二元经济结构不再存在，二元经济变为一元经济。

[4] 城乡居民收入二元对比系数就是农村居民家庭人均收入与城镇居民家庭人均可支配收入之间的比值，主要反映城乡收入差别的状况。收入对比系数理论上取值在0—1之间，当收入对比系数越远离1，说明城乡收入水平差距越大。

[5] 公共投资二元对比系数主要反映的是公共福利水平差异化程度，该系数主要是城乡间投资资产的比例和城乡间人口比例之间的比值。理论上取值在0—1，系数越远离1，说明公共投资的二元性越大。

如表 7-1 所示，2007—2012 年间，在全国范围内，包括重庆市农业劳动生产率与非农业劳动生产率之差呈逐步缩小趋势，全国和重庆地区分别以平均 3.2%、2.7% 的速度下降，说明我国城乡二元经济结构程度正在逐渐降低，二元性正在得到改善；从重庆市和全国范围比较来看，重庆市农业劳动生产率与非农业劳动生产率之差同期要高于全国 0.15—0.17 个百分点，说明重庆市城乡二元经济结构程度比全国更高，二元性也更加明显。从全国和重庆市的二元对比系数来看，2007—2012 年间，全国二元对比系数以平均 4.8% 的速度增大，说明我国农业部门和非农业部门的差别正在逐步减小，城乡之间的差距呈缩小趋势；重庆市二元对比系数在同期虽然呈增大走向，但是其平均增速仅为 2.1%，甚至在 2007—2010 年还以平均 0.5% 的速度减小，2010 年后，又以平均 6% 的速度快速增加，比全国水平低出 0.03—0.07 个百分点，说明重庆市城乡二元经济结构的总体水平比全国平均水平高，二元性问题更突出，变化速度的缓慢和反复更加证明重庆市城乡二元经济结构的问题严重性和解决城乡二元经济结构难题的艰巨性。比较全国和重庆市的二元反差系数，进一步证明了重庆市城乡二元经济结构问题在全国范围内的突出性、严重性、艰巨性。从重庆市公共投资二元对比系数来看，2007—2012 年间，系数值呈递增趋势，说明重庆市逐步加大对农村地区的公共服务投资力度，但系数值整体仍在 0.01—0.1 之间，与城乡均等值 1 还存在有巨大的差距，重庆市城乡间公共投资二元性非常明显，城乡之间公共服务差异化供给导致重庆市城乡居民在公共福利、公共服务的享用上存在严重的不均衡现象。这也从另一个侧面证明，如果把城乡间公共服务供给的差异性考虑在内，重庆市城乡二元经济结构问题将更加严重。

从上述材料可知，重庆市城乡二元经济结构是制约了包括创业公共服务在内的重庆市城乡基本公共服务均衡发展的主要影响因素，同时，包括创业公共服务在内的重庆市城乡基本公共服务的非均衡化发展进一步加深了重庆市城乡二元经济结构的程度。

第二节　公共财政保障机制不健全

在第二章现实条件的论述中，已经阐明公共服务均等化水平一般取决于两大变量：一是经济发展水平和财政实力；二是制度安排。公共财政投入是反映政府公共性的行为，是政府对公共资源的一种强制性、引导性配置方式，是政府发挥弥补市场失灵作用的重要手段。在城乡创业公共服务均等化过程中，财政主要以转移支付、补贴补助补偿、建立担保基金等方式为其提供强大的财政后盾。这就要求政府在对公共财政进行配置时，通过民主决策、科学预算、统筹协调，不断健全和完善公共财政保障机制，以防止因制度机制不健全而导致政府失效。

一　公共财政保障机制不健全是制约重庆市城乡创业公共服务均等化的重要因素

改革开放之后，我国经济发展水平得到前所未有的提升，财政规模和财政支付能力得到不断扩大和加强，投入到公共服务领域和均等化过程中的财政支出也随之不断增加。而从城乡公共服务均等化的进程来看，在 21 世纪之前，我国城乡公共服务均等化并没有随着财政规模的扩大和财政投入的不断增加而有明显的改善，或者说，城乡间公共服务均等化进程的发展速度远远小于财政投入增长的速度。究其原因，在改革开放的前 30 年，与对政府经济职能的过多重视相比，政府的社会职能和公共服务职能始终处于相对弱化的状态，财政支出过多偏向于经济建设，且财政改革缺乏正确而明确的目标，财政制度安排不合理，社会管理改善和公共服务供给严重滞后于经济发展，甚至出现本应政府供给的公共服务和福利安排，如教育、医疗、社会保障等，却出现严重的缺位、错位情况，政府公共服务职能一度呈现弱化趋势，有限的公共服务大多集中在城市，这就拉大了我国城乡之间的差距。21 世纪前后，尤其是在 2003 年 SARS 疫情暴发之后，我国社会管理和公共服务领域所暴露出来的严重不足，引起党和政府的高度重视，以加大财政对社会管理和公共服务投入，及建立与市场经济体制和我国社会发展现状相适应的财政制度体系为标志，财政改革支持社会发展和公共服务均等化的宏伟蓝图才开始展现，从而突出对农村地区的公共服务财政投入力度，我国城乡公共服务均等化进程明显加快。1998 年，我国首次提出建设公共财政制度。政府通过取消农业税、对农村实行义务教育阶段学生尤其是农村贫困学生提供"两免一补"、建立并推广新型农村合作医疗制度、解决失地农民的社会保障等措施来加大对农村经济社会发展比较薄弱环节的公共财政投入力度。在之后的公共财政投入过程中，我国更加注重民生和公共服务的资金供给。对城镇的职工予以基本社会保险、扩大特殊疾病的合作医疗报销范围、解决生活有困难的群众的基本生活、保障养老金的足额发放等保障措施。除此之外，公共财政还增加了在其他民生领域的投入。在上一部分中，本书对我国城乡二元对比系数、城乡二元反差系数、城乡居民收入二元对比系数和城乡公共投资二元对比系数的分析已经得出基本结论，21 世纪后，尤其是在 2007 年后，我国城乡二元经济结构正在逐渐弱化，城乡差距呈逐步缩小趋势。由此可见，不断加大对公共服务均等化发展的财政投入、改革和完善均等化取向的财政制度安排，对解决我国城乡二元经济结构问题、实现城乡均衡发展将起到重要作用。

如果将第二章中对重庆市财政不断加大有关社会管理、公共服务支出情况和上部分对重庆市城乡二元对比系数、城乡二元反差系数、城乡居民收入二元对比系数和城乡公共投资二元对比系数的分析而得出重庆市城乡二元经济结构有扩大趋势结合起来看，在财政投入不断加强的前提下，重庆市城乡二元经济结构扩大趋势的原因只能来自于有关城乡公共服务均等化的财政保障机制的不健全，不能解决城乡二元经济结构中传统农业部门剩余劳动力向其他生产部门的有效转移问题。目前，重庆市存在一个城市地区公共服务相对完善、创业机会多创业效果好，农村地区公共服务比较落后、创业机会少创业效果差的普遍现象，致使就业难成为重庆市现阶段经济发展过程中的最突出难题。在这样的背景下，本书提出促进重庆市城乡创业公共服务均等化，并以此作为突破城乡二元经济结构实现城乡均衡化发展的切入点，使创业兴业成为促进城乡二元经济结构向一元化方向发展的有效方式。实现这一目标，能够鼓励农村地区居民开展创业兴业活动，充分调动城乡居民创业兴业积极性，持续增加企业存量和就业岗位数量，实现农村剩余劳动力的创业主动转移和就业被动转移有效结合，改变农村地区经济发展相对落后的状况，缩小城乡之间的差距，使城乡之间关系朝一元化、一体化方向发展，而其基本前提是不断加强的公共财政支持和健全合理的公共财政保障机制。

综上所述，重庆市城乡间公共财政保障机制的不健全已经成为制约重庆市城乡创业公共服务均等化发展的另一个重要因素。

二　公共财政保障机制不健全制约重庆市城乡创业公共服务均等化的主要表现

（一）公共财政对城乡创业公共服务均等化的投入不足且结构不合理

要实现创业公共服务均等化的发展，就必须依靠公共财政的大力投入。从现实情况看，重庆市公共财政在促进重庆市城乡创业公共服务均等化发展领域中的投入严重不足且支出结构不合理现象普遍存在，在城乡二元经济结构凸显的重庆市表现更加明显。如图7-6、表7-2所示，① 重庆市财政支持创业公共服务主要包含在一般公共服务支出、社会保障和就业支出两类之中。从图7-6可以看出，2006—2012年间，有关创业公共服务的财政支出随着财政规模的扩大而逐年递增，二者年平均增速分别为18.39%、24.75%，这样看来，重庆市财政对有关创业公共服务事务的支持力度不断增加。但是与同期经济建设支出年平均34.58%的增长速度相比，重庆市财政用于一般公共服务、社会保障和就业的支出分别慢了16.19%、9.83%。通过重

---

① 数据来源：根据2007—2013年重庆市统计年鉴数据整理计算。（注：由于2007年财政支出类项有所调整，经济建设支出数据在2007年之后根据2006年之前统计类项对应整理，包括科学技术、城乡社区事务、农林水事务、工业商业金融等事务、地震灾后恢复重建支出、国土资源气象等服务）

单位：万元

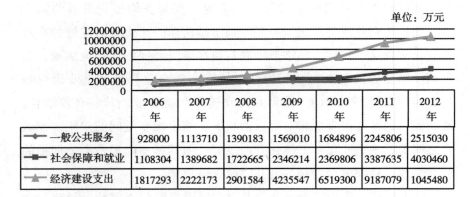

	2006 年	2007 年	2008 年	2009 年	2010 年	2011 年	2012 年
一般公共服务	928000	1113710	1390183	1569010	1684896	2245806	2515030
社会保障和就业	1108304	1389682	1722665	2346214	2369806	3387635	4030460
经济建设支出	1817293	2222173	2901584	4235547	6519300	9187079	1045480

图 7-6　重庆市财政有关支出（2006—2012 年）

庆市相关财政支出情况表明，重庆市并没有对创业公共服务引起足够的重视，重庆市城乡创业公共服务均等化仍处于初始阶段，还存在巨大的发展空间。

表 7-2　　　　　　　重庆市财政有关创业公共服务支出比重

单位：%

项目 年份	各类财政支出占当年 GDP 的比重				各类财政支出占当年财政总支出的比重			
	一般公共服务支出	社会保障就业支出	二者合计	经济建设支出	一般公共服务支出	社会保障就业支出	二者合计	经济建设支出
2006	2.38	2.84	5.22	4.65	11.31	13.51	24.82	22.16
2007	2.38	2.97	5.35	4.75	10.10	12.61	22.71	20.16
2008	2.40	2.97	5.37	5.01	9.60	11.89	21.49	20.03
2009	2.40	3.59	5.99	6.49	8.69	12.99	21.68	23.45
2010	2.13	2.99	5.12	8.23	6.13	8.62	14.75	23.73
2011	2.24	3.38	5.62	9.18	5.67	8.55	14.22	23.20
2012	2.20	3.53	5.73	9.16	5.58	8.93	14.51	23.18

从表 7-2 重庆市财政有关创业公共服务支出比重比较分析来看，2006—2012 年间，一般公共服务支出无论是占当年 GDP 比重，还是占当年财政总支出的比重都呈下降趋势，在实际支出逐年递增的情况下，一方面表明近几年重庆市在一般公共服务方面已经取得了决定性的成就，一般公共服务的财政支出可以在持续增加的条件下放缓增

速，另一方面表明重庆市创业公共服务的财政支出主要体现在社会保障和就业支出领域；社会保障和就业支出占当年 GDP 比重增加明显，占当年财政总支出的比重却下降明显，在去除重庆市财政支出增长因素外，表明社会保障和就业支出在绝对数量上有较快增加，但增加的速度明显小于财政支出总量的增加速度，说明社会保障和就业问题（尤其是就业问题）已经引起重庆市政府的高度重视，这一点可以在图 7-6 中得到证实；重庆市用于经济建设的财政支出仍然占有绝对比例，不仅在绝对数量上增速达到 34.58%，而且占当年 GDP 比重和占当年财政总支出比重增速也分别达到了 12.55%、1.05%，其平均比重（2006—2012 年）比一般公共服务、社会保障和就业二者合计的平均比重在占当年 GDP、占当年财政总支出比重分别高出1.3%、3.1%。

　　根据上述分析中得出重庆市用于创业公共服务的财政支出主要集中在社会保障和就业支出项目中的基本结论，可以进一步对重庆市财政用于创业公共服务的支出与用于其他主要公共服务项目支出做出比较分析，如表 7-3[①] 所示。

　　从表 7-3 中可以看出重庆市财政用于社会保障和就业支出无论是占 GDP 比重还是占财政总支出比重，都与用于教育的支出基本持平，与重庆市教育公共服务已经有相当发展程度的现实相比，社会保障和就业问题的严重性和紧迫性更加表现出社会保障和就业项目支出的明显弱势；从二者占当年财政总支出比重来看，用于教育的支出在基本保持稳定的情况下，社会保障和就业支出比重却在以平均 5.52% 的速度降低，再一次证明重庆市财政用于社会保障和就业项目的支出增长速度远远小于财政增长速度。重庆市财政用于医疗卫生的支出和住房保障的支出在两项比重中的值都远远低于其他项目，虽然都有较快增长，但仍与解决就医难、住房难问题存在较大的差距。由于医疗卫生和住房保障市场供给为主的特殊性，暂不与其进行详细比较。然而，

---

① 数据来源：根据 2007—2013 年重庆统计年鉴数据整理计算。（注：2006、2007、2008年财政用于住房保障的支出数据缺失）

可以肯定的是重庆市财政用于创业公共服务的支出在社会保障和就业的支出之中只能占到极小的部分，也就是说，重庆市财政对其他基本公共服务中的教育、医疗卫生、社会保障等支出要远远大于对创业公共服务的投入。

表 7-3　　　　　　　重庆市财政用于创业公共服务支出与其他
主要公共服务项目比较

单位：%

项目 年份	各类财政支出占当年 GDP 的比重				各类财政支出占当年财政总支出的比重			
	社会保障和就业	教育	医疗卫生	住房保障	社会保障和就业	教育	医疗卫生	住房保障
2006	2.84	2.26	0.55	—	13.51	10.78	2.62	—
2007	2.97	2.60	0.73	—	12.61	11.03	3.08	—
2008	2.97	2.65	0.89	—	11.89	10.60	3.56	—
2009	3.59	2.91	1.14	0.64	12.99	10.53	4.14	2.31
2010	2.99	3.03	1.20	1.01	8.62	8.75	3.45	2.91
2011	3.38	3.18	1.43	1.57	8.55	8.05	3.63	3.98
2012	3.53	4.13	1.47	1.55	8.93	10.45	3.71	3.97

另外，公共资源配置倾斜于城市是各国各地区发展经济过程中出现的一个普遍现象。政府为了使得经济快速发展，就将这有限的公共财政资源高度集中在城市中，而农村地区和基层政府在发展经济的时候，因为财政力量的薄弱，提供公共服务的能力出现严重不足。从图7-6、表7-2中高速增长的经济建设支出很好地证明了这一点。近几年，重庆市政府在农村和基层政府的公共财政的投入已经有了很大增加，但是相比于对重庆主城九区的公共财政的投入情况，农村地区和基层政府的公共财政的配置还有很大的差距，主城地区对创业公共服务的发展重视程度高于农村，重庆市政府在公共财政资源的配置方面，存在严重的不合理、不平衡。以对微型企业创业的创业主体实施财政补贴为例，以前直接将财政补贴发给创业主体，现在改变了补贴方式，主要以退税的方式来进行财政补贴，在税收制度改革没有随之完善的条件下，增加了获得补贴的难度，也就有了不同地区的差异性。主城地区创业公共服务在财政方面基本上能够满足创业主体的需

求，创业企业基本上能够享受到政府的公共服务。基层政府没有意识到创业促进地方经济发展的重要性，农村地区创业公共服务方面的财政配置涉及很少，甚至没有涉及。这就造成了城乡之间的公共财政服务存在严重的不均衡状态。

综上所述，重庆市创业公共服务仍处于初始发展阶段，不仅服务项目和服务能力有限，而且公共财政用于创业公共服务的支出存在严重不足，就更不必再讨论公共财政对城乡创业公共服务均等化的投入问题了，这远远不能满足不断发展的创业兴业活动的需求。从公共财政支出结构来看，在横向上重庆市公共财政用于其他基本公共服务的支出是用于创业公共服务的支出无法比拟的，在纵向上重庆市公共财政用于创业公共服务的支出绝大部分集中在对就业和再就业的支持上，对创业公共服务的其他项目支持非常有限；如果把重庆市城乡二元经济结构的严重性考虑进去，在二元经济结构凸显的重庆，公共财政对创业公共服务的投入仍然具有政策倾斜性，主要偏重对城市的政策扶持，对乡镇或是农村地区的创业公共服务的公共财政投入涉及很少，实际投入更是不足。因此，重庆市公共财政对城乡创业公共服务均等化的投入不足和支出结构的不合理进一步制约着重庆市城乡创业公共服务均等化的发展。

（二）公共财政的财权和事权不匹配

从 1994 年的分税制改革到当前正在不断深入的营业税改增值税改革，都是中央财政和地方财政财权和事权的分配调整，使公共财政制度和税收制度更加适应社会主义市场经济体制的建立和深化，更好地发挥国家财政的职能作用。深化公共财政体制改革，建立相匹配的公共财政的财权和事权是实现创业公共服务均等化的必要条件。

目前，重庆市公共财政财权和事权依然存在严重的不匹配现象，严重制约着城乡创业公共服务的均等化发展。从国家层面来看，1994年的分税制财政体制改革，按照事权与财权相结合、事权与支出责任相适应的原则，明确划分中央和地方支出责任，实行政府、市场和企业三方之间以及各级政府之间的事权范围进行科学合理的划分，调动了各级地方政府的积极性。分税制虽然在总体上稳定了中央和地方的财政收入比重，但是，出现了一些现象，财政财权往上层集中，中央财政收入比重不断提升，地方财政收入比重在不断下降；事权则往下层转移，中央财政支出比重明显下降，地方财政支出比重明显上升，导致地方政府对中央政府的财政依赖性强烈。同时，在转移支付的过程中，转移支付链条过长，"转移支付的纵向均衡效应明显，但横向均衡作用比较有限"，① 西部地区得到的公共财政远低于东部地区，农村地区远低于城市地区。从重庆市范围来看，除具有以上普遍现象之外，重庆市公共财政支持城乡创业公共服务均等化的财权和事权的不匹配还有其特殊性。一是事权明确财权不明。如重庆市出台政策规定，给予为小微企业提供服务的银行、担保公司贴息补助或担保金补助等由市级财政支出，针对科技型创业企业的科技研发、吸收特殊人群就业或直接创业（如国家政策聚集帮扶的"九类人群"）、创业企业员工培训等形式的财政补贴由补贴对象的同级财政部门支出，除此之外还有其他新增项目都相应地规定了各级财政的事权和支出责任。从表面来看，似乎是权责划分明确、统筹管理协调，但在实践操作中并没有清晰财权的来源渠道，如由区县财政支出的项目资金来源是部分重大项目的上级财政转移支付资金和所辖创业企业或组织税收收入两大部分组成，而实践中用于创业公共服务的财政转移支付资金极其有限，在鼓励支持创业兴业的税收政策下，区县财政能够从初创企业收取的税收也是非常有限的。换句话说，从创业活动中获得的财政收入是无法形成明显的财政增长绩效，更无法补偿用于创业公共服务的财政支出的。因此，只有城乡财政分权和创业公共服务分责，才能使各级政府更愿意将有限的公共财政资源用于对财政收支和生产总值等绩效作用明显的经济建设领域，使得经济发展的不平衡直接转化为创业公共服务供给效果上的差距。

另外，我国财政分权改革是在缺乏宪法和法律保障、财政分权与行政垂直集权矛盾的制度失衡供给条件下进行的，加之财政分权改革

---

① 刘德吉：《基本公共服务均等化：基础、制度安排及政策选择》，上海交通大学出版社2013 年版，第 90 页。

制度安排本身具有很大缺陷，重庆市在其影响下，公共财政对城乡创业公共服务均等化的支出是在中央政策引导压力下做出的支出政策调整，并没有从有限资源的有效配置和创业公共服务的均等化供给等因素进行考虑。这就导致各级政府在创业公共服务供给方面还存在职能越位和缺位并存的现象，政府间事权模糊不清或事权与财权不相匹配，甚至有上下级政府对事权的相互推诿，尤其是农村基层政府对公共财政的自主权还不够，无法满足农村地区的创业公共服务需求，使得农村基层财政陷入困境，严重制约着政府供给的创业公共服务的能力，使得重庆市创业公共服务供给规模小、力度弱，在城乡间的创业公共服务供给出现城乡差距扩大等不良后果，从而制约着城乡创业公共服务均等化的发展。

（三）公共财政制度安排缺乏法治保障和透明度

建立与社会主义市场经济体制和促进重庆市城乡创业公共服务均等化要求相适应的公共财政法治体系是实现有效公共财政供给的重要保障，公共财政制度安排的法治化、规范化、透明化是政府公共服务职能和治理职能提升的重要前提条件。我国学者杨志勇等人认为理想的法治化财政应当具备六个方面的条件：立法民主的财政、法律至上的财政、具有完备法律体系的财政、能够充分保障权利的财政、司法公正的财政、财政行政行为受到有效约束。① 公共财政的民主法治的重要表现就是以财政信息公开及其质量问题为核心的财政透明度。②

目前，我国已经初步形成和建立了与社会主义市场经济体制基本适应的财政法律制度体系，但是除预算法、企业所得税法、个人所得税法、税收征收管理法等为数不多的法律外，公共财政相关制度很少上升至国家法律层面。就重庆市支持创业兴业的财政政策的具体情况而言，一是至今还没有从重庆市层面制定统一、规范的法规，绝大多

---

① 杨志勇、杨之刚：《中国财政制度改革 30 年》，格致出版社 2008 年版，第 203—210 页。
② 刘德吉：《基本公共服务均等化：基础、制度安排及政策选择》，上海交通大学出版社2013 年版，第 85 页。

数都是以"条例""办法""通知"等形式发布,支持创业兴业和创业公共服务的财政立法层次普遍较低,且尚处于临时性政策层面,充分保障权利和统一协调的法制体系就更不必提;二是财政政策的制定缺乏民主性,行政首长和行政部门缺乏法律至上理念且具有较大的行政自由裁量权,尤其是在基层政府,不仅存在大量没有纳入财政预算的财政收支,而且存在违反有关财政法律的行为;三是受到行政司法水平的限制和财政民主化程度较低的影响,政府财政行政行为很难受到严格的司法约束,普通群众更是难有机会参与到财政决策和监督之中,财权下放的同时没有形成相应的约束、监督机制和信息流通机制,财政的司法公正和有效约束监督很难实现。这样的现状不仅使得支持创业兴业和创业公共服务的财政政策无法得到法律的保障,而且使得支持创业兴业和创业公共服务的财政措施具有很强的行政性色彩,财政政策统一性、持续性、稳定性、规范性无法得到有效保证。在这样的情况下,加之财政分权和行政垂直集权的矛盾,以及财政政策本身所可能具有的缺陷,作为鼓励创业兴业的财政政策,使有创业意愿的人继续观望和等待它的明确稳定,不能有效地激发人民群众的创业热情;作为促进城乡创业公共服务均等化的财政措施,使相关层级政府萌生侥幸心理而搁置或变相抵制,有力的财政支持政策被停留在空中楼阁而不能彻底地贯彻和有效地实施。

政府财政政策决策、预算管理、收支等信息的完整全面、及时有效、合法可靠地按程序发布和公开,不断提高政府财政运行的透明度,让政府财政权力在阳光下运行,是实现公共财政法治化、规范化、透明化的关键步骤。根据上海财经大学公共政策研究中心《2009中国财政透明度报告——省级财政信息公开状况》的研究显示:即使是以较低评价标准——仅仅以财政信息的公开性和可获得性为标准,只考虑财政信息的公开程度、信息覆盖范围、信息具体程度,不考虑信息的真实性、法定性、规范性等更高要求——对全国31个省市的财政透明度进行评估,结果都非常不理想,除福建省获得739.39分(满分1180分)之外,超过300分的省市只有6个,平均得分比重只有 22%。其中，重庆市得 194.18 分，排第 25 位，[①] 说明重庆市在公共财政透明度方面还十分薄弱，主要表现为：一方面重庆市政府公共财政在政策决策、执行、收支等方面存在不规范、不详细、不准确，甚至存在错报、漏报等情况，与真正意义上的财政信息透明尚有较大差距；另一方面重庆市政府公共财政信息公开的主动性、规范性、完整性都还不够，这与财政信息公开透明的完整性、便利性、具体性等方面还有巨大的差距。

综上所述，重庆市公共财政制度安排缺乏有效的法治保障和充分的公开透明度，这就难以保证公共财政在保证城乡创业公共服务均等化的财政支出，更无法做到公众对公共财政收支的决策参与和监督管理。公共财政制度安排无法得到法律的保障，也无法受到公众对财政收支的监督，公共财政规范、合法、透明、有效地为重庆市城乡创业公共服务均等化服务难以得到保证，严重制约了重庆市城乡创业公共服务均等化的发展。

第三节　重庆市城乡行政体制壁垒

重庆市城乡行政体制之所以成为坚实壁垒，是因为在我国城乡之间存在着硬性的制度约束，并且是一个很难以改革实现快速跨越的鸿沟，表现最突出的就是城乡二元户籍制度和不同行政区域划分。重庆市存在的城乡行政体制壁垒，使得生产要素在区域之间的自由流动受到一定限制，对重庆市城乡创业公共服务均等化的发展构成障碍性约束。

一　城乡二元户籍制度的制约

重庆市城乡二元户籍制度是在国家的统一安排下形成的。我国的城乡二元户籍制度是在新中国成立初期，在国家面临着复杂的国际国

[①]　参见上海财经大学公共政策研究中心《2009 中国财政透明度报告——省级财政信息公开状况》，上海财经大学出版社 2009 年版。

内环境下，制定的一种特殊的行政体制。一方面，在新中国成立初期，国民党残余势力仍然活跃，破坏新中国的建设；帝国主义对我国实行严重的经济封锁；邻国朝鲜战争的爆发严重威胁着我国的主权和领土安全，这些因素都阻碍我国的经济发展。为了应对这些情况，加快我国的社会经济建设，我国实行了居民身份确认制度。我国在1953年制定了《全国人口调查登记办法》，建立了适应国家发展和建设的新的户籍制度。另一方面，当时我国正处于由新民主主义到社会主义的过渡时期，实行优先发展重工业的社会主义过渡时期总路线。国家在集中力量大力发展重工业，为重工业的发展积累资金和原材料的过程中，以牺牲农副产品为代价促进重工业的发展，这必须以农业生产的保证为前提；同时，在农业和工业生产力都落后的时代，城市并不缺劳动力，在农村的生活成本要远远低于城市，为了迅速解决温饱问题和减轻城市生活负担，必须让更多的人降低生活成本，即让更多的人生活在农村。因此，根据我国农村人口占全国总人口绝大多数的实际国情，让更多的人留在农村，既保证农业劳动力的充足供给以实现农业生产对工业生产的积累支持，又保证人民群众能够迅速解决温饱问题和保护城市职工利益以实现经济的恢复和发展，实行城乡二元户籍制度，将农村劳动力严格地禁锢在土地上，严禁农村劳动力向城市自由流动，就成为必然选择。

城乡二元户籍制度在制定初期，由于我国所处的严峻国际形势和国内一穷二白的实际国情，它对保证国家的安全稳定、解决温饱问题、实现经济快速恢复发展和保证人民群众就业、教育医疗、社会保障、社会稳定等方面起到过一定的积极作用，一定程度上促进了经济社会的发展。但是，随着改革开放的不断深入和社会主义市场经济体制的确立和深化，生产力得到爆发式的解放和提高，使我国从农业国发展为工业国，并迅速进入工业化中期阶段。在这个过程中，生产效率的提高尤其是农业生产效率的提高，使农村产生了大量剩余劳动力；政府在购销过程中降低了农副产品的收购价格，农民的收入降低，使农村剩余劳动力产生了涌入城市寻求谋生机会的强烈愿望。城乡二元户籍制度本身就存在着严重的不平等，农村人口只能在土地上获取生活资料和福利，城市职工的生活资料和福利都是靠国家计划分配。在实施初期，城乡间市民与农民的差异不是很大。但是随着经济的不断发展，城镇的各种保障制度建设越来越完善，由城乡二元户籍制度带来城乡之间的不均等就越来越明显；与此同时，政府在配置公共资源的时候也受到城乡二元户籍制度的影响，城镇居民享受到的社会资源远远大于农村户籍的居民，二者在共享社会主义建设成果上存在严重的不均衡。

当前我国已经进入工业化中期阶段，已经从农业支持工业发展、农村支持城市发展的阶段，跨入工业支援农业发展、城市支援农村的阶段。从创业兴业的角度来看，实现城市和农村的理论优势和现实条件向经济社会发展的实践转化，必然要求城市和农村发挥各自的优势，鼓励和支持创业兴业，实现城市资金、技术、人才等生产要素和农村自然条件、市场、劳动力等优势资源在城乡之间的充分流动。因此，重庆市城乡二元户籍制度不仅是重庆市城乡二元经济结构形成的重要原因，也是阻碍城乡间生产要素实现自由流动的主要障碍和制约重庆市城乡创业公共服务均等化发展的重要原因，冲破重庆市城乡二元户籍制度的制约成为当前重庆市城乡创业公共服务均等化的必然趋势和迫切需要。

二　城乡二元户籍制度对重庆市城乡创业公共服务均等化发展的影响

我国的城乡二元户籍制度主要包含了户口登记制度、户口迁移制度、居民身份证制度三个方面的内容。正是这三个方面，不仅将农民牢牢地限制在了土地上，无法在城乡之间进行自由流动，城市人口也无法自由地在城乡间进行迁徙，而且将生产要素阻隔在城乡二元户籍制度两侧，无法实现自由流动互通。它不仅是我国经济社会发展进步的瓶颈，并且已经成为阻碍和制约重庆市城乡创业公共服务均等化发展的重要因素。

其一，城乡二元户籍制度导致了城乡居民思想观念的巨大差异，局限了现阶段创业创新创造的思维发散。城乡二元户籍制度对我国人民生活的影响是巨大的，这一种影响既体现于城乡之间的经济呈现出的巨大差异，也体现在城乡居民之间思想观念上面的巨大差异。在农村居民方面，被城乡二元户籍制度强制性地滞留在农村，一方面阻碍了他们到城市追求更加美好生活愿望的渠道，王石川曾在其著作《奋斗了 18 年咖啡还能喝多久》中提出了"阶层固化"和"阶层下流"的问题就是真实的写照。升学、参军在长时间内成为农村居民改变自己命运和原有生活状态的唯一通道，但终究无法从根本上消除城乡二元户籍制度带来的城乡差异，这种差异已经通过显现的社会经济生活而融入到人们的思想观念中。另一方面农村居民被长期束缚在土地之上，不能从事农业之外的活计，绝大多数的人根本没有机会通过努力而拥有人生上升的空间，这就磨灭了他们敢闯敢拼、自主自强、坚韧不拔、勇于创新的创业精神。在城市居民方面，城乡二元户籍制度给农民和城镇居民的身份不同，享受到附加在身份上的基本公共服务权利也就不同，如就业服务、基本教育、公共卫生和基本医疗、基本养老保险等等。[①] 由此所带来的是市民和农民在生活方式和生活品质上的巨大差距，城市居民产生貌似天然的优越感和相对幸福感，相当一部分城市居民在思想上还是看不起农民的，对农民存在歧视和排斥，即使农民通过努力奋斗进入城市、过上市民生活，也无法真正地融入到城市。当下"暴发户""土豪"等词汇的产生和广泛流传正是受到这种思想的影响。如果表现在创业兴业层面，就会导致两种结果：一是城市创业者对农村劳动者在雇佣方面的歧视，二是城市创业者选择创业市场时受到传统观念影响而不愿主动到农村开展创业活动，忽视农村广阔的市场。

其二，城乡二元户籍制度阻碍着城乡间人才资源的合理配置。城乡二元户籍制度实施的初衷是为了限制大量农村剩余劳动力向城市无序地流动，防止加重城市地区的负担。在农村人口无法自由向城市流动的同时，城市的优秀人才，如教师、医生以及其他高水平的管理人

---

① 马雄光：《转型：漫谈基本公共服务均等化》，中央编译出版社 2012 年版，第 75—77 页。

员向落后的农村地区的流动也受到了严格的限制。我国的二元户籍制度实施的同时，也实施了具有城乡差异的待遇标准，城市的待遇高于农村，城市地区无论在教育资源、医疗还是社会保障等方面都优越于农村地区，随着经济的不断发展，这种优势还在不断得到强化。即使现在政府大力改善农村地区的待遇及福利，受到"下乡＝下放、向下流"等传统观念的影响，城市中的优秀人才仍然不愿意到农村地区工作生活，通过升学等渠道从农村中出来的优秀人才也不愿意再回到农村去发展。大量优秀人才集聚在城市地区，有限的就业岗位导致就业难题的发生，而需要大量优秀人才的农村地区的人才需求却难以得到满足。城乡间人才资源得不到合理的配置，进一步加大了城乡间在人才资源方面的差距，不仅导致了农村地区在教育、医疗及其他方面的发展落后于城市，而且导致了城乡间其他生产要素的合理流动和配置，由此产生的"马太效应"，使城乡间的优势资源源源不断集聚到城市，农村的优势资源只能白白流失或被忽视，城乡间的差距只会越来越大。

其三，城乡二元户籍制度不仅仅是一项管理人口的政治制度，而且还是导致社会不公平的"元凶"。随着社会主义市场经济的不断深化，城乡间人员的自由流动不再受到户籍制度的限制，但是城乡二元户籍制度的长期存在已经导致了城乡间在教育、医疗以及其他方面差距的扩大，其影响惯性使这种差距仍然在不断拉大。表现最突出的是在农村居民方面，相比城市居民，农村居民在农村的收入较低、生活水平较低、能够获得的公共服务项目少且水平低、能够预见和发现的发展机会和发展空间较少，这些差异的存在加之农民为了维持自己及家庭的生活，不得不进城务工。因为受教育程度低，这些务工人员只能做一些对知识要求不高的体力劳动或是简单的脑力劳动。当他们的个人利益受到侵害时，无法得到和城市居民同等的处理结果。"同工不同酬""同工不同权"是现今我国企业差别对待农村居民和城镇居民的最有力的表现。这里提到的"酬"不仅指的是工资收入，而且是指社会保障等公共服务方面的福利。很大部分企业不会为农村户口的工作人员购买社会保险等福利，同样的工作任务，得到的却是不同的待遇，享受不到同等的权利。另外，我国有些文件甚至明确规定了农村居民和城市居民在死亡时的不同赔偿标准，农村居民的赔偿标准远远低于城市居民。以上表现都说明了城乡居民受到的不公平的待遇，这种不公平不仅体现在经济上，而且从经济上折射出城乡居民之间生命受到的不公平对待。这是二元户籍制度带来的不良结果，严重影响着我国社会的不公平。城乡二元户籍制度给重庆市城乡经济社会发展带来的制约远远不止这些，并且这些因素作为主要制约因素还深刻地影响着城乡发展的其他方面。从城乡创业公共服务均等化层面来看，城乡二元户籍制度本身所造成城乡间经济发展水平、公共服务发展水平和质量、人们思想观念和创新发展能力、人力资源质量等方面的巨大差距，已经严重制约了城乡创业公共服务均等化的发展，如果加上它间接影响的其他城乡差距，如城乡商业和市场发展程度、城乡基础设施建设及其他配套设施，这种差距还将继续扩大；而且在城乡二元户籍制度的影响惯性作用下，这种差距还在不断的拉大，城乡创业公共服务均等化的发展形势则更加严峻。

第四节　城乡利益表达渠道差异

目前，我国的城乡差距不仅体现在经济收入上，还体现在城乡居民利益的表达渠道上。马克思认为，利益是社会发展的基础、前提和动力，"人类奋斗所争取的一切，同他们的利益有关"。[①] 在商品经济高度发达的今天，人和利益的关系已经"异化"，不同的利益团体、利益阶层组成了一个相对稳定的利益性社会。基本公共服务在整个社会服务中充当了一个平衡各个利益集团力量的武器，但是在基本公共服务实施过程中，出现了严重的不均衡。造成这种不均衡的原因最主要的就是城乡之间的居民在利益表达上出现了差异，而利益表达结果的差异主要因为利益表达渠道的差异造成的。那么，我国城乡居民主

---

① 屈娜：《当前农民利益表达渠道存在的问题及对策思考》，载《农村科技与信息》2009年第 8 期。

要有哪些利益表达渠道呢?

其一,人民代表大会和政治协商会议。人民代表大会制度是我国的根本政治制度,全国和地方各级人民代表大会的代表由人民选举产生,代表人民行使权力,对人民负责,受人民监督。各级人大代表应该充分了解人民的需要和意见,及时向各级人民代表大会反映人民群众的需求。由各民主党派的代表组成的政治协商会议同样关注人民的需求,关注人民的利益。目前,人大和政协是我国人民群众最主要的利益表达渠道。人大和政协都直接或间接地代表人民的利益,它们也是我国政府了解人民群众需求和利益的最主要渠道。

其二,信访通道。在我国,信访是自下而上地表达个人或集体利益的渠道,它是政府机构了解人民群众利益和需求的政治制度。政府机构通过个人或是集团反映的情况、提出的意见或是要求,依法进行行政处理以满足个人或是集体的利益和需求。我国的信访制度是为加强政府同群众的联系,方便政府了解社情民意、汲取群众智慧、为人民排忧解难、接受群众监督而设置的。

其三,大众媒体。随着社会主义市场经济的深入发展,整个社会也处于一种高度发展的状态,社会发展局势变化较快,大众媒体在进行信息传播时,往往很主动地关注人民的利益,为人民的需求进行呐喊。人民已经意识到大众媒体在利益表达过程和结果中的重大作用。我国居民的思想意识较之前已经得到很大的解放,在利益表达上,除了利用传统渠道外,还充分利用大众媒体这种新兴的利益表达渠道。大众媒体的传播速度比传统媒体快,人民如果有需求,还会主动联系大众媒体以取得社会的关注,达到实现利益诉求的目的。大众媒体已经成为人们生活中不可分割的一部分,是人们获取信息,进行沟通和交流的重要手段和渠道。

以上三个方面是目前我国居民进行利益表达的主要渠道,但在具体的实际操作过程中,我国的城乡居民在选择利益表达渠道时,还是会存在差异,因而导致不同的利益表达结果。这种利益表达的差异性在基本公共服务上表现得尤为突出。

我国城乡居民在基本公共服务的利益表达渠道上存在差异的原因

究竟有哪些呢？本章主要从城乡居民的知识水平、意识观念和生活环境三个方面来阐述这种差异存在的原因。

其一，知识水平的差异。城乡居民因受教育水平的差异导致了城乡居民间知识水平的巨大差异。城市居民受教育的质量、年限在总体上都优越于农村居民，因而其知识水平也优越于农村居民。城市居民在选择利益表达的渠道时，会通过其拥有的知识水平选择相对便捷有效的渠道。在基本公共服务方面，农村居民认为可有可无，没有这方面的必然需求，即使没有这方面的服务，农村居民也不会想办法去争取。因而也就造成了城乡基本公共服务的不均衡发展。

其二，意识观念的差异。城乡居民的意识观念因其知识水平的不同而不同；城乡居民的意识观念因其受教育程度的不同、对新鲜事物接受的速度不同而不同。城市居民的意识观念要比农村居民先进。城市居民对社会变化的速度接受程度要快，对政府机构的各种文件的学习速度也要快，他们不仅对地区的、国家的局势了解得多，对国际事件了解的也比较多。而农村居民因为其知识结构的限制，对新鲜事物的接受速度没有城市居民快，对自身事务关心较多，对国家大事关心相对较少。因而，城乡居民在意识观念上存在巨大差异。在政府提供的公共服务中，存在着严重的不均衡，正是这种差异性的意识观念使得农村居民认为这是一种很正常的现象。因而，城乡居民在基本公共服务上的需求也就出现了差异性。

其三，生活环境的差异。城乡居民的生活环境的差异，毋庸置疑，城市居民生活环境优越于农村居民，这是众所周知的现实，无需多加阐述。正是城乡居民生活环境的差异导致了政府机构在处理城乡利益的时候会出现一定的偏差。政府机构在进行基本公共服务的供给时，对城市的倾斜性较大，为农村地区提供的基本公共服务很少，有的地方甚至没有。城乡居民因为意识观念的差异，对基本公共服务的差异和需求的利益表达也存在差异。

正是因为知识水平、意识观念以及生活环境的影响，城市居民在表达对各种公共服务的需求过程中更加积极主动，农村居民对公共服务的需求的表达取得的效果甚微，常常被动接受政府提供的公共服务。因而，在最终的公共服务和实际利益的获得上，城市居民处于优势地位，农村居民处于弱势地位。城乡居民在享用公共服务上面出现严重不均衡。

第五节　城乡创业公共服务需求差异

由于重庆长期受城乡二元经济结构影响，重庆市政府把大部分资金都投入到了城市地区，农村在各方面都落后于城市，农村居民在公共服务的享受程度上也不及城市居民多。要实现城乡创业公共服务的均等化就必然离不开对城乡居民的公共服务需求进行分析。从一定程度上说，重庆市政府在提供公共服务时也是以居民的需求为依据的，如果离开了居民对公共服务的需求的实际情况而主观决定公共服务的提供，非但不能满足居民对公共服务的需求，促进地区的经济发展，还是对国家资源的巨大浪费。重庆城乡居民对公共服务需求的差异引起了重庆城乡地区公共服务发展的差异，以及城乡创业公共服务非均等化的现状。

居民对公共服务需求的差异主要取决于城乡间的经济发展水平的差异。经济发展水平高的地区对公共服务的需求比经济发展水平低的地区要强烈得多。马斯洛需要层次理论将人的需求划分为五个层次，最低层次是满足生理需求，最高层次是自我实现的需求。马斯洛认为人们只有在低层次的需求得到满足之后，才会有更高层次的需求。

在经济发展水平较低的农村地区，人们对基本的生活需求较高，对公共服务方面的需求是在基本生活得到满足之后才会逐渐表现出来的。因此农村居民的收入水平较低，收入的大部分支出都用于满足基本的生活需要，而对基本公共服务方面的需求比较小。城市地区的经济发展水平较高，城市居民的收入水平随着社会经济的发展而不断提高，城市居民在基本的生活方面的需求因收入水平的提高已经得到了基本满足，他们的需求会向更高层次发展。近几年，随着经济水平的逐步提高，城市居民的收入也逐步地增加，城市居民对基本公共服务的需求有逐渐上升的趋势。

城乡居民的收入水平差异导致了城乡居民对公共服务的需求的差异。城镇居民在创业方面的社会活动比农村居民活跃，在创业过程中，城市居民对创业公共服务的需求也会比农村居民在这方面的需求强。需求决定供给，政府部门会根据城乡居民的需求来配置基本公共服务。在这种情况下，城市地区的创业公共服务资源优越于农村地区，从而造成了城乡之间创业公共服务的非均等化发展，城乡二元结构明显，严重阻碍着城乡一体化的进程。

第六节　创业公共服务供给模式单一

目前我国创业公共服务的供给主要是政府主导的，但是主导并不等于包办。政府机构在提供公共服务时，在生产与分配方面都处于主导地位，同时还为公共服务提供大量的资金。在政府主导的公共服务的供给上，社会组织没有承担相应的社会责任。我国政府机构提供各种公共服务已经成为我国公共服务供给的特有模式。这种以政府供给为主导的模式一定程度上有利于政策资金的畅通和促进有关各方行动的一致性，但过于单一的公共服务供给模式与治理机制也存在明显弊端。① 单一的公共服务供给模式会引发一系列的矛盾，从而影响公共服务均等化发展。

其一，集中决策和多元化需求之间的矛盾。单一的公共服务供给模式主要是由政府机构为社会提供公共服务。政府机构主要通过集中制定统一的公共服务供给方式来解决居民对公共服务的需求，这样就无法满足每个个体对公共服务的需求的特殊性。随着经济社会的发展，人们的需求已经朝着多元化的方向发展，不再是单一的需求。集中的政策决策无法满足多元化的需求，二者之间必然会产生矛盾。政府在进行公共服务供给决策时，因无法考虑到每个地区的特殊性，必然会造成部分地区的公共服务供大于求，而部分地区则供不应求。在

---

① 樊丽明、石绍宾：《城乡基本公共服务均等化研究》，经济科学出版社 2010 年版，第142 页。

供大于求的地区，会造成严重的公共服务资源浪费，供不应求的地区则会出现公共服务供给无法满足人们需求的现象。

其二，上级决策与基层能力之间的矛盾。政府上级机构在制定公共服务供给政策时认为基层政府组织有能力将这个政策落实到位。现实是，基层政府组织在公共服务均衡分配方面的能力存在一定的问题：对城镇地区的供给大于对农村地区的供给，出现一定的政策倾斜性。同时，基层政府机构无法全面落实上级的决策。这就造成了上级决策很好，下级执行不力的问题，农村地区对公共服务的需求无法得到满足。城乡之间公共服务的均等化发展仍然无法落到实处。长久持续下去，城乡之间的差距进一步加深。

其三，决策意图与执行效果之间的矛盾。政府机构在制定公共服务供给决策的时候，出发点是为了满足城乡居民对公共服务的需求，实现社会发展成果由全体人民共享的目标。但因基层政府组织执行能力的问题，导致了执行效果的不如意，部分地区甚至出现了更加严重的城乡之间公共服务的不均等。决策意图与执行效果之间没有达到一致，这也会造成资源的浪费，不利于实现城乡公共服务均等化发展。

单一的公共服务政府供给模式不仅无法为城乡一体化发展起促进作用，而且还在一定程度上影响基本公共服务均等化的政策效果，出现因供给和需求不均衡而导致的资源浪费等问题。同时，单一的供给模式因缺乏市场竞争而导致了公共服务质量和效率的降低。总之，单一的供给模式是制约城乡之间创业公共服务均等化发展的因素之一。

本章小结

综合第五章的调查分析可以得出两点基本结论：一是重庆市创业公共服务和全国其他地区一样还处于初始发展阶段，没有充分地发挥出创业公共服务鼓励创业、服务创业、发展创业的重要作用；二是重庆市创业公共服务在城乡之间的均等化发展存在着量上和质上的巨大差距。重庆市城乡创业公共服务均等化发展既是基本公共服务发展的必由之路，又是创业公共服务自身发展的目标。因此，深入研究分析重庆市城乡创业公共服务均等化发展的制约因素既是实现创业公共服务自身发展的必然要求，又是促进重庆市城乡创业公共服务均等化发展的前提准备。经过大量的理论研究和实证分析，本书认为，制约重庆城乡创业公共服务均等化的因素主要表现为重庆市城乡二元经济结构、城乡间公共财政保障机制不健全、城乡公共服务资源行政体制壁垒且布局不合理、城乡创业公共服务需求和表达渠道差异、城乡间创业公共服务供给模式单一且缺乏有效的评估监督机制等方面。其中，城乡二元经济结构和城乡间公共财政保障机制不健全是重庆市城乡创业公共服务均等化进程的最大障碍。重庆市城乡二元经济结构不仅制约了包括创业公共服务在内的重庆市城乡基本公共服务的均衡化发展，同时，包括创业公共服务在内的重庆市城乡基本公共服务的非均衡化发展进一步加深了重庆市城乡二元经济结构的程度。公共财政保障机制不健全是制约重庆市城乡创业公共服务均等化的重要因素，它主要表现在公共财政对城乡创业公共服务均等化的投入不足且结构不合理、公共财政的财权和事权不匹配、公共财政制度安排缺乏法治保障和透明度等方面。另外，本章还分析了城乡行政体制壁垒、城乡利益表达渠道差异、城乡创业公共服务需求差异、创业公共服务供给模式单一等因素对重庆市城乡创业公共服务均等化造成影响。至此，促进重庆市城乡创业公共服务均等化的主要问题和制约因素就在第五章和第六章的分析中顺利完成了。

第八章　国外城乡创业公共服务
均等化的实践与启示

基本公共服务均等化已经成当今世界大部分国家社会发展的特征之一。多数国家从法律规范、财政投入、政府责任等方面提供均等化的基本公共服务支持，旨在实现较高程度的基本公共服务均等化。纵观发达国家和部分发展中国家的发展，它们能够在国家重要领域出现变化的同时依然维持着良好的社会秩序与正常的生活状态，主要原因在于这些国家拥有较高程度的基本公共服务均等化。创业公共服务就包含在这较高程度的基本公共服务之中。这些国家在经历各种社会冲击之后，经济能够在较短的时间内恢复，主要因为这些国家能够为普通大众提供高水平的创业公共服务，创业者能够在充分享用这些公共服务之后，实现创业目标，提供大量就业岗位，解决了因冲击带来的失业问题，同时也为促进国家的经济社会发展作出了巨大贡献。他山之石，可以攻玉。地区间、城乡间的差异悬殊是我国社会经济发展的一大弊病，创业公共服务非均等化也是阻碍我国城乡间创业效果差异的主要原因。创业公共服务的发展需要有其他基本公共服务发展作为保障。本章将就国外促进基本公共服务均等化发展的有效措施进行分析，以更好地为我国创业公共服务均等化发展提供经验启示。

第一节　北美主要国家城乡创业公共
服务均等化的实践

一　美国城乡创业公共服务均等化的实践

尽管美国城市化发展迅速，市场经济高度发展，但是美国的农业地区依然存在，城乡收入差距依然存在。为了改善城乡之间的巨大差异，美国政府为其人民提供了均等化的基本公共服务，以保证社会的平稳运行。

（一）义务教育均等化

美国马萨诸塞州于 1852 年通过的《义务就学法》掀开了美国义务教育的新篇章。到 1918 年，美国各州全面实施了义务教育，实现了义务教育阶段入学机会的均等。

二战后，美国将义务教育改革的重点转移到促进义务教育均衡发展上。[①] 当时，美国州政府将地方征收的全部财产税用于支持农村义务教育的发展，加大对地方学区财政拨款的力度，在农村地区大量设立公立学校，推进城乡义务教育的均衡发展。但是，农村地区的教师收入水平、教育资源以及教育质量等方面均落后于城市地区，也就抑制了农村地区的教育水平的提高，且农村地区的学生成绩不高，升学率较低。为了改变城乡之间教育的差异，尤其是在教育质量上的差异，美国政府主要从义务教育财政体制上进行了相关探索。同时，美国州政府还通过财政转移支付制度促进教育资源在学区间均等分配，以达到教育资源公平配置和教育均等化发展。[②]

除了在财政上的大力支持外，美国政府还为保障义务教育均等化的实现出台了一系列行动方案和教育法律法规。1964 年美国总统林登·贝恩斯·约翰逊提出了政府为解决贫困阶层接受义务教育问题而提供五项联邦经费的"伟大社会"计划。1965 年，美国出台了《初等和中等教育法》，法案规定政府将会为低收入家庭子女提供教育经济资助。法案还提出了用于处境不利儿童的补偿教育的增拨款计划。同年，美国经济机会署倡导为贫困家庭的儿童提供各种游戏和材料以补偿因贫困造成的文化剥夺。美国 1968 年《双语教育法》、1973 年《职业恢复法案》、1975 年《所有残疾儿童教育法案》等法律的颁布，

---

① 樊丽明、石绍宾：《城乡基本公共服务均等化研究》，经济科学出版社 2010 年版，第 61 页。
② 同上书，第 62 页。

旨在保障所有学生能够接受相应的教育。1997 年美国实施了为解决学生成绩低落问题的"教育优先区"计划。2000 年，克林顿政府签署通过了专门针对农村教育实施的拨款法案的"农村教育成就项目"（REAP）。2002 年布什签署了《不让一个孩子掉队法》，目的是为了实现各类学生包括长期居留者、留学生、访问学者、外国劳工及其子女都拥有受教育的机会。

长期以来，美国政府为保障义务教育均等化作出了积极探索。更为关键的是，地方学校在义务教育阶段就已经推出较为全面的创业教育课程体系和管理制度。创业教育伴随义务教育的均衡发展而逐步发展起来。在义务教育阶段纳入创业教育的成功探索为美国实现高水平的义务教育均等化发展和义务教育阶段实用性教育发展起了积极作用，使得经过美国义务教育的学生在很早就接触并学到创业的基本知识，有利于创业创新意识的培育，也为美国经济社会发展起到了积极的作用。

（二）社会保障均等化

美国社会保障体系是在 1935 年颁布的《社会保障法》的基础上建立并完善起来的。美国在建立社会保障制度时，十分注重全国范围内的统一性，对乡村社会保障体系的建立给予了大量的财政支持。[①]另外，在美国农村，农民是以产业工人的角色出现于经济社会发展体系中，构成独立的社会阶层，是不可忽视的经济发展力量，在整个经济发展体系中并不处于劣势，并形成较为发达的利益社团影响社会保障政策的制定。因此，美国农民所享有的社会保障内容涵盖了社会保险的基本项目，美国的农民和城市居民在享受社会保障公共服务上处于平等的状态。美国农村健康协会还提出了将提高农村贫困人群医疗保险覆盖率作为城乡医疗卫生服务均等化的重要战略目标。美国建立了城乡一体化的居民社会养老保障制度。美国各州政府为解决农村居民医疗保障问题，在农村地区建立了乡村医疗合作社体系。城乡一体

---

① 任宗哲、卜晓军：《中国公共服务城乡均等化供给——基于制度分析的视角》，社会科学文献出版社 2013 年版，第 174—175 页。

化的社会保障制度，在很大程度上确保了美国乡村地区乃至整个社会的长期稳定和发展，[1] 并为农民参与创业创新提供了基本条件和基础环境。

（三）基础设施均等化

美国是世界上唯一一个地方先于全国政权建立的国家，乡村发展在整个国家发展史上有重要的地位。所以，从美国建国以来，农村地区的基础设施建设就引起了美国地方政府的高度重视，美国政府采取各种行动和计划推进农村和城市的均衡发展。美国在 19 世纪初开始对农村地区的基础设施进行大规模建设，包括颁布法律法案，修建铁路、发展轮船业、修筑农村邮路和州际公路，完善农村地区的交通网络，加强了农村与城市之间的联系，也为美国农业现代化和郊区小镇的发展起到了重要作用。美国针对郊区和农村地区居住分散的问题，规划建立了集零售、办公、服务、娱乐等多功能于一体的综合性社区，以此来满足郊区和农村地区居民的日常生活需求。美国政府还增加对农村地区的投资力度，加大农村地区提供电力、水力和通信事业等基础设施的建设，为农村居民创造良好的生产生活条件，缩小城乡间的差异。经过近两个世纪的建设，美国乡村地区的基础设施在系统性、均衡性等方面已经形成较为明显的优势。

（四）公共就业服务均等化

公共就业服务产生于 19 世纪末的工业化时期，其主要对象是生活在城市中的自由的产业工人。公共就业服务实施的主体是政府，随着凯恩斯主义与自由主义理论的摇摆，其实施主体已经呈现多元化的趋势。实施目标是改善劳动者的就业能力，提高劳动者的就业机会，也是为了增加就业，缓解由失业而带来的社会矛盾。

美国在促进就业方面颁布过多部法律。1964 年《就业法案》和 1994 年《劳动保障法案》，这两个法案主要是为就业者提供就业机会的相关法案；1978 年《扩大工作培训和公共服务就业计划》和 2008 年

---

[1] 樊丽明、石绍宾：《城乡基本公共服务均等化研究》，经济科学出版社 2010 年版，第 62 页。

《高等教育机会法》是为就业者提供培训机会的法律。当然，美国为针对不同时期不同的对象，制定了比较完善的与就业相关的法律法规。美国在公共就业服务均等化过程中，实施的是公共服务标准化模式。1995年美国联邦政府颁布了《美国公众的服务标准》，公共就业服务标准化模式的目的是确保服务标准的统一，防止了因福利项目支出过度而带来的负面影响。[①] 这一模式确保了政府在提供就业公共服务时的均等化和服务质量，一定程度上避免了政府在提供公共就业服务时出现差异化的现象。但是，应当注意的是，在资本主义世界，失业人群的存在是缓解资本主义经济波动的主要方式，失业人群大多集中在城市地区，"城乡"两级分化也就集中反映出城市中的不同阶层对立，这与社会主义国家尤其是我国存在根本的差异。当然，也就决定了它不可能真正地实施均等化的公共就业服务。在极为强调个人自由的价值环境中，更不可能由公共就业服务中拓展出公共创业服务。

二　加拿大城乡创业公共服务均等化的实践

加拿大是世界上最早实施提供均等化的基本公共服务的国家之一。第二次世界大战后，加拿大于1982年把教育、医疗卫生和社会服务作为联邦政府财政均等化的主要项目正式纳入宪法。加拿大联邦主义将均等化作为基本原则和实现统一的重要手段，并将均等化理念写入了《宪法》。

（一）义务教育均等化

加拿大是世界上发达的资本主义国家之一。在义务教育方面，加拿大实行的是12年制。5—18岁的孩子均享有免费接受教育的权利，部分地区如加拿大安省的免费教育从孩子4岁时就开始了。加拿大五分之四的学生在公办学校均可以享受免费教育。一些富有的省份的学生文具纸本都是免费的，比如魁北克省。在义务教育均等化方面，各省份根据自身的实际情况对义务教育基本要求做了相关修正，目标是

---

① 王飞鹏：《中国公共就业服务均等化问题研究》，首都经济贸易大学出版社2013年版，第148—150页。

让所有的孩子都能够享有接受义务教育的权利，提高加拿大国民受教育的数量和质量，削弱城乡之间孩子受教育的差异性，为加拿大整个社会经济发展从小培养优秀人才资源。

（二）社会保障均等化

加拿大的社会保障方面涵盖有很多社会福利项目。加拿大各省在养老保障方面设有专门针对老人的援助计划，老年人可以根据自身的实际条件选择不同的养老保障项目。加拿大针对工作人员实施了一项"加拿大退休计划"，只要参加这个计划的人，在即将退休或退休后均可申请领取相应的退休金。加拿大养老保障的服务对象是 65 岁及以上或是至少在加拿大居住十年的加拿大公民或是合法居民。

加拿大为实现医疗公共服务均等化，在全国还实施了统一标准的"国民基本医疗保险"。只要加入这个计划，公民和永久居民就可以凭借国家统一办理的能够在全国使用的医疗磁卡享受免费的公共医疗服务。在加拿大全民基本医疗保障体系中，任何阶层的人都能够得到最完善的医疗保障。

加拿大实行就业保险，对工薪阶层实行强制保险。就业保险能够为失业者在失业时及时提供保障。对非自身原因被辞退的工薪人员可以申请领取相当于本人工资 55% 的失业保险金。对于长期失业者还可以申请社会福利金以补助生活之用。社会福利金可以被一直没有找到工作的申请人无限期地领用。这就保证了失业人员的生活，避免因生活贫困给社会造成不和谐影响。

（三）公共就业服务均等化

加拿大法律明确规定：省级政府要承担本省的教育、就业和社会服务等基本公共服务项目的供给。加拿大在实施创业公共服务的模式上选择的是人均财力均等化的模式。1957 年，加拿大建立了财政均等化的项目以确保全国基本公共服务的均等化。加拿大在基本公共服务的提供中，政府和州根据一定标准各自承担相应的经费责任。政府按照人均财政收入标准向下实行转移支付的补助，对超过人均财政收入标准的州不予补贴；基本公共服务的费用由州负责，对收入没有达到这个标准的州，由联邦政府予以补贴。加拿大政府在创业公共服务均等化的理念中包含了创业者享受的创业服务机会平等，政府通过为社会提供创业公共服务和财政支持来缩小城乡间创业公共服务在供给方面的差异，实现城乡创业公共服务均等化发展。

从美国和加拿大两国促进基本公共服务均等化的实践中，我们可以归纳出两国的共同之处：

第一，建立并完善基本公共服务均等化的法律法规是关键；第二，稳定的收入来源是政府提供基本公共服务的重要保障；第三，政府拨款是实现基本公共服务均等化的必要条件；第四，健全财政转移支付手段是实现基本公共服务均等化的重要内容。

第二节　欧洲主要国家城乡创业公共服务均等化的实践

一　英国城乡创业公共服务均等化的实践

（一）义务教育均等化

英国早在 1802 年颁布的《学徒健康与道德法案》和 1833 年颁布的《工厂法》两个法案就为英国普及义务教育奠定了良好的基础。1870 年《初等教育法》的颁布是英国义务教育均等化改革正式开始的标志。

《初等教育法》规定了 5—12 岁的儿童必须接受义务教育。法案规定将城镇和农村划分为不同的教区。政府将会对教区学校设施不足的地方予以 6 个月期限的基础建设拨款，6 个月后学校设施建设仍然不足的校区，建立地方纳税人选举产生的学校委员会，通过学校委员会改善学校基础设施不足的状况。学校委员会拥有广泛的权力，包括征收地方教育税，是否减免贫民儿童的学费，是否依法对 5—12 岁的儿童实施强制入学以及任命自己的常任官员等。法案对改善落后地区学校的教学设施，促进区际教育公平具有重要意义。[1]

---

[1]　姜鑫、罗佳：《城乡基本公共服务均等化评价与对策》，西南财经大学出版社 2012 年版，第 69—71 页。

1918 年英国制定了《费舍教育法》，该法案规定地方当局要开设幼儿学校，义务教育小学阶段实行免费；同时，地方当局要建立继续教育学校，为接受义务教育之后又没有继续学习的年轻人提供免费的培训课程。该法案颁布之后，英国义务教育实现了全免费，在加快义务教育均等化方面起到了极大的促进作用。

1988 年英国通过了《教育改革法》，该法案决定设立义务教育阶段全国统一课程和全国统一考试制度。同时明确了家长在选择学校时不受地区的限制，在标准招生数之内的入学申请，学校都不得拒绝。该法案保障了各地区和学校间教育质量的相对均衡状态。

2007 年英国教育大臣艾伦·约翰宣布，英国学生接受义务教育的年龄由 16 岁提升至 18 岁，若在法定受教育年龄辍学或中途放弃职业培训课程的学生将会面临被判刑的处分。这就确保了学生受教育的权利，同时也促进了义务教育的均等化发展。

（二）创业教育均等化

英国在推动创业教育的过程中，比较突出的特点是充分利用和调动各级政府、各种社会组织和民间的力量形成多元化的创业教育服务主体，并注重企业在创业教育过程中的重要作用，成为创业教育和大学生创建企业重要的社会资源。尤其是形成了以地方政府和企业为主要力量的覆盖全社会的大学生创业援助体系。地区发展局作为地方性创业教育主体之一，将大学生创业纳入地方经济发展战略，在区域内发起创业项目。在较为完备的激励政策鼓动下，企业积极参与创业教育，支持大学生创业，提供创业咨询、创业指导、资金赞助和创业学习。

各个高校也围绕创业教育实践建立大学科学园和孵化器，为大学生创业提供全面创业孵化。创业教育不仅为英国大学注入了新的活力，而且带来人才培养模式、课程、教学、师资、评价等方面系统的革新。创业教育逐渐从商学院扩展到主流教学之中。在这个过程中，英国创业教育随着创业理论研究的不断深化，以及新的创业课程和学习模式不断开发和实验，创业教育又从课堂延伸到课外、社区、企业乃至整个社会。从参与创业教育的学生数、开设的创业课程数、大学生自我雇用比例的逐年增加，大学生创业意识、创业倾向、创业技能的提高以及创业教育对企业成长的贡献等方面，可以看到英国高校创业教育取得的显著效果。

（三）社会保障均等化

英国社会保障的发展由来已久，早在 1601 年英国政府颁布的《伊丽莎白济贫法》标志着英国政府涉足社会救济事业。英国成为世界上第一个宣布进入福利社会的国家。之后颁布的《新济贫法》在一定程度上完善了社会保障的不足，这部法案成立了济贫委员会，用以监督全国的济贫活动，使之更加规范化。《新济贫法》的颁布标志着英国社会保障趋向法制化。

英国将公平作为实施社会保障的原则，实行最全面普遍的社会保障。国民保险、国民医疗保健、家庭津贴和国民救助是英国社会保障的主要构成部分。除了国民保险是对在离校年龄和退休年龄之间的所有人实行的强制性保险外，其他部分的经费则全部由英国国家财政支持，目的在于实现全体国民的社会保障。英国政府还为社会提供各种社会福利和服务以保证基本公共服务的均等化发展。

（四）公共就业服务均等化

英国针对弱势群体和失业者的就业成立了专门的就业服务机构，即"特别就业服务和失业给付中心"。该中心是一个纯粹的公共部门，英国政府承担其全部经费责任。中心工作人员为国家公务员，利用直接使用公权力的优势为弱势群体和失业者进行就业帮扶，通过提高弱势群体和失业者的就业率达到减少国家福利支持的目的。该中心根据求业者的具体情况，及时快速地为其提供有针对性的、个性化的特定的就业服务，提高了公共就业服务的质量和效率。该中心在就业服务和福利结合的项目上投入了大量的资源和精力，使得福利制度对就业的支持作用实现了充分的发挥。英国公共就业服务的资金主要来源于政府，因此，政府在提供公共就业服务时做到均衡。提高弱势群体和失业者的就业率也为促进均等化发展起到了积极作用。

二　德国城乡创业公共服务均等化的实践

（一）义务教育均等化

德国义务教育均等化的发展主要是通过法律实现的，为义务教育均等化提供了强有力的制度保障。德国6周岁的儿童必须上学或是进入特殊学校进行职业培训，否则家长将会承担法律责任。德国的公立学校学费全免；学校必须免费派车接送来自偏僻乡村的学生；学校要对住校的低收入家庭的学生提供困难补助。德国的教育经费由联邦、州和地方政府共同承担，联邦政府通过制定教育政策和法规实现对各州教育的监督。

（二）公共就业服务均等化

德国在就业服务方面推行的是"中央和地方分权"的模式，即采用的是中央与地方、地方与行业分权的三级管理服务模式。德国在具体的公共就业服务的提供上主要由不同层级的政府决定和负责。联邦政府主要负责政策、法律和规章的制定，统一社会福利政策和保障就业的标准以及通过转移支付解决各州之间在公共就业服务均等化方面的财政差异等工作项目。联邦政府还制定了许多优惠政策帮助社会经济欠发达的地区发展，如向贫困地区中小企业提供人力资本、对基础设施建设落后地区进行投资补贴、补贴在欠发达地区投资的企业等。公共就业服务的微观层面主要由各州政府负责。德国的公共就业服务引入了竞争性职业培训项目，打破了政府对培训的垄断体制，社会机构积极地参与到公共就业服务体系中，提高了职业技能培训的质量和效果。德国在公共就业服务上的分权模式和所采取的措施，增强了落后地区的经济发展水平和潜力，奠定了公共就业服务均等化的经济基础并为公共就业服务均等化提供了制度保障。

第三节　亚太主要国家城乡创业公共服务均等化的实践

亚洲和大洋洲的国家也相当重视创业公共服务均等化，这些国家根据本国的国情实施了促进本国创业公共服务均等化政策的措施。亚洲国家如日本、韩国等，大洋洲国家如澳大利亚在促进本国创业公共服务均等化上有许多值得我国在推进创业公共服务均等化过程中学习和借鉴的地方。

一 日本城乡创业公共服务均等化的实践

第二次世界大战后，日本经济于 1955 年开始复苏并实现了高速增长。农村公共服务供给不足、城乡收入分配不均、城乡差距过大等问题也曾在日本社会经济发展过程中出现过。针对这些问题，日本政府先后制定并实施了三次"国民综合开发计划"。经过三次计划，日本的城乡差距在不断缩小，城乡公共服务均等化得到深化，日本在社会保障、公共服务等方面都实现了城乡均等化。

（一）义务教育均等化

一直以来，日本政府对教育都十分重视。日本自明治维新就开始实行 6 年制全民义务教育，适龄儿童都要进校学习，不分城乡。日本一直都将义务教育作为提高国民素质、实现国家强盛的基础和手段。[①]二战结束之后，日本加大了对教育的投资力度，于 1947 年将义务教育年限从 6 年延长至 9 年，并将普及义务教育作为重要国策。

1954 年《偏远地区教育振兴法》的颁布标志着日本开始关注义务教育均衡发展，重视基本公共教育服务均等化问题。该法令主要对农村地区尤其是偏远地区教育的条件、教育资源、师资力量、教学质量、学生健康和生活等基本问题作出了具体的规定，尤其是对农村地区教师的待遇问题做出了明确规定。在促进学校均衡发展方面，日本建立了一套规定平均每个教师约 7 年在公立小学之间更换一次学校的教师定期调换制度。日本的这项措施保障了学生受教育机会的均等，提高了偏远地区的教育水平。

日本在重视教育的同时，也十分重视对义务教育的投入。日本公

---

① 樊继达：《统筹城乡发展中的基本公共服务均等化》，中国财政经济出版社 2008 年版，第 220 页。

共财政在小学、中学和中学后非高等教育的投入比例高达90%。不同的政府级别对义务教育承担不同的经费投入责任。日本中央政府在义务教育经费分担中占的比例很大，国立学校所需要的全部经费和教科书费用都由中央政府承担。除此之外，中央政府在地方公立学校教职工工资和福利保障、校舍新建扩建、校舍危房改造、家庭经济困难学生补助等方面的经费上都有承担相应的责任。

（二）社会保障均等化

日本针对农民的社会保障体制是从20世纪50年代末到60年代初建立的。为保证农民能与城市居民享受同等的社会保障，日本颁布了《国民加快保险法》和《国民年金法》，为日本城乡基本社会保障均等化的实现奠定了基础。20世纪70年代中叶，日本基本实现了社会保障的全面覆盖。在农村社会保险方面，主要是针对农民进行健康保险和年金保险；在社会救助方面，主要是政府为那些受法律保护的、没有固定职业和低收入的贫困者无偿提供生活补助，以保障其最低生活水平；在养老保障方面，日本实现了全民皆年金、全民皆保险，且年金保险是国家强制实施的。日本实行的是混合型的社会保障模式。虽然农村社会保障水平与城市仍旧存在一定差距，但是随着日本城乡差距的缩小，在某种程度上基本实现了社会保障的均等化。[1]

（三）基础设施均等化

日本城乡基础设施均等化是与日本的新农村建设运动同步进行的。[2] 1956年，时任日本农业大臣的河野一郎针对当时农民收入水平不高、农村基础设施落后等众多问题，采取了提高中央、都道府县及市町村三级政府的补贴水平的特殊补贴方式。日本政府还提高了用于农田基本建设、水利、农村通电、建立公共设施、农村广播等基础设施领域的补贴水平。除此之外，日本的国家农业金融机构还采取了发

---

[1] 樊继达：《统筹城乡发展中的基本公共服务均等化》，中国财政经济出版社2008年版，第224页。

[2] 樊丽明、石绍宾：《城乡基本公共服务均等化研究》，经济科学出版社2010年版，第88页。

放低息贷款措施，解决农民资金匮乏的问题。日本政府还制定了"经济社会发展计划"，将新农村建设放在推进农业及农村现代化的核心位置。政府加大投资强化农田水利的基本建设，修筑农业防灾和农用道路等基础设施。目的皆在于提高农业和农村现代化水平，全面缩小城乡差距。

（四）创业公共服务均等化

日本实现城乡创业公共服务均等化与日本各级政府相互配合及分工的明确化、政府治理民主化和健全的制度密切相关。从城乡创业公共服务均等化的手段上看，日本政府通过义务教育、职业教育、社会保障和基础设施的均等化发展作为创业公共服务均等化的重要内容。政府在创业公共服务的经费上负主要责任，并合理分配公共财政，无条件为欠发达地区进行转移支付，以提高欠发达地区政府提供创业公共服务的能力。健全的法律法规是公共服务均等化实现的制度保障。日本政府为均等化采取的措施提高了经济落后地区的发展状况，缩小了城乡间的差异。创业者在农村地区也可以享受到和城市地区相当的创业公共服务。

二　澳大利亚城乡创业公共服务均等化的实践

澳大利亚经济发达，没有一个纯粹的农村地区。整个国家是由不同特征的地理、经济、环境和社会人口而形成的社会构成。在相当长的时期里，澳大利亚的农业在其国民经济中占主体地位。[①] 随着经济的不断发展，农业在国民经济中所占比重呈下降趋势，但是农业仍有很大发展，农业出口量依然不断增加。这都和澳大利亚实施城乡基本公共服务均等化发展成果密不可分。

（一）义务教育均等化

澳大利亚于 1901 年才从英国的殖民统治中解放出来并实现独立发展。1973 年，澳大利亚学校委员会出台了以城市经济落后区为重

---

① 杨继成：《有感于澳大利亚农业和新农村建设》，载《决策探索》（下半月）2007 年第 11 期。

点的，旨在为贫困地区学校提供经费、技术和师资等方面的支持以提高教学质量的"薄弱学校计划"，在这个计划中，城市落后地区的学校得到了良好的发展。1977 年，澳大利亚联邦政府出台了以促进农村偏远地区学校发展为目标的"贫困农村地区计划"，农村地区的部分学校得到了相应的资助。1982 年，澳大利亚联邦政府进一步加大了对农村地区在教育方面的资金投入力度，促进了农村教育的大力发展。随着澳大利亚经济的深入发展，联邦政府不断加大对"农村地区计划"的资金投入。[①]

澳大利亚"农村地区计划"的实行使农村地区学校的条件得到了很大改善，学校数量增多，农村孩子受教育的机会也不断地增多。在实施农村地区计划的同时，澳大利亚各州政府还非常重视教师的专业水平。澳大利亚对任教教师有很严格的要求，必须接受专门的教育并获取相应的教师资格证。同时，政府还创造良好的软硬件条件帮助农村教师克服农村落差感。

农村地区计划在促进农村中小学教育质量上起到了积极作用，澳大利亚农村学校的教学质量和师资力量都有了很大程度的提高，城乡之间学生的差距也在这个计划的实施过程中逐渐缩小。

（二）基础设施均等化

农业一直是澳大利亚国民经济支柱产业之一，澳大利亚政府历来重视对农村基础设施的投入和建设。[②] 澳大利亚政府在农村电气化改造工作、农村电网系统供给、农村水利设施、农村电信设施建设等方面都起了主导作用。政府通过各种支持政策促进农村地区发展所依赖的基础设施的建设和发展。为了增强农业国际竞争力，澳大利亚政府投入了大量的人力、物力和财力开展农业科研。经过一系列的建设，澳大利亚城市和农村没有明显的界线。农村齐全的基础设施、优美的环境、良好的生活条件，与城市相比基本没有差别。

---

① 孔凡河、赵宏伟：《澳大利亚基本公共服务均等化的实践探索与启示》，载《上海党史与党建》2014 年第 9 期。
② 冯万玉等：《澳大利亚农业发展对我国农业的启示》，载《内蒙古农业科技》2005 年第 4 期。

澳大利亚政府专门设立了中央联合部以便更好地、统一地提供基本公共服务。中央联合部的成立解决了居民在享受公共服务时的各种困惑，为居民提供了更为方便快捷的公共服务并为社会解决了很多的危急事件。同时，中央联合部在提供公共服务时充分体现了人本主义的要求，根据居民的需要对其提供帮助。中央联合机构在保障澳大利亚人人享有均等的基本公共服务方面起了巨大的促进作用。

（三）公共就业服务均等化

澳大利亚的就业服务采用的是"市场模式"，其公共就业服务主要由人力服务部"社保中心"负责。针对求职者的就业服务主要是为求职者提供就业信息和就业培训、提供求职交流平台、反馈面试结果等项目。该中心还为求职者提供包括求职训练、工作匹配和深入服务等免费就业服务，对三个月还没有找到工作的求职者提供"一对一"式的强化就业服务，直至就业成功。澳大利亚这种社会化、市场化的公共就业服务模式有助于在全国建立一个公平、竞争、统一的劳务市场。[1]

在澳大利亚城乡基本公共服务均等化的实现过程中，政府的权责清晰明确，地方政府拥有一定的自主权。在创业公共服务的供给上，地方政府负有主要责任，同时联邦政府要对城乡差异明显的地区进行资金支持。在创业公共服务的政策制定方面，联邦政府占有主导地位，联邦政府负责创业公共服务的整体政策制定，对农村地区采取不同的服务体系政策。澳大利亚高度集权的财政体制，为其在全国范围内有效地实施财政均等提供了保证。创业者在享受创业政策上不受地域限制，这是实现城乡创业公共服务均等化的重要手段。同时，健全的法律法规也为澳大利亚实现城乡创业公共服务的均等化提供了制度保障。

第四节 拉美主要国家城乡创业公共服务均等化的实践

中小企业在拉美地区市场主体中占有重要地位。拉美地区企业规

---

[1] 王飞鹏：《中国公共就业服务均等化问题研究》，首都经济贸易大学出版社 2013 年版，第 147 页。

模结构与 OECD 国家一样，约有 99% 的企业是中小企业。这彰显中小企业生产及作为改革推动者方面的重要性。由于他们在生产结构中数量庞大，任何产业政策和结构改革都必须考虑到中小企业的不同特征、特性和变化。经济合作与发展组织发展中心（2013）认为，在正确的扶持政策框架中，拉美地区微、小和中型企业（SMEs）可以在（通过技术和结构变化）提高生产率、弥补大型企业规模经济的不足、促使中小企业在建立生产集群和降低社会不平等与消除贫困等方面发挥重要作用。[①] 拉美中小企业的显著特征之一是高度多元化，既有出于自我就业和生存需要而建立的企业，通常以非正规方式运营，人力资本低，获取外部资金困难，国际化程度很低，其生产活动对技术要求也很低；也有通过高效创新的管理而开拓市场的高增长企业，即所谓的"瞪羚企业"，他们能获得更多的销售收入，创造更多的就业机会，还通过高效创新的经营管理来开拓市场。除了在生产率和就业方面有不同的增长潜力之外，不同类型的中小企业通常面临完全不同的发展障碍。对于某些中小企业来讲，大部分障碍来自企业内部（例如企业能力有限），另一些企业的主要障碍则是不利的外部环境对部门、生产链或集群的影响，甚至包括不利的宏观经济环境的影响。

在拉美地区，规模较小的企业尤其是微型和小型企业，准入门槛低，与其他企业合作（建立网络或集群）的需求和动力较少，在提高企业（和劳动力）的专业化程度、创新偏好及生产率等方面，产生外部性的可能性极低。因此，中小微企业是拉美地区生产率最低的经济部门。其中，小企业生产率在全国水平仅为大企业的 16%—36%，欧洲则是 63%—75% 之间，生产率差异对工资差距产生影响，从而对该地区收入分配和不平等产生重要影响。拉美地区创业企业创新能力差、劳动生产率低的这种特殊情况，与拉美的经济体制的特殊性和制度的不完善有很大关系。其一，国民收入分配不公、高贫困发

---

① 经济合作与发展组织发展中心、联合国拉美经委会：《2013 年拉丁美洲经济展望——面向结构调整的中小企业政策》，知识产权出版社 2013 年版，第 32 页。

生率等是最根源的因素，造成了增加知识和资金可能性和可获得性极难的市场环境；其二，制度等体制性约束是主要的制约因素，带来的是登记注册和开办、关闭企业的烦琐手续和难以承受的创业成本，造成有活力、能创新的企业开办几率更小，这种情况的严重程度仅次于撒哈拉以南的非洲和中东、北非地区。高失业率、贫困、两极分化的社会结构，基本上已经成为拉美地区国家的普遍现象，消除贫困和促进就业已经成为拉美地区国家的核心目标或是主要目标。在 20 世纪 90 年代中期以后，拉美地区高失业率促使人们的思想发生了转变，中小企业等新创企业业已成为增加就业、消除贫困的主力军，创业再次引起拉美地区国家的普遍重视，各种促进创业、推动创业企业发展的机构涌现出来，如阿根廷 1997 年建立的中小企业秘书处、厄瓜多尔 1999 年建立的中小型工业和工艺署、巴西萨尔瓦多 1996 年建立的全国微小企业委员会（CONAMYPE）。但是，政府中的新职级并未转化为相应的行政权和改革措施，甚至于许多机构的运行资金并不能得到国家财政的支持，也没有正式纳入国家预算，很大程度上依赖于外部资金，负责落实政策的国家主管部门并不能完全掌握机构，机构能否维持正常工作要看政策制定系统外的利益主体。机构能力差与预算限制共同降低了鼓励和支持创业创新政策的效率，导致具体支持创新创业的措施仍然停留在政府宣言或文件中，改革进程还很落后，实际成果更是寥寥无几。

一　墨西哥发展微、中小企业改革

墨西哥 2001 年设立了微、中小企业署（副国务秘书处），又于 2002 年通过了《发展微、中小企业竞争法》，墨西哥促进创新创业企业发展的政策框架基本建立，也标志着墨西哥发展微、中小企业的改革正式开始。在这一框架内，墨西哥政府相应地出台了三大配套计划措施，支持中小企业创新创业，即设立微中小企业扶持基金（FAN-PYMF）、微中小型企业融资扶持基金（FOAFI）、支持生产链一体化基金（FIDECAP）。制定专门针对创业活动、创业企业的具体法律，形成相应的法律框架，直接表明中小企业被逐步纳入国家战略以及其作用和地位得到更加准确定位的趋势，这将极大地提高政策的稳定性和持续性，进而提升政策促进创新创业的可预期性，鼓励和支持创新创业的政策环境由此建立。2004 年，墨西哥微、中小企业署（副国务秘书处）将三大配套计划措施合并，创建了中小企业基金（SME FUND），覆盖了创业企业不同发展阶段上的 5 种类型，即新创企业、微型企业、中小企业、瞪羚企业、市场驱动型企业，墨西哥创业公共服务发展战略即围绕该类型划分展开。从孵化和培训"新的个体企业家"为开端，然后通过扶持措施把这些企业发展成为微型企业，然后进一步发展成为中小企业，待这些企业逐步成熟，且能持续保持年增长率达到或超过 20% 的高增长，就将其转化成为瞪羚企业。此时，墨西哥政府支持和联合非政府机构，建立"企业加速器"，高成长型的中小企业在"企业加速器"的支持下，进入下一阶段，与市场驱动型企业（大型企业）联合、整合成供应链或成为出口主导型中小企业。墨西哥的中小企业基金改革有以下几个特点：一是按照创业企业发展过程划分阶段并作为创业公共服务供给项目选择的主要依据，创业企业在每个阶段都有相应的创业公共服务机构和机制为其服务；二是联合非政府机构提供市场化创业公共服务，已突破拉美地区创业企业创新性不强和发展质量不高带来的服务成本高涨风险；三是各个阶段的不同创业公共服务均以提供需求方补贴为主要内容。这种更新的、更具综合性和协调性强的方式符合墨西哥创业企业发展实际，使得中小企业基金成为墨西哥最主要的创业创新促进机构。

拉美地区的其他国家也实施了类似的改革法案。如阿根廷 1997 年通过了《中小企业法案》，2000 年进行了修订；巴西 1996 年通过了《微、小企业法案》、1999 年通过了《微、小企业条例》、2006 年通过的《微小企业总法》，建立了一套新的促进创业创新的法律框架；智利 2010 年通过了《中小企业条例》等。

二　阿根廷的创业企业信息收集系统

创业公共服务项目和内容的设计和制定并非是孤立的，它建立在可靠的需求信息反馈基础上；同时，对创业企业信息的掌握和把控是创业企业发展和创业公共服务有效供给过程中的重要因素。但是在拉美地区长期缺乏创业公共服务的信息收集系统和机制，致使创业公共服务在生产和供给过程中缺少反馈环节，甚至有的服务已经偏离了国家发展目标，政策实施也会因缺乏有效监控和管理、得不到统一贯彻和有效执行而缺乏持续性、稳定性，创业公共服务成本增加，又使得政府因难以承受而断层、停滞或停留在文件中无法执行。阿根廷通过建立就业和企业活力观测台（OEDE）、实施中小企业地图（MAPA PyME）计划，构建完成创业企业信息收集系统，实现了政府政策等创业公共服务与创业企业需求的对接，提高了创业公共服务的时效性、有效性、科学性。阿根廷的"就业和企业活力观测台"（OEDE）在2003年成立，依托拉美经委会和就业部共同实施的技术援助计划而建立。该观测台利用公共机构以月为单位不断收集阿根廷90多万家正规企业（其中包括50万家左右的专营商）的行政管理记录等创业公共服务信息，为阿根廷政府及时调整创业政策、市场政策、实施创业治理提供了信息基础。另外，阿根廷还通过中小企业和区域发展局（SEPYME）实施中小企业地图（MAPA PyME）计划，对10000家企业进行每两年一次的调查，收集有关规模较小的企业的经济动态和关键数据，完善有关中小企业的信息系统。

在此基础上，阿根廷建立了较为完整的、按照行业划分的创业创新，尤其是技术创新的优惠政策体系。如旅游业所涉及的不动产税和营业收入税免征或者部分减免，期限根据地区和所进行的项目为5到15年，在阿根廷的23个省中，有14个省还有自定的旅游业优惠政策；林业优惠财政项目从项目通过之日起算，稳定30年不变，并可以根据省政府部门的要求，由阿根廷SAGPYA部门延长至最多50年；矿业的开发和生产活动，稳定的财政政策30年，资本项目进口免除关税，30年的租借期，免除资产税，取消出口税收等等。

第五节　国外城乡创业公共服务均等化的启示

创业公共服务均等化的目标是政府为有创业需求的群体提供没有

城乡差异的创业公共服务，创业者无论身处何种环境都能享受到均等的创业公共服务，实现成功创业。前面已对国外创业公共服务及其相关的基本公共服务的实践进行了深入分析，总结经验，这对我国政府实施创业公共服务均等化提供了有益借鉴。

一　提供城乡创业公共服务是政府的重要职责

创业是就业之本，创业产业的发展能够带动社会的经济发展，提供大量的就业岗位解决就业问题。城乡创业公共服务均等化能够为创业群体提供公平的创业政策，促进创业的发展。各国都将均等化的基本公共服务与促进人类发展紧密相连，看作是社会发展与进步的重要内容，并将其作为政府的重要工作。[①]

我国政府是为民服务的政府，之前由于在国家建设过程中出现了小偏差，城乡差异较大，农村地区落后于城市。在创业公共服务供给方面，政府的重心主要在城市，农村地区几乎没有涉及，我国城乡创业公共服务呈非均等化发展状态。总结国外经验，我国政府应当将农村地区的创业公共服务也纳入工作范围，加大对农村地区基本公共服务的投入，努力加强农村地区创业公共服务体系的建设，实现创业公共服务的均等化发展。这样创业者才会愿意到农村地区创业，解决农村剩余劳动力的就业问题，同时促进农村地区经济的发展。

二　健全的法律法规是实现城乡创业公共服务均等化的制度保障

纵观世界各国基本公共服务均等化的实践，健全的法律法规是实现城乡公共服务均等化的重要保障。各国在义务教育均等化的进程中都颁布了相关的法律，实行了相应的均等化行动和计划。如德国在财政体制方面也建立了完善的法律体系，将各级政府的事权、财权以及财政平衡制度都以法律形式予以明确规定。

---

① 樊继达：《统筹城乡发展中的基本公共服务均等化》，中国财政经济出版社 2008 年版，第 227 页。

我国对基本公共服务均等化方面的法律重视程度不够，经济发展依然是各级政府的首要任务。在创业公共服务的供给方面主要侧重城市地区，城乡间差异悬殊。我国政府应该完善与创业公共服务相关的法律法规，将创业公共服务均等化发展上升到法制高度，做到有法可依，有法可循，为创业公共服务的均等化提供强有力的法制保障。

三　落后地区优先配置创业公共服务资源

国外在基本公共服务的供给上采取的是对偏远地区和落后地区优先配置资源的做法。在创业公共服务均等化的标准统一的体系基础上，推行落后地区优先配置资源的政策有利于城乡创业公共服务差异的缩小。针对城乡差异较大的地区，就要进行相对较多的投入，不断增加对落后地区创业公共服务的建设，利用农村地区的自然环境和优势建立有利于减少政府投入的创业公共服务。对城乡地区创业公共服务资源的配置要注重均衡，改变以前的发展思维，对农村地区采取倾斜政策。加大对农村创业公共服务人力、物力和财力方面的投入，创造良好的软硬件条件，为创业者提供城乡均等的创业服务。

本章小结

本章主要从国外基本公共服务均等化过程探究和启示重庆市城乡创业公共服务均等化。基本公共服务均等化已经成为当今世界大部分国家社会发展的特征之一。多数国家从法律规范、财政投入、政府责任等方面提供均等化的基本公共服务支持，旨在实现较高程度的基本公共服务均等化。纵观发达国家和部分发展中国家的发展，它们能够在国家重要领域出现变化的同时依然维持着良好的社会秩序与正常的生活状态，主要原因在于这些国家拥有较高程度的基本公共服务均等化。最主要的表现就是制度化、法治化的基本公共服务供给方式，用制度和法治的普遍性、强制性解决了地区差异问题。同时也有 20 世纪中叶推行福利国家政策的作用效果，而创业公共服务就包含在这较高程度的基本公共服务之中。本章就北美的美国、加拿大，欧洲的英国、德国，亚太地区的日本、澳大利亚等地区主要国家的义务教育、社会保障、基础设施、公共就业服务几个重要项目的均等化过程进行了分析和概括。经过分析发现，所列举的国家促进基本公共服务均等化在实践中有以下几个共同之处：一是法律法规是关键；二是稳定的收入来源保障；三是财政转移支付是均等化的重要内容。在此基础上，本书总结出国外创业公共服务均等化过程对重庆市城乡创业公共服务均等化的三条启示：政府应承担重要职责、健全的法律法规是保障、资源向落后地区优先配置。这三条启示直接影响着本书确定促进重庆市城乡创业公共服务均等化的思路和建议。

第九章　促进重庆市城乡创业公共服务均等化的思路与对策

　　我国正处于"十三五"时期开局之年，"五大发展理念"引领经济社会发展和"增长速度换挡""结构调整阵痛""前期刺激政策消化"所构成的"三期叠加"是对当前我国经济社会发展"新阶段"面临挑战的绝佳概括。在"三期叠加"所带来的连锁效应影响下，更高质量、更高效率的创新驱动作为"出路"性战略已势在必行，政府、市场、社会各个主体之间，地域各个地区之间，城市与乡村之间，各类政策措施之间的有效合作、协调、协同、联动作用发挥成为关键，绿色发展、生态保护这条发展底线日渐清晰并日益抬高，更好地、更实际地契合经济发展"三大战略"面向全国、面向全球的融入性开放发展契机，以及目标性更强的、代表着党和国家发展意志、人民发展意愿的"共享发展"，无不要求新的历史时期的发展需要以更有效的促进政策、更高效的公共服务推动更切实的改革措施。

　　重庆作为我国全面深化改革的前沿阵地，"三期叠加"现象表现得尤为明显。

　　首先，直辖以来重庆经历了长达 18 年的长期稳步增长过程，已经进入增长速度换挡期。1997—2012 年地区生产总值的年平均增速在 12.3% 左右，在"十二五"的开局之年——2011 年，重庆市地区生产总值增长速度更是达到了 16.4%，增幅跃居全国第一，达到了 2000 年来的最高峰值，之后便开始下滑，以年均两个百分点的速度下降到 2014 年的 10.9%，2015 年稍有回升（11.0%）。"十二五"期间，重庆市地方生产总值增速年平均下降速率 0.092。在"十三五"时期，无论是国内经济态势还是全球经济形势，经济新常态带来的更广范围、更深层次的下行压力，只会增加、不会减小；更广范围、更深层次的结构调整，只会增加、不会减小；更广范围、更深层次的全面改革举措、改革效应，只会增加、不会减小。在这样的大背景下，无疑给重庆市经济社会发展造成了巨大挑战，无疑为重庆市经济社会发展创造着巨大机遇。加之经济发展客观规律的决定性作用，以及重庆的发展轨迹上得到的明显验证，都表明重庆市经济增长速度换挡不仅是大势所趋，更是命运所系。

其次，伴随从传统工业重镇向"西部地区的重要增长极、长江上游地区的经济中心、城乡统筹发展的直辖市"升级发展的是结构调整的阵痛。重庆是国内较早开展经济结构调整的地区之一，经过多年努力，三次产业结构从直辖时的 20.3∶43.1∶36.6 调整为 2015 年的 7.3∶45∶47.7。第一产业所占比重下降 13 个百分点，在数据绝对值上看，有 11 个百分点的产值结构转移到了第三产业。同时，非公有制经济增速明显，占比达到 61.3%，其中，民营经济增长更为突出，已经接近重庆市经济的一半，达到 49.7%。尽管政府工作报告中的表述从"加快产业结构调整"转变为"产业升级步伐加快"，从中看不出丝毫"阵痛"。但是，从"十二五"的数据来看，2011—2015 年全部工业增长速度下滑明显，已经从 2011 年的 22.2% 降到 2015 年的 10.5%。甚至在 2015 年，规模以上股份制合作工业企业总产值同比下降 10.3%、规模以上工业主要代表性产品（如笔记本计算机、打印机、轿车、摩托车）的产量同比下降 6.7% 的情况，全年货物进出口总额比上年下降 21.3%，结构调整影响较大。经济增速换挡不可避免，结构调整的主动选择面临新形势必然带来的阵痛更加不可避免。一方面，经济下行新常态和全面深化改革的不适应、经济新结构与"互联网+"时代发展环境不适应、政治体制等改革与经济发展新形势不适应等问题更加严重。所有这些，在"十三五"期间，都会直接转化为缩小政策体系快速变化与制度体制相对滞后之间距离的巨大阻碍。另一方面，重庆市第三产业增加值占比已经超过第二产业，民营经济比重占到近一半，金融和服务贸易等现代服务业增长快于一般服务业。在一般服务业仍然是重庆市服务业发展的主导力量的同时，各个产业发展对现代服务业的需求和发展依赖更加明显，金融等现代服务业和高新技术等新兴服务业发展程度还难以形成足够的力量和能力支撑其发展，其缓解结构调整和产业升级所带来的阵痛的效用并不明显，且相对缓慢。

再次，增长速度换挡和经济结构调整都要求发展动力的强劲持续性与"创新要素集聚不足，创新驱动能力较弱"之间的矛盾更加突出。从创新主体来看，在 193.79 万户的各类市场主体中，有 132.45 万户是个体工商户，占 68.3%，而企业作为主要的创新主体，占比仅有 30%，其中还有 76.6% 的企业是微型企业，有效期内高新技术企业仅 1035 家，平均拥有高新技术产品仅为 1.3 个；市内国家级重点实验室仅有 8 个，仅为全国的 2.3%。从研究与实验经费投入与创新产出来看，重庆市 2015 年全年研究与试验发展（R&D）经费支出在已经增长 18.9 的情况下占全市地区生产总值的比重仅为 1.53%，远低于全国平均水平；有效专利中仅有 13.5% 为发明专利。从市内全员劳动生产率来看，2011—2014 年，以年均 1.25% 的速度下降。由此可见，重庆市在创新主体培育与发展、创新资金投入与分配、创新成果转化与应用等方面还存在较大问题。尤其是创新资金分配因缺乏引导力、针对性而对创新能力的提升效果并不明显。这些问题的存在，使得无论是速度换挡还是结构调整，都缺乏创新这一新驱动的支撑。在这样的情况下，速度换挡和结构调整带来的负面阵痛效应会更加明显。

最后，速度换挡和结构调整的两个"不可避免"不仅要面临多年积累的深层次矛盾和问题，而且还会在其作用下表现出更加激化和更加突出的趋向，尤其是政策引导性、迟滞性、周期性等特点和政策消化滞后性，在经济下行压力下表现得更加明显。传统经济增长所依赖的"三驾马车"驱动，经过几十年的发展，集中了较为完整的政策体系、制度体制和相应的运作机制，在更加强调"创新发展"驱动的新时期，要实现从"三驾马车"驱动到新老驱动力相互协同的格局会因政策等制度的迟滞性、周期性而形成缓慢，从而造成一定的"政策中空"或明显的"政策性不适应"。因此，结构转型并不会迅速带来产业联动，反而会压缩深化改革和政策转变的空间，尤其表现在两个方面：一是技术进步并没有足够的能力支撑原有传统经济实体适应在"互联网+"时代的产业升级，技术储备和创新能力不足、投入不够、人才缺乏和科技贡献率低、成果转化弱等问题、财政收入增速放缓与民生刚需增加矛盾更加突出，政府职能转变和政风建设长效机制形成缓慢等问题会更加突出，使前期刺激政策消化期继续拉长，这个化解多年来积累的深层次矛盾的必经阶段仍然是困难重重。二是转型过程中第一产业向第三产业的转移、非公有制经济尤其是民营经济的迅速发展及其伴随的农业剩余人口转移会对城市尤其是城市公共服务、就业机会的配套增加造成巨大压力，它与驱动力转向、经济新常态下的公共财政增速放缓而相对趋于紧张等因素相遇，会形成对社会民生的稳定、持续发展的不利因素。

综上所述，"十三五"期间，重庆市经济社会发展的矛盾点就汇聚在保持"增强活力"与"保持稳定"平衡上。当前来看，"增强活力"必须依靠"大众创业万众创新"，"保持稳定"必须保证公共服务的稳定、持续、有效供给。这样问题的关键就在于如何实现"双引擎"的平衡与稳定。然而，能承担这一任务、承载"双引擎"的平台就是"创业公共服务"，还必须保证"创业公共服务"向适应地区发展的"均等化"靠近，才能在产业之间、城乡之间、政策稳定与有效之间、制度创新与活力激发之间形成良性互动格局，才能保证速度换挡可控、结构调整有序、创新发展有效。从而，促进重庆市创业公共服务均等化的整体思路就是在承载"双引擎"的基础上，通过相应的创业公共服务均等化过程将"双引擎"动能转化为切实的生产力。

第一节　促进重庆市创业公共服务均等化的基本特征

一　"二级差距"是促进重庆市城乡创业公共服务均等化的基础环境

在第五章中已经对重庆市大城市、大农村、大山区、大库区并存的城乡差距和重庆市创业公共服务的城乡差距作了详细的分析，重庆经济社会发展从阶段上看仍处于欠发达阶段，从整体发展状况看仍然属于欠发达地区，并进一步得出重庆市城乡创业公共服务既存在"一圈"与"两翼"之间整体的城乡"一级差距"，也存在城市与广大乡村的城乡"二级差距"的结论。但是，无论是"一级差距"，还是"二级差距"，差距来自于地域本身的自然禀赋和历史积淀，如此巨大的"差距"在短时间内是无法明显缩小的。对于"创业公共服务均等化"本身来说，"平均主义"是不可能的也是没有必要的。它的本质在于为地方经济活力的增长提供必要的、与之相适应的条件和相对公平的机会，使人们能够在创业过程中为发展成果贡献智慧和力量，能够分享与其贡献一致的发展成果。因此，对于促进重庆城乡创业公共服务来说，巨大差距是其发展必须面对的基本情况，更是进一步推进和促进重庆市创业公共服务在"城乡"之间的"均等化"的基础环境。承认和主动应对这个基础环境，是制定均等化推进策略、展开突破行动的首要环节。2013 年 9 月，中共重庆市委四届三次全会审议通过了《中共重庆市委四届三次全会决议》等三个重要文件，明确把"科学划分功能区域、建设五大功能区"定位为谋划重庆市科学统筹协调发展的一项全局性、战略性、基础性的格局规划，重点解决各区县功能定位不明确、同质化发展、招商引资无序竞争等突出问题，主动承担长江上游生态屏障的生态环境保护责任和任务，着力保障改善民生。可以说，"五大功能区发展规划"就是在承认城乡差距、立足"一圈两翼"区域发展战略的基础上，依据"大城市—大生态"的发展思路，制定的区域性统筹协调的、可行性发展方案。这为促进重庆市创业公共服务均等化发展打开了新的思路、找到了新的路径，甚至是提供了"均等化"的更大可能性。

二 整体进程滞后是促进重庆市城乡创业公共服务均等化的总体形态

重庆市城乡创业公共服务均等化的整体滞后是一个相对概念。它有三个方面含义：一是相对于重庆市创业创新的发展趋势、发展需要而言，重庆市创业公共服务供给范围、供给水平和供给质量尚不足以满足重庆市创业创新发展趋势的需要。市场主体的增加是创业公共服务供给的主要评价指标，在一定程度上直接反映地区创业公共服务的产出效能。"十二五"期间，重庆市市场主体增加102万户，年均增长率超过20%，成绩斐然。但是，如果与"创新要素集聚不足，创新驱动能力较弱"的现状比较就会发现，每年增加的市场主体以个体工商户为主，新增小微企业占比不足50%，创新型市场主体占比更低，创新驱动发展的能力和格局尚未形成。在这样的情况下，大量创新创业引导资金流向偏门，对创新型企业的支持力度相对减弱；同时，创业公共服务的获取程度还受到行政审批程序等诸多限制，大量的创业主体很多还被拒之创业公共服务门外或不能满足他们的切实需要，创业公共服务引导、鼓励和支持创业创新的功能尚未得到有效发展。这都与重庆市城乡创业公共服务均等化的水平有很大关系，最终又成为导致重庆市城乡创业公共服务均等化整体进程滞后的主要因素，并且这样的恶性循环还将会进一步深入。二是相对于重庆市转变增长方式、升级产业发展的需要而言，无论是寻找新的经济增长点以保证经济持续增长与稳定，还是产业转型升级、加速新兴产业发展以提高产业统筹协调科学发展，或是二者必然带来的劳动力等生产资料的转移和承接，对创新活力和创新能力的需求都是刚性的。尤其是重庆市调结构、转方式、升产业的进程正在加快，随之而来的"转移—承接"过程大致包括三个方面：东部地区转移到重庆地区、"五大功能区"规划实施过程的区域内转移（如都市功能核心区、都市功能拓展区部分传统服务业向城市发展新区转移、两翼地区不符合生态涵养或保护标准的产业向城市发展新区转移等等）、国有大中型企业部分生产能力转移到非公有制企业。"承接地"面临转移出来的项目、就业、创新等巨大压力，同时也要面临传统产业所带来的其他有关资源、环境等影响，没有高质量的创业公共服务及其均等化来缓解压力、减小阻力这是很难在稳增长的前提下完成的。三是相对于重庆市城乡创业公共服务均等化本身而言，需要在经济新常态下进行供给侧结构性改革和打造"大众创业万众创新"、公共服务"双引擎"二者真正转化为生产力之前建立"转化缓冲带"，而当前重庆市创业公共服务的供给范围、项目、水平和质量还不足以构建这一缓冲带，"承接地"——城市发展新区，正好是创业公共服务供给的薄弱地区。另外，重庆市城乡创业公共服务均等化还存在着"两翼"地区和广大乡村地区的巨大短板，直接拉低重庆市城乡创业公共服务均等化的整体水平，阻碍着重庆市城乡创业公共服务均等化的进一步深入和深化。

三　新型城镇化是促进重庆市城乡创业公共服务均等化的承接平台

新型城镇化是我国现代化的必由之路，是扩内需、调结构的最大潜力所在，也是解决"三农"问题和实现城乡一体化发展的重要途径。对于促进重庆市创业公共服务的均等化来说，新型城镇化还是其向前推进和发展的最好承接平台。重庆市所规划的"城市发展新区"是承接农业部门转移人口的主要地区，今年公布的《重庆市人民政府关于进一步推进户籍制度改革的实施意见》中确定了"以产兴城聚人""实施差别化引导""综合配套"等原则，重庆市新一轮新型城镇化是增强城镇就业和公共服务能力的重要举措，使重庆市新型城镇化拥有更大的吸引力。意见中指出，"五大功能区"中的城市发展新区是未来城镇化的主战场和城乡转移人口的主要承接地；同时，该地区还是重庆未来经济转型、结构调整、产业优化、创新创业的主战场。因此，在城市发展新区，这个承接平台的作用更加明显，使重庆市新型城镇化在三个方面为城乡创业公共服务均等化搭建平台。一是政策平台，伴随转移产业与转移人口承接地、产业创新园区、公共服务加强区而来的是一系列配套政策措施的支持，不仅是重庆市城市发展新区，而且在广大的新城镇，都将迎来一批利好政策，支撑打造出一批符合功能区规划的发展高地；二是市场平台，与重庆市功能区规划相配套的是分布在各个区县的战略发展高地，借助"大众创业万众创新"东风，各种生产要素闻风而动，形成巨大供需市场，为打造众创、众包、众扶、众筹等平台，提供广阔的市场和发展机会，推动生产经营方式变革、产业升级改造和新产业、新业态、新模式的发展；三是人才平台，政策与市场的引力，尤其是"双创"平台和新的户籍政策的紧密结合，城市发展新区定位与增加公共服务供给"引擎"的相互促进，将形成对人才的巨大聚合力。

四　扶贫脱贫是当前促进重庆市城乡创业公共服务均等化的最大契机

在重庆市 38 个区县中有国家级贫困县 14 个，占到重庆市总区县数量的 36.8%，超过三分之一。2015 年新一轮建档立卡工作中，重庆市共识别贫困人口 165 万人、贫困家庭 48 万户、贫困村 1919 个。存在如此大数量的贫困地区、人口及其集中分布不仅是重庆市如期完成"314"部署"一个目标"（在西南地区率先全面建成小康社会）的巨大短板，而且是重庆市创业公共服务城乡差距巨大的重要原因。扶贫攻坚已经成为重庆市当前工作任务的重点之一，是贫困地区的核心工作。重庆市已经建立了"社会扶贫、整村扶贫、搬迁扶贫、产业发展扶贫、外资扶贫、信息扶贫、金融扶贫"等多种扶贫方式，同时配备教育培训、信息、金融等方面的配套措施。可以发现，这些方式和措施与创业公共服务是基本契合，甚至吻合的；如此大力度的在贫困地区开展扶贫脱贫，将极大地推动当地创业公共服务的发展，这与城乡创业公共服务均等化的目标也是高度吻合的。尤其是在广大农村地区建立"淘宝村"等措施，不仅将大力推动重庆市乡村基本公共服务（包括创业公共服务）建设和城乡创业公共服务均等化的进程，而且能够对回引农民工返乡创业形成巨大引力，进一步解决重庆地区"老人农业""孤寡老人""留守儿童"等社会问题。因此，在创业公共服务尚未从基本公共服务中完全独立的情况下，扶贫脱贫的可持续性保证将有绝大部分涉及创业公共服务及其均等化。对 A 县的实证调查过程更加清晰地说明扶贫脱贫是当前促进重庆市城乡创业公共服务均等化的最大契机。

五　政府主导是促进重庆市城乡创业公共服务均等化的基本模式

重庆市全力打造的相对完善的技术、信用、融资、市场、孵化等各类创业服务平台和服务机构已经成为重庆市创业公共服务的基本框架，本书所构建的重庆市创业公共服务均等化评价指标体系中的八项基本项目在重庆已经有不同程度的发展，其均等化持续向前推进的态势也已经基本明朗。但是，明显可以看出，重庆市城乡创业公共服务均等化的促进和推进过程是建立在政府主导的基本模式之上的。在2012年，重庆市用于一般公共服务和社会保障与就业方面的财政支出已经接近700亿元，基本达到重庆市地方财政收入的五分之一，并以年平均24.4%的速度增加，这还不是财政用于创业公共服务的所有项目。据了解，重庆市2012年用于创业公共服务的资金接近800亿元。同时，重庆市供给创业公共服务的主要机构是以市、区县、街道（乡镇）等行政机构和部门为主，设在村（居委会）等自治组织的公共服务中心、全市所有街道（乡镇）和社区、91.7%的行政村建立的服务网络和中小企业协会、微型企业协会等民间组织也带有极强的行政机构色彩，或与政府机关有经费方面千丝万缕的联系。另外，持续进行的扶贫、脱贫项目中产业扶贫、创业脱贫措施也是由政府机构和公共财政支撑的。可见，政府主导仍然是促进重庆市城乡创业公共服务均等化的基本模式，政府机构、与政府关联密切的组织团体是这一模式的基本推动力量。

2015年11月党的十八届五中全会的胜利召开和第十三个五年规划建议的出台，提出了"破解发展难题，厚植发展优势"的"五大发展理念"。其中，创新是引领发展的第一动力，是国家发展全局的核心，尤其是强调创新在"培育发展新动力、拓展发展新空间"方面的重要地位。要求深入实施创新驱动发展战略，从强调单一领域或多个领域的创新，拓展至全领域、全方位、贯穿一切工作的创新，要"让创新在全社会蔚然成风"。创新驱动战略的核心动力就是由"大众创业万众创新"和公共服务、公共产品供给所构成的"双引擎"，"双引擎"的成功打造也是实施创新驱动战略的首要环节。已经可以确定的是，创业公共服务正是"双引擎"的润滑剂，创业公共服务均等化是其传动轴。"双引擎"能否正常运转、能否将动力传送至创新主体，都将取决于创业公共服务的供给质量和供给水平，取决于创业公共服务均等化的发展程度。然而，对于重庆市来说，城乡之间的创业公共服务巨大差距是阻碍重庆市创业公共服务发展水平和发展质量提升的主要因素，创业公共服务具有的降低创业创新成本和降低创业创新风险的功能尚未有效得到发挥。尤其是在"大众创业万众创新"方面，还存在着重庆"两翼"和广大乡村创业公共服务缺失严重的巨大短板，"大众创业、草根创富"的激情尚未被有效促燃，创业的主体存量和创新基数还十分有限。这都难以满足"双引擎"的正常运转和有效动力的实现。因此，重庆市城乡创业公共服务均等化进程滞后已经成为重庆市新时期实施创业驱动战略的梗阻。

综上所述，重庆市创业公共服务在城乡之间的巨大差距，尤其是在"两翼"地区和广大农村地区已经形成不得不解决的巨大短板。这不仅直接影响着重庆市城乡创业公共服务均等化的整体进程，也是重庆市扶贫脱贫的主要战场，也构成重庆市推进新型城镇化的主要对象。因此，在重庆市推进城乡创业公共服务均等化，尤其是以短板地区服务水平和质量的提升为重点的阶段性倾斜式均等化，以此打造"短板"地区"双创"平台和提高"双创"势能，"全面协调、主抓短板"才是根本之策。

第二节　促进重庆市城乡创业公共服务均等化的基本原则

在第一章的论述中，已经明确：创业公共服务应当成为基本公共服务的一个重要项目，应当从原来的就业公共服务中独立出来。创业公共服务已经成为重庆市在"十三五"时期和未来很长一段时间经济社会发展的重要抓手。不仅要以创业带动就业，更要以创业带动人民群众创富、创新，形成创业型经济和创业型社会，为打造创新型城市奠定基础；不仅要把创业作为经济结构调整期、发展速度换挡期的经济主体和存量填充，更要把创业型经济作为重庆市未来经济增长的新逻辑，要把创业创新作为经济发展的支柱力量；不仅要把创业公共服务作为打造大众创业万众创新和公共服务、公共产品双引擎的重要步骤，更要让它充分释放缩小城乡差距、促进社会公平的能量，解决重庆市经济社会发展存在的城乡二元结构困境。促进和推动创业公共服务及其均等化是牵一发而动全身的关键节点，是关系到重庆市在新时期发展的动力是否强大、潜力是否足够、耐力是否持久的关键环节。因此，促进重庆市城乡创业公共服务均等化必须站在重庆市经济社会发展全局的高度，立足城乡二元结构的基本前提，把握"全面协调、主抓短板"实现创业创富创新的基本思路，考量促进重庆城乡创业公共服务均等化的基本原则。

首先，坚持人民主体地位。大众创业万众创新引擎旨在激发亿万国人创业热情、创富激情、创新活力；公共服务、公共产品引擎旨在使全体人民在共建共享发展中有更多获得感。创业公共服务作为"双引擎"的润滑剂，创业公共服务均等化作为"双引擎"的传动轴，对象直指人民，服务好、维护好、发展好人民的创业热情、创富激情、创新活力是创业公共服务及其均等化的根本目的。因此，必须坚持人民的主体地位，坚持以人民为中心的发展思想，把服务人民创业、促进人民创富、鼓励人民创新作为创业公共服务及其均等化的出发点和落脚点，突出机会公平、资源共享、自身发展能力提升，保障人民平等参与、平等发展、自由全面发展的权利，充分调动人民群众的积极性、主动性和创造性。

其次，坚持科学发展、协调推进。重庆市推进城乡创业公共服务均等化难度巨大、任务众多，这是谋划促进重庆市城乡创业公共服务均等化进程的基本依据。必须坚持科学发展、协调推进的原则，"全面协调、主抓短板"，把握重庆市城乡创业公共服务均等化的整体进程，结合精准扶贫、精准脱贫的重点任务和新型城镇化的重点目标，以纵向上的"阶段性分层"推进为主线，实施阶段性倾斜式均等化策略，提高短板地区创业公共服务水平和创业公共服务质量；以横向上的"全面协调"推进为重点，采用因势利导、创新供给的方式，满足高层次服务需求，以补齐和解决"两翼"地区和广大农村地区已经存在的巨大短板为中心，在打造"短板"地区"双创"平台的同时，提高"双创"势能，实现更高质量、更有效率、更加公平、更可持续的均等化发展。

再次，坚持市场在资源配置中的决定性作用和更好发挥政府作用。城乡创业公共服务均等化的出发点和核心是提升人民生存和发展的可行能力，实现人民的自由发展，注重人民创业技术水平、能力素质的提升和人民创业企业的发展，从外部对创业主体（包括潜在创业主体）施加的积极影响，以创业创新的方式增加市场经济主体存量，增强市场活力和经济发展能力，就城乡创业公共服务均等化本身而言，其作用是辅助性的，是鼓励创业和服务创业的外部影响因素。服务不能代替发展，均等的服务更不是发展。因此，必须坚持市场在资源配置中的决定性作用，健全社会主义市场经济体制机制，健全市场竞争能力和淘汰机制，坚持更好发挥政府作用，实行政府主导的城乡创业公共服务均等化供给模式，让创业创新主体在市场竞争中不断提高自身发展能力和创新水平的同时，在政府政策的鼓励和引导下健康发展。

最后，坚持"两个统筹"。从地域层面上，坚持区域统筹和城乡统筹。结合重庆市五大功能区划，在重庆市整体范围内统筹"一圈"与"两翼"的创业公共服务供给，高层次创业公共服务项目重点在"一圈"中发展推进，尤其是城市发展新区，并适当向"两翼"地区倾斜，普及式、惠利式的中低端创业公共服务项目则重点在"两翼"地区发展推进，破解重庆市创业公共服务的"一级差距"；结合区县特色，实施纵向上阶段性分层和横向上全面协调相结合的推进策略，有差别地从广度和深度上协调促进城乡之间创业公共服务均等化。在资源分配层面上，坚持人力资源、技术资源、资金资源等要素资源和政策等公共资源的统筹协调，既要保证有限资源的高效利用，又要保证资源二次配置与发展战略、地区差异相配套、相协调，保证效率的同时，更加注重公平。

第三节　促进重庆市城乡创业公共服务
均等化的主要目标

2007 年 6 月，国务院批准设立"成渝全国统筹城乡综合配套改革试验区"，是我国统筹城乡发展进程的重大部署，标志着重庆市城乡统筹建设方面已经被纳入国家战略试点。这不仅表明重庆城乡发展差距在全国范围内具有典型性，更体现重庆市在未来很长一段时间内必须把城乡统筹发展作为经济社会发展的核心目标之一。促进重庆市城乡创业公共服务均等化作为重庆市经济社会发展的重要抓手，承担着在"三期叠加"时期转移产业、就业、技术创新和创造新的经济增长点、提高城乡居民收入、促进城乡一体化发展等重任，尤其是提高乡村居民自我发展能力，让创业公共服务及其均等化充分发挥缩小城乡差距、促进社会公平的能量，解决重庆市经济社会发展城乡二元结构困境。因此，促进重庆市城乡创业公共服务均等化不仅是本课题的总目标，而且是重庆市城乡统筹发展的分目标，必须将其纳入"成渝全国统筹城乡综合配套改革试验区"的建设大局之中。

"十三五"时期不仅是我国发展的重要战略机遇期，也是重庆市实现"314"重要部署、率先在西南地区全面建成小康社会的战略发展期，更是破解发展矛盾叠加、风险隐患增多等严峻挑战的关键时期。因此，要实现促进重庆市城乡创业公共服务均等化这个总目标，并将其统筹于"成渝全国统筹城乡综合配套改革试验区"建设大局中，必须以"十三五"时期作为促进重庆城乡创业公共服务均等化的节点，将其分为两个战略阶段，具体设计安排促进重庆市城乡创业公共服务均等化的主要目标。

一　"十三五"期间的短期目标

在"十三五"期间，重庆市要完成构建促进重庆市城乡创业公共服务均等化体系的短期目标，这是完成全面推进城乡创业公共服务均等化的基本蓝图，也是搭建促进重庆市城乡创业公共服务均等化的总框架。具体从以下几个分目标入手。

（一）打造"一个高地"

促进重庆市城乡创业公共服务均等化必须首先把"一圈"地区打造为一个全框架辐射高地。以衔接层和提升层的创业公共服务项目为主要推进内容，全面提升重庆市创业公共服务的质量和水平。按照重庆市五个功能区域的划分，具体有以下任务目标：一是都市功能核心区是"一个高地"的顶层，重点打造以金融创新为特点的高端创业融资服务高地，以现代服务业和高端要素集聚为特点的高端创业公共技术服务高地；二是都市功能拓展区是"一个高地"的中间层，重点打造以科教中心为特点的高端创业教育培训服务高地，以综合枢纽和先进制造业集聚为特点的高端创业孵化高地；三是城市发展新区是"一个高地"的基础层，是重庆市未来工业化和城镇化的主战场，重要制造业、集聚新增产业和人口的重要区域，重点打造以各项政策和制度创新为特征的政策创新高地，以创业文化、创业信息辐射为特征的创业公共文化高地和创业公共信息服务高地，以创业基础设施完善为特征的创业基础设施高地，形成重庆市创业公共服务最为健全的辐射中心区域和重庆市创业企业增量最大、创业创富创新最有活力的创业创新中心。

（二）加速"两个转变"

创业公共服务及其均等化在"十三五"时期必须加速并在整体上完成"两个转变"：一是经济发展逻辑的转变；二是就业观念的转变。在经济发展逻辑方面，"十三五"时期也正是克服"三期叠加"挑战、实现经济结构调整和经济发展方式转变的关键时期，"三驾马车"驱动的传统经济发展逻辑在"十三五"时期已经不能适应经济转轨、换挡的需求，必须大力推进创业公共服务及其均等化，发挥其支撑"大众创业万众创新"和"公共服务、公共产品"双引擎的重要作用，以创业公共服务及其均等化促进创业活动的发生、支持创业企业的发展，为创新发展战略提供足够的、高效的创新主体，奠定以全面创新为特征的创业驱动发展战略的基础；必须转向并深入实施创新驱动发展战略，以科学技术引领创新、政府治理服务创新、市场主体主导创新、体制机制支持创新为重点目标和主要任务，使创新在经济发展中起主导地位，使创业创新成为驱动重庆市新时期可持续发展的主要动力。在就业观念方面，首先要完成从"吃皇粮""铁饭碗"的传统观念向"自主创业和自谋职业""以创业带动就业"的观念转变，重点在高校毕业生群体当中形成创业创新的浪潮，使高校毕业生从创业创新的潜在力量转变为创业创新的主体存量；而后要完成从"以创业带动就业"的观念向"创业带动创富""创业支撑创新""创业实现梦想"观念的转变，使创业的主要功能从带动就业向增加市场活力、加速经济增长、提高创新能力转变。

（三）建成"三个平台"

促进重庆市城乡创业公共服务均等化发挥作用的三个支点是"劳动力转移""产业升级创新""人力资本培育"，恰巧的是，这三个支点正好是重庆市在"十三五"时期面临的三大瓶颈。因此，必须将"三个支点"建成促进重庆市城乡创业公共服务均等化和破解重庆市改革发展瓶颈的"三个平台"。在平台建设内容方面，要建成"劳动力转移平台""产业升级创新平台"和"人力资本培育平台"，在农村剩余劳动力、产业结构调整升级溢出劳动力、"两翼"生态涵养和生态保护区劳动力、外来劳动力等群体转移，在产业结构向适应知识经济时代的知识、技术密集型产业升级，产业增长向创新驱动发展，在人力资源向技术含量高、能力适应性强的人力资本方向培育发展。在平台建设框架方面，以城市发展新区为"三个平台"建设的核心区域，充分挖掘其制造业、新增产业、人口集聚区的战略功能定位势能，充分发挥其政策创新高地、创业公共文化和公共信息高地的辐射作用，在"两翼"地区进行试点创新，逐步增强"两翼"地区创业公共服务支点平台建设能力和服务水准，从而提高"两翼"地区特色产业（尤其是特色服务业）的创业创新发展能力，进而保障"两翼"地区在生态涵养和保护的战略实施过程中不断提高服务生态产业发展的能力和自身发展水平。

（四）巩固"四个基础"

促进重庆市城乡创业公共服务均等化有四项基础工程，即创业公共基础设施的不断完善、创业主体的持续培育、激励创业的社会环境和良好的生态环境质量，创业公共服务项目中的八大项目都与这四项基础工程紧密联系，尤其是与创业公共基础设施服务、创业公共文化服务直接对应。"十三五"期间，重庆市有形的创业公共基础设施服务覆盖率要在"十二五"时期的基础上更上一层楼，达到行政村百分之百覆盖的要求，无形的创业公共基础设施服务要直达各个县镇、街道，做到每个乡镇街道都必须拥有有效的创业公共信息共享服务中心，两项指标的实际可获得人数占比达到百分之百，服务满意度不断提升；重庆市创业主体培育要从量的培育向质的培育跨越，更加注重创业主体在获得公共资源、公共政策等方面的机会、权利的平等，更加注重创业主体创新能力的提升、机会型创业的增加和技术创新、理念创新、经营模式创新等创新行为在创业活动中的贡献率提升；要形成人人想创业、人人鼓励创业、人人支持创业的良好社会环境，尤其是为创业者在创业的成与败中不断思考创业创新、总结创业经验提供宽容的社会环境，让创业失败者继续奋起、成功者健康发展；良好的生态环境质量是创业活动发生的基本考虑，尤其是在重庆市的五大功能区规划中无一例外的分配有生态环境保护和改善的任务。无论在任何时候，推进重庆市城乡创业公共服务均等化都必须将生态文明建设和生态保护设为首要任务。在"十三五"时期，都市功能拓展区要继续加固都市功能核心区的生态屏障，城市发展新区的大产业集聚区建设和城市建设的同时必须坚决贯彻人与自然和谐共生和现代山水田园城市的要求，渝东北生态涵养发展区和渝东南生态保护发展区则更要把生态文明建设和生态保护作为地区发展的首要任务。

（五）整合"五种资源"

创业过程很大程度上就是创业者整合资源的过程，创业公共服务及其均等化就是要利用公共服务配置资源的功能，在整体上为创业者整合资源创造条件，进而为创业活动和创业企业的健康、有序、快速的发展提供良好的基础，同时也是创业公共服务均等化的重要措施。在"十三五"期间，促进重庆市城乡创业公共服务均等化，必须整合以下"五种资源"。一是整合人力资源，在不同群体之间创造整合优势、形成合力，如高校毕业生群体可以以发展"创客空间"的路径凝聚创新思维、创新理念、创新技术优势，返乡农民工可以以"集群创业"的形式打造创业集群，凝聚工作技术经验进行技术整合创新；同时，还要在不同地域之间保障人力资源的有序流动，高中低端人力资源要形成以"劳动伙伴"为基本特征的"传帮带"和谐关系。

二是整合技术资源，已经掌握的技术资源在研究和应用过程中更加注重集成创新，不仅要在同行业中进行集成创新，而且要在不同行业不同领域中寻找共通之处作为衔接点，进行跨界组合创新。在"十三五"时期，要形成集成创新和跨界组合创新的长效机制，并适时激发原始创新。三是整合资金资源，主要是对民间资金资源投资意愿的激发，不仅要继续深入贯彻落实《国务院关于鼓励和引导民间投资健康发展的若干意见》，重庆市还要结合自身实际出台鼓励和引导民间资本投资的相关政策、制度、法规，通过扩大创业引导基金规模、税收政策优惠、完善民间资本投资退出机制、监管机制等途径，稳定和优化资本市场运行秩序。四是整合社会资源，主要是形成社会团体供给创业公共服务的大好趋势，由被动提供向主动服务转变，使更多的人参与到创业公共服务及其均等化过程中来。五是整合文化资源，主要是在重庆市特有的文化资源上下功夫，做足"巴渝文化""陪都文化""方言文化""库区文化""少数民族文化"等文化元素文章，结合特有的历史文化名城、名镇、名街、民族特色村落和历史建筑保护性开发利用，创造出具有重庆特色的文化创意产业，打造出文化型创业新模式。

（六）健全"六大制度"

发挥制度的广泛性、稳定性和长效性特征的作用，不仅是众多发达国家推进公共服务均等化的主要经验，而且也是我国实施城乡基本公共服务均等化过程的重要武器，更是政府主导的创业公共服务均等化模式的主要表现。因此，在"十三五"时期，要保证重庆市城乡创业公共服务均等化的顺利实施，必须不断健全"六大制度"，并使"六大制度"形成长期的、动态的完善机制。一是创业创新文化制度，就是不断在创业创新过程中，要把整合其中的优秀成果、产品或人物等材料，通过提炼加工和再创造形成具有更大影响力和社会效应、经济效应的文化产品的过程，形成重庆市鼓励创业创新的一项制度。二是重点群体扶持制度，即要把对重点群体的扶持及创业活动支持形成一项科学规范的制度，保障这一时期利用创业公共服务及其均等化为他们就业创业创富提供良好条件。三是次级金融创新制度，即在现有金融机构中形成专门针对创业者和中小微型企业资金问题而形成金融产品、服务创新的制度化流程和方式，并逐步形成促进各类金融机构合理分工、相互补充的金融服务体系。四是财税政策长效制度，即形成财税政策持续保证创业活动发生、创业企业发展成本不断降低的制度化规范，重点建立全面规范、公开透明的预算制度和向新创企业、创新产品倾斜的政府采购制度。五是科技创新转化制度，是推动政府职能从研发管理向创新服务转变、保证科技创新及时有效地转化为生产力的重要举措，重点是形成鼓励企业直接开展基础性前沿性技术创新研究的激励制度和鼓励政策。六是法规规章保障制度，即在不断完善相关法规规章的同时，建立依法用权、依法办事、依法创业的制度性规范，不断促进制度创新，从创业公共服务生产、供给的全过程，保障各项法律、法规、规范和政策的依法落实。

二　长期坚持的三大目标

不仅是在"十三五"时期，而且在未来更长的时间里，重庆市创业公共服务及其城乡均等化都应追求三个远大目标：一是着力打造创业型经济，使其成为经济发展的主导模式；二是创新型城市与创新型社会建设；三是人民生活水平和生活质量的不断提高。具体说来就是，不仅要把创业与就业联系起来，而且要把创业与创富联系起来，与创新联系起来，利用创业对知识、技术、管理、资本与文化等资源的整合、创新作用，凝聚对经济增长和创新的巨大推动，打造出具有灵活性、多样性、创新性特点的创业型经济，使创业成为一国或地区经济繁荣的基础，从而引发大众创业万众创新的双创新格局。创业创新成为社会的主流，从而使创业型经济取代传统经济发展方式，成为未来经济发展的主导模式，进而在创业创富创新的过程中，不断改善和提高人民的生活水平和生活质量。在这个过程中，还包含着人们对提高创业创富能力、激励企业家精神和鼓励创业、提升就业适应能力的追求过程。

第四节　促进重庆市城乡创业公共服务均等化的模式设计

综合之前的所有理论研究和实践分析，本章提出促进重庆市城乡创业公共服务均等化的基本模式，概括起来主要包含四个方面的内涵：一是政府主导，财政支撑；二是政策兜底，制度保障；三是中心辐射，多点扩散；四是主体多元，广泛参与。

首先，政府主导、财政支撑。这既是由重庆市当前城乡创业公共服务均等化的基本状态和阶段特征所决定的，也是由创业公共服务属于基本公共服务这一性质所决定的。政府职能的发挥和财政投入的支撑在这个过程中的作用是其他主体无法替代、无法比拟的，然而政府主导的主要渠道是不断增加创业公共服务及其均等化的财政投入、政策投入和公共资源投入。这样不仅能够最大范围地整合资源、最大限度地利用公共资源，而且能够使重庆市城乡创业公共服务均等化的整个过程都在规划范围内，并且发展阶段控制、发展目标调整、宏观发展监控都能够有序管理，创业公共服务的各个领域和各个项目都能够协调推进、全面发展。但是，这需要强大的政府治理能力和充足的公共财政规模。

其次，政策兜底、制度保障。重庆创业公共服务城乡之间的两极化发展特点与"大城市、大农村"的市情结合的结果是在重庆市的"两翼"地区及农村地区创业公共服务极其落后的现状，尤其是在率先全面建成小康社会而扶贫脱贫任务艰巨的情况下，必须进行政策兜底。通过实行偏向性政策和定向宏观调控，推进补贴式、利惠式创业公共服务，来提高落后地区及人民的自我发展能力和收入水平，从而保证落后地区的快速发展；同时，通过具有普遍性、长期性的制度，拉起创业公共服务均等化的底线，实现城乡之间创业起点上的基本权利、创业过程中的基本规则、创业结果上的利益公平。两个方面的兜底和底线保障着重庆市城乡创业公共服务均等化的整体水平随经济社会的发展而不断提高。

再次，中心辐射，多点扩散。重庆市"一圈两翼"的地域格局和发展格局决定了这个模式的产生。由都市功能核心区的高端创业融资服务高地和高端创业公共技术服务高地、都市功能拓展区的高端创业教育培训服务高地和高端创业孵化服务高地、城市发展新区的全方位基础辐射高地所构成的中心辐射区域是重庆市城乡创业公共服务均等化的"高点支撑"，由各个区县、乡镇打造的多个创业公共服务扩散点共同完成重庆市城乡创业公共服务均等化的"辐射—扩散"下行网络，结合政策兜底和制度保障所构成的基本底线上扬作用，从两个方向整体提升重庆市创业公共服务整体水平和服务质量。

最后，主体多元，广泛参与。这是利用创业公共服务本身所具有的产业效应和社会影响力，不断拓展和塑造创业公共服务的供给新主体。创业公共服务的众多项目，在政策引导鼓励作用下，其本身所包含着的盈利性功能的内容能够在市场发展过程中得到持续发酵，成功创业的示范作用和带动效应会凝聚出新的产业集聚能量，从而产生新的创业点、产业链和经济增长点。这不仅能够激发市场主体主动参与创业公共服务的积极性，而且能够加速创业公共服务多元供给的格局的形成。同时，创业公共服务本身所蕴含的公益性和社会效应，能够形成社会化组织发育和成长的良好环境，从而促进社会化组织的广泛兴起，继续为创业公共服务及其城乡均等化创造新的供给主体。

第五节　促进重庆市城乡创业公共服务均等化的具体策略

完成促进重庆市城乡创业公共服务均等化的总目标，必须建立与阶段性目标和基本模式相配套的长效机制作为实现目标的具体策略支撑。本书认为，必须从以下六个方面建立相应的机制。

一　健全促进重庆市城乡创业公共服务均等化的组织保障机制

李克强总理自上任之初，就十分强调对新的经济增长点的探索，最终他将目光投向创业创新，提出大众创业万众创新与公共服务、公共产品"双引擎"概念，各个职能部门闻风响应，纷纷出台相应的政策措施，从而引发国内不断高涨的创业浪潮。可见，为重庆市城乡创业公共服务均等化提供组织保障是何等重要。因此，必须及时转变政府职能，调整政府工作方式，把重庆市政府机构打造成为真正为创业而服务的主体。为此，有必要进一步厘清政府与市场的关系，使政府从微观经济的管理中腾出手来专心致志地加强区域管理和定向调控，继续深入实施行政体制改革，清除政府职能部门中职能交叉、职权缺位错位越位等情况，提高政府职能部门协同治理、协调运作的能力，为重庆市城乡创业公共服务均等化提供坚强的组织保障。

二　健全促进重庆市城乡创业公共服务均等化的需求表达机制

需求的有序表达和有效回馈是不断完善和促进重庆市城乡创业公共服务均等化体系的另一动力。有序强化基层党组织、社会自治组织和社会自治机构的工作能力，引导其成为人民群众需求表达的"传声筒"和意见表达者。同时，将重庆市促进城乡创业公共服务均等化"辐射—扩散"下行网络的每个节点建设成为群众创业需求和创业意愿的吸收器、分离器和转化器。通过广泛地吸收、差异化地分离、供给或反馈意见等环节，利用"辐射—扩散"下行网络本身所具有的层级结构，形成上下双向通道，建立畅通无阻的需求表达渠道。在这个过程中，政府作为主要的服务供给主体和唯一的制度政策输出端，必须积极主动地承担起需求表达机制构建者的角色，并通过自身职能的充分有效发挥，使整条需求表达与反馈链形成制度化规范化的法定程序，从而保障其有效落实和顺畅运行。

三　健全促进重庆市城乡创业公共服务均等化的政策促进机制

在全球创业观察项目的 GEM 模型中，政府有效的政策促进是保障创业活动广泛发生和创业企业健康发展的关键因素，在国际与国内的创业实践过程中，政府政策的支持与鼓励已经成为创业成功的重要条件。因此，不断健全重庆市城乡创业公共服务均等化的政策促进机制势在必行。可以通过需求表达机制的健全和完善，形成政策产生前的输入端口，使政策的制定过程更具针对性和时效性；通过不断健全和深化的社会主义民主体制，使政策的制定过程和结果凸显科学性、民主性；通过不断提升的政府治理能力和治理体系的现代化，使政策制定和落实更加高效、更加具有前瞻性；最后再交由创业公共服务均等化的反馈机制，使政府政策不断完善。这四个方面基本涵盖了政府政策运行的全部环节，从而构成健全重庆市城乡创业公共服务均等化的政策促进机制，持续为重庆市城乡创业公共服务均等化提供政策支撑。

四　健全促进重庆市城乡创业公共服务均等化的法律保障机制

法治是社会主义市场经济的内在要求，也是社会主义和谐社会的重要特征，更是政府主导的重庆市城乡创业公共服务均等化有序推进的根本保障，全面依法治国也是"四个全面"战略布局的重要内容。因此，必须加快形成完备的立法体系，加快创业公共服务重点领域的立法工作进程（尤其是在公共财税、公共金融等重点领域），不断提高各领域专业法律法规的协调与统筹，才能为创业公共服务及其城乡均等化有序发展、创业活动和创业企业的健康发展提供可靠的法律保障；必须加强创业法治体系建设，把创业公共服务及其城乡均等化和创业活动、创业企业发展的各个方面都纳入法治轨道；在整个社会层面，形成人人遵法、人人守法的法治习惯和人人弘扬法治精神、尊重司法的良好法治风气，不断完善创业创富创新权利的司法保障和对公共权力的司法监督体系，从而健全重庆市城乡创业公共服务均等化的法律保障机制。

五　健全促进重庆市城乡创业公共服务均等化的公共财政投入机制

在政府主导的重庆市城乡创业公共服务均等化过程中，公共财政投入支撑是创业公共服务及其城乡均等化持续推进和创业公共服务质量不断提高的重要保证。因此，必须建立与重庆市地方 GDP 增长同步的公共财政投入机制，从而保障为重庆市城乡创业公共服务均等化的政策引导性、鼓励性、支持性措施提供能够高效地转化为现实生产力的物质条件。继续深化财税体制改革，建立事权与支出责任相适应的财税制度，适度加强中央事权和支出责任，合理划分税种，理顺中央和地方财政收入划分；不断完善政府预算体系，加强预算规划管理，建立公开透明、系统规范的预算制度；继续健全和完善政府采购制度，使政府采购更多地体现国家政策功能和社会目标，并不断细化配套措施。从这三个方面入手，健全重庆市城乡创业公共服务均等化的公共财政投入机制，为重庆市城乡创业公共服务均等化的持续推进以及服务水平和服务质量的不断提高提供重要保证。

六 健全促进重庆市城乡创业公共服务均等化的绩效评价机制

重庆市城乡创业公共服务均等化绩效评价机制是评价重庆市创业公共服务供给主体服务水平和运作效率的重要依据，健全该机制必须从量化考核和综合评价两个方面进行，其重点放在量化考核上，尤其是政府服务绩效的量化考核。量化考核以促进重庆市城乡创业公共服务均等化评价指标体系为基础，结合政府和非政府服务主体的职能范围划分和权责划分，增加主体考核指标，使用李克特量表进行评价；在评价过程中，政府部门设置专门的评价机构，进行专项评价，并与干部年终考核和晋升考核挂钩，非政府机构可考虑引入第三方评价机构展开评价，并作为机构、组织资质等级评价参考或给予政治性荣誉。综合评价则可以直接使用促进重庆市城乡创业公共服务均等化评价指标体系展开问卷调查或约访访谈。另外，还可以增加专家评价环节。绩效评价的整个过程要形成制度化规范，建立创业公共服务绩效评价地方法规或规定，规定和规范半年度或年度定期量化评价与不定期综合评价的各个环节，使绩效评价纳入法治化轨道，以敦促各个创业公共服务主体不断提高服务效率、服务水平、服务质量和服务效果。

本章小结

本章主要解决了两个问题，一是提出促进重庆城乡创业公共服务均等化的基本思路，二是提出促进重庆城乡创业公共服务均等化的模式设计方案和具体策略。在基本思路的分析过程中，首先对重庆市城乡创业公共服务均等化的总体局势进行简要概述，进而概括出促进重庆城乡创业公共服务均等化的城乡差距大、整体进程滞后、扶贫脱贫提供发展契机、新型城镇化搭建平台、政府主导是基本模式五个特征。在此基础上，提出促进重庆城乡创业公共服务均等化的四个原则，认为必须坚持人民主体地位原则、坚持科学发展协调推进原则、坚持市场在资源配置中的决定性作用和更好发挥政府作用原则和坚持"两个统筹"原则。而后，提出促进重庆城乡创业公共服务均等化的主要目标，并重点分析"十三五"期间的短期目标，认为"十三五"时期，促进重庆城乡创业公共服务均等化必须打造"一圈"高地、加速经济发展逻辑的转变和就业观念的转变，必须建成"劳动力转移平台""产业升级创新平台"和"人力资本培育平台"三个平台，必须巩固创业公共基础设施的不断完善、创业主体的持续培育、激励创业的社会环境和良好的生态环境质量四项基本工程，必须整合人力资源、技术资源、资金资源、社会资源、文化资源等五种资源，必须健全创业创新文化制度、重点群体扶持制度、次级金融创新制度、财税政策长效制度、科技创新转化制度、法规规章保障制度六项制度。此外，还提出了促进重庆创业公共服务均等化应长期坚持的三大目标：着力打造创业型经济，加快创新型城市与创新型社会建设，不断提高人民生活水平和生活质量。在重庆城乡创业公共服务均等化政策建议方面，本章有针对性地提出促进重庆城乡创业公共服务均等化的政府主导、财政支撑，政策兜底，制度保障，中心辐射、多点扩散，主体多元、广泛参与的基本模式，最终从六个方面提出促进重庆市城乡创业公共服务均等化的具体策略，包括健全重庆市城乡创业公共服务均等化的组织保障机制、需求表达机制、政策促进机制、法律保障机制、公共财政投入机制和绩效评价机制。

参考文献

一　外文

E.S.Savas，"On Equity in Providing Public Services"，*Management Science*，Vol.24，No.8，April 1978.

Cantillon，R.，"The Circulation and Exchange of Good and Merchandise"，in Casson M. (eds.)，*Entrepreneurship*，Edward Elgur Publishing Ltd.，1990，Hants UK.

Jozef Konings，"Gross Job Flows and the Evolution of Size in U.K.Establishments"，*Small Business Ecomomics*，1995，7 (3).

Schumpeter，Josepn A.，*Business Cycles：A Theoretical，Historical and Statistical Analysis of the Capitalist Process*，New York：McGraw-Hill，1939.

Casson Mark，*The Entrepreneur：An Economic Theory*，Oxford：Martin Robertson，2nd.，Edward Elgar，2003.

William J. Baumol，"Entrepreneurship：Productive，Unproductive，and Destructive"，*Journal of Political Economy*，1990，Vol.98.

David Audretsch，Roy Thurik，"A Model of the Entrepreneurial Economy"，*International Journal of Entrepreneurial Education*，2004，Vol.2.

C. C. Van Praag，*J. S. Cramer.* "The roots of entrepreneurship and labor demand：Individual ability and low risk aversion"，*Economica*，2001.

Pall A. Samuelson，"The Pure Theory of Expenditure"，*The Review of Economics and Statistics*，*November*，Nov.，1954.

James M. Buchanan, "Federalism and Fiscal Equity", *The American Economic Review*, Vol.40, No.4, Sep., 1950.

Peter Zweifel, Christoph Zaborowski, "Employment Service: Public or Private?", *Public Choice*, Oct., 1996.

Stevenson, L. and A. Lundstrom, "Patterns and trends in entrepreneurship / SME policy and practice in ten economics", *Entrepreneurship Policy for the Future Series*, 2001, Vol.3, Swiedish Foundation for Small Business Research.

Klapper L., Laeven L., and Rajan R., "Entry regulation as a barrier to entrepreneurship", *Journal of Financial Economics*, 2006.

Phan Tuy, Euen Hansen, David Price, *The Public Employment Service in a Changing Labor Market*, 2001.

Sott L. Newbert, "New Firm Formation: A Dynamic Capability Perspective", *Journal of Small Business Management*, 2005, Vol.43.

Paul A. Samuelson, "The Pure Theory of Public Expenditure", *The Review of Economics and Statistics*, 1954, Vol.36.

Zoltan J. Acs and Pavid B. Audretsch (eds), *Handbook of Entrepreneurship Research: An Interdisciplinary Survey and Introduction*, Boston, Dordrecht and London: Kluwer Academic Publishers, 2003.

Jurgen Habermas, *Moral Consciousness and Communicative Action*, The MIT Press, 1990.

二 译著

［美］E.博登海默：《法理学——法哲学及其方法》，邓正来等译，华夏出版社 1987 年版。

［法］皮埃尔·勒鲁：《论平等》，商务印书馆 1988 年版。

［美］约翰·罗尔斯：《正义论》，何怀宏等译，中国社会科学出版社 1988 年版。

［英］约翰·穆勒：《功用主义》，唐钺译，商务印书馆 1957 年版。

〔美〕保罗·萨缪尔森、威廉·诺德豪斯：《经济学》，萧琛译，人民邮电出版社 2004 年版。

〔日〕谷口安平：《程序的正义与诉讼》，王亚新、刘荣军译，中国政法大学出版社 1996 年版。

〔美〕约瑟夫·斯蒂格利茨：《政府经济学》，曾强等译，春秋出版社 1988 年版。

〔美〕乔·萨托利：《民主新论》，冯克利、阎克文译，东方出版社 1998 年版。

〔法〕利奥塔：《后现代性与公正游戏》，谈瀛洲译，上海人民出版社 1997 年版。

〔英〕庇古：《福利经济学》，朱泱等译，商务印书馆 2006 年版。

〔英〕亚当·斯密：《国民财富的性质和原因的研究》，郭大力、王亚南译，商务印书馆 1981 年版。

〔英〕约翰·穆勒：《政治经济学原理及其在社会哲学上的若干应用》，胡企林、朱泱译，商务印书馆 1991 年版。

〔英〕安东尼·B. 阿特金森、〔美〕约瑟夫·E. 斯蒂格利茨：《公共经济学》，蔡江南等译，上海三联书店、上海人民出版社 1992 年版。

〔美〕彼得·F. 德鲁克：《创新与创业精神》，张炜译，上海人民出版社、上海社会科学院出版社 2002 年版。

〔美〕阿瑟·刘易斯：《二元经济论》，施炜等译，北京经济学院出版社 1989 年版。

〔美〕费景汉、古斯塔夫·拉尼斯：《劳力剩余经济的发展》，王月等译，杨敬平校，华夏出版社 1989 年版。

〔美〕弗雷德里克森：《新公共行政》，丁煌、方兴译，中国人民大学出版社 2011 年版。

〔美〕罗伯特·诺齐克：《无政府、国家与乌托邦》，何怀宏等译，中国社会科学出版社 1991 年版。

〔德〕阿克塞尔·霍耐特：《为承认而斗争》，上海人民出版社 2005 年版。

〔美〕沙弗里兹、海德合编《公共行政学经典》（英文版），中国人民大学出版社 2004 年版。

[美] F. W. 里格斯：《公共行政生态学》，商务印书馆 1985 年版。

[美] 罗伯特·B. 登哈特、珍妮特·V. 登哈特：《新公共服务——服务，而不是掌舵》，丁煌译，中国人民大学出版社 2010 年版。

[美] 道格拉斯·C. 诺思：《制度、制度变迁与经济绩效》，格致出版社、上海三联书店、上海人民出版社 2008 年版。

三　学术专著

中国（海南）改革发展研究院：《推进以基本公共服务为主线的农村综合改革》。

中国（海南）改革发展研究院编《基本公共服务均等化——新农村建设之重》，中国经济出版社 2007 年版。

迟福林：《以参与公共服务为主要目标的民间组织发展》。

中国（海南）改革发展研究院编《聚焦中国公共服务体制》，中国经济出版社 2006 年版。

胡振华：《创业经济学》，北京大学出版社 2013 年版。

樊继达：《统筹城乡发展中的基本公共服务均等化》，中国财政经济出版社 2008 年版。

联合国开发计划署：《中国人类发展报告（2007—2008）：惠及 13 亿人的基本公共服务》，中国对外翻译出版公司 2008 年版。

吴业苗：《城乡公共服务一体化的理论与实践》，社会科学文献出版社 2013 年版。

安应民等：《构建均衡发展机制——我国城乡基本公共服务均等化研究》，中国经济出版社 2011 年版。

石洪斌：《农村公共物品供给研究》，科学出版社 2009 年版。

高建、程源、李习保、姜彦福：《全球创业观察中国报告（2007）——创业转型与就业效应》，清华大学出版社 2008 年版。

吕新发：《农村基本公共服务制度创新——基于均等化目标下的

研究》，光明日报出版社 2012 年版。

任宗哲、卜晓军：《中国公共服务城乡均等化供给——基于制度分析的视角》，社会科学文献出版社 2013 年版。

陈广胜：《走向善治——中国地方政府的模式创新》，浙江大学出版社 2007 年版。

周放、文国伟：《重庆——充满活力的直辖市》，重庆出版集团、重庆出版社 2013 年版。

苗力田主编《亚里士多德全集》（第八卷），中国人民大学出版社 1992 年版。

蔡昉：《中国的二元经济与劳动力转移——理论分析与政策建议》，中国人民大学出版社 1990 年版。

蔡昉、王德文、都阳：《中国农村改革与变迁：30 年历程和经验分析》，格致出版社、上海人民出版社 2008 年版。

中国科学技术协会：《中国新农村建设创业能力研究报告》，中国科学技术出版社 2007 年版。

胡希：《创业公共政策研究——基于激励创业者进入的视角》，经济科学出版社 2010 年版。

李政：《创业型经济：内在机理与发展策略》，社会科学文献出版社 2010 年版。

张馨：《公共财政论纲》，经济科学出版社 1999 年版。

季陶达主编《资产阶级庸俗政治经济学选辑》，商务印书馆 2000 年版。

李燕凌：《中国农村公共产品供给效率论》，中国社会科学出版社 2007 年版。

方新：《创业与创新：高技术小企业的发展之路》，中国人民大学出版社 1998 年版。

张玉利主编《创业研究经典文献述评》，南开大学出版社 2010 年版。

徐同文：《城乡一体化体制对策研究》，人民出版社 2011 年版。

邓正来、郝雨凡主编《转型中国的社会正义问题》，广西师范大学出版社 2013 年版。

麻宝斌：《社会正义与政府治理：在理想与现实之间》，社会科学文献出版社 2012 年版。

王凤才：《蔑视与反抗：霍耐特承认理论与法兰克福学派批判理论的"政治伦理转向"》，重庆出版社 2008 年版。

任强：《公共服务均等化问题研究》，经济科学出版社 2009 年版。

彭文贤：《行政生态学》，台湾三民书局 1988 年版。

竺乾威主编《公共行政理论》，复旦大学出版社 2012 年版。

周志忍：《当代国外行政改革比较研究》，国家行政学院出版社 1999 年版。

俞可平主编《治理与善治》，社会科学文献出版社 2009 年版。

李军鹏：《公共服务学——政府公共服务的理论与实践》，国家行政学院出版社 2007 年版。

王浦劬等：《政治学基础》，北京大学出版社 2006 年版。

北京大学哲学系外国哲学史教研室编译：《十八世纪法国哲学》，商务印书馆 1963 年版。

世界银行：《2006 世界发展报告：公平与发展》，清华大学出版社 2006 年版。

四　中文期刊

韩志明：《公共服务均等化的空间政治学分析》，《探索》2009 年第 2 期。

贾康：《论分配问题上的政府责任与政策理性——从区分"公平"与"均平"说起》，《经济与管理研究》2007 年第 2 期。

江明融：《公共服务均等化论略》，《中南财经政法大学学报》2006 年第 3 期。

韩俊：《"十二五"时期推进城乡基本公共服务均等化的政策要点》，《理论学刊》2011 年第 7 期。

胡鞍钢：《中国需要进行第三次"解放农民"》，《发展》2002 年第 11 期。

彭秀丽：《社会企业理论演进及其对我国公共服务均等化的启示》，《吉首大学学报》（社会科学版）2009 年第 2 期。

武树帜：《发展城乡便民服务网络推动"创业就业"》，《中国行政管理》2013 年第 4 期。

姜仕国：《新生代农民工融入型就业问题分析与政策体系构建》，《中国就业》2012 年第 9 期。

周天勇：《释放红利从人口城镇化开始》，《中国人力资源社会保障》2013 年第 4 期。

竺乾威：《从新公共管理到整体性治理》，《中国行政管理》2008 年第 10 期。

洪虎：《"以科学发展为主题的'十二五'改革"》，迟福林主编《聚焦"十二五"改革——改革是加快转变经济发展方式的强大动力》，中国经济出版社 2011 年版。

五　中文学位论文

黄红华：《统筹城乡就业中的政策工具选择与优化》，博士学位论文，浙江大学，2009 年。

陈伙林：《中国农村劳动力转移的财政支持研究》，博士学位论文，西南大学，2011 年。

欧阳力胜：《新型城镇化进程中农民工市民化研究》，博士学位论文，财政部财政科学研究所，2013 年。

六　报纸

胡锦涛：《深刻认识构建社会主义和谐社会的重大意义，扎扎实实做好工作大力促进社会和谐团结》，《人民日报》2005 年 2 月 20 日。

《国务院减税降费助力小微企业和创业创新》，《中国青年报》2015 年 2 月 26 日。

李珩、吕思盼：《我市组建三大创业投资引导基金》，《重庆日报》2015 年 12 月 14 日第 2 版。

《重庆市深化体制机制改革加快实施创新驱动发展战略行动计划
（2015—2020 年）》，《重庆日报》2015 年 6 月 18 日第 7 版。

七　网络文献

中央政府门户网站：《中共中央关于加强党的执政能力建设的决
定》，http：//www. gov. cn/test/2008 - 08/20/content_ 1075279. htm，
2004 年 9 月 19 日。

中央政府门户网站：《国家基本公共服务体系"十二五"规划》，
http：//www. gov. cn/zwgk/2012 - 07/20/content_ 2187242. htm，2012
年 7 月 20 日。

新华网：《中共中央关于全面深化改革若干重大问题的决定》，
http：//www.sn.xinhuanet.com/2013 - 11/16/c_ 118166672. htm，2013
年 11 月 16 日。

中央政府门户网站：《国家新型城镇化规划（2014—2020 年）》，
http：//www. gov. cn/gongbao/content/2014/content_ 2644805. htm，
2014 年 3 月 16 日。

中国网：《中国财富集中度超美国，1% 的家庭掌握 41% 的财富》，
http：//news. china. com. cn/txt./2010 - 06/08/content_ 20205958. htm，
2010 年 6 月 8 日。

孙博洋：《"大众创业、万众创新"这波利好千万别错过》，人民
网，http：//finance. people. com. cn/n/2015/0311/c1004 - 26672945.
html，2015 年 3 月 11 日。

中国网：《中共中央关于建立社会主义市场经济体制若干问题的
决定》，http：//www. china. com. cn/policy/txt/2002 - 04/12/content_
9407527. htm，2002 年 4 月 12 日。

人民网：《中共中央关于构建社会主义和谐社会若干重大问题的
决定》，http：//cpc. people. com. cn/GB/64093/64094/4932424. html，
2006 年 10 月 18 日。

中央政府门户网站：《中共中央关于完善社会主义市场经济体制
若干问题的决定》，http：//www. gov. cn/test/2008 - 08/13/content_

1071062.htm，2008 年 8 月 13 日。

中央政府门户网站：《国务院关于印发"十二五"国家自主创新能力建设规划的通知》，http：//www.gov.cn/zhengce/content/2013 - 05/30/content_ 5186.htm，2013 年 5 月 30 日。

中央政府门户网站：《〈重庆市统筹城乡重点改革总体方案〉出炉》，http：//www.gov.cn/xinwen/2014 - 08/16/content_ 2735337.htm，2014 年 8 月 16 日。

中央政府门户网站：《国务院关于进一步做好新形势下就业创业工作的意见》，http：//www.gov.cn/zhengce/content/2015 - 05/01/content_ 9688.htm，2015 年 5 月 1 日。

中央政府门户网站：《李克强主持召开国务院常务会议部署推进公司注册资本登记制度改革降低创业成本激发社会投资活力》，http：//www.gov.cn/ldhd/2013 - 10/27/content_ 2516227.htm，2013 年 10 月 27 日。

中央政府门户网站：《李克强主持召开国务院常务会议决定削减前置审批推行投资项目网上核准释放投资潜力发展活力部署加强知识产权保护和运用助力创新创业升级"中国制造"》，http：//www.gov.cn/guowuyuan/2014 - 11/05/content_ 2775568.htm，2014 年 11 月 5 日。

中央政府门户网站：《李克强主持召开国务院常务会议确定新一批简政放权放管结合措施促进转变政府职能建设现代政府部署推广上海自贸试验区试点经验加快制定完善负面清单推动更高水平对外开放决定集中治理机关事业单位"吃空饷"问题堵上蚕食财政资金的黑洞》，http：//www.gov.cn/guowuyuan/2014 - 12/12/content_ 2790192.htm，2014 年 12 月 12 日。

中央政府门户网站：《李克强主持召开国务院常务会议确定规范和改进行政审批的措施提升政府公信力和执行力讨论通过部分教育法律修正案草案》，http：//www.gov.cn/guowuyuan/2015 - 01/07/content_ 2801882.htm，2015 年 1 月 7 日。

中央政府门户网站：《李克强主持召开国务院常务会议听取 2014

年全国两会建议提案办理工作汇报完善公共决策吸纳民意机制部署改革政府投资管理方式和转变职能便利投资创业规范市场秩序讨论通过报请全国人大授权在土地制度改革试点地区暂时调整实施有关法律规定的决定草案》，http：//www. gov. cn/guowuyuan/2015 - 02/06/content_ 2815941.htm，2015 年 2 月 6 日。

中央政府门户网站：《李克强主持召开国务院常务会议确定进一步简政放权、取消非行政许可审批类别把改革推向纵深部署推进国际产能和装备制造合作以扩大开放促发展升级决定试点对购买商业健康保险给予个人所得税优惠运用更多资源更好保障民生》，http：//www.gov.cn/guowuyuan/2015-05/06/content_ 2857691.htm，2015 年 5 月 6 日。

中央政府门户网站：《国务院关于加快科技服务业发展的若干意见》，http://www. gov. cn/zhengce/content/2014 - 10/28/content_ 9173. htm，2014 年 10 月 28 日。

中央政府门户网站：《国务院关于创新重点领域投融资机制鼓励社会投资的指导意见》，http：//www. gov. cn/zhengce/content/2014 - 11/26/content_ 9260.htm，2014 年 11 月 26 日。

中央政府门户网站：《李克强主持召开国务院常务会议决定设立国家新兴产业创业投资引导基金助力创业创新和产业升级部署加快发展服务贸易以结构优化拓展发展空间》，http：//www. gov. cn/guowuyuan/2015-01/14/content_ 2804136.htm，2015 年 1 月 14 日。

中央政府门户网站：《李克强主持召开国务院常务会议确定进一步减税降费措施支持小微企业发展和创业创新部署加快重大水利工程建设以公共产品投资促进稳增长调结构》，http：//www. gov. cn/guowuyuan/2015-02/25/content_ 2821764.htm，2015 年 2 月 25 日。

中央政府门户网站：《李克强主持召开国务院常务会议部署支持外贸稳定增长和优化结构有关工作确定进一步促进高校毕业生就业创业的政策措施》，http：//www. gov. cn/guowuyuan/2014 - 04/30/content_ 2669702.htm，2014 年 4 月 30 日。

中央政府门户网站：《李克强主持召开国务院常务会议部署进一

步扶持小微企业发展推动大众创业万众创新》，http：//www.gov.cn/
guowuyuan/2014-09/17/content_ 2751902.htm，2014 年 9 月 17 日。

中央政府门户网站：《李克强主持召开国务院常务会议确定支持
发展"众创空间"的政策措施为创业创新搭建新平台》，http：//
www.gov.cn/guowuyuan/2015-01/28/content_ 2811254.htm，2015 年 1
月 28 日。

中央政府门户网站：《五部门开展小微企业创业创新基地城市示
范工作中央财政给予奖励资金支持》，http：//www.gov.cn/xinwen/
2015-05/06/content_ 2857596.htm，2015 年 5 月 6 日。

中央政府门户网站：《2014 年政府工作报告》，http：//www.gov.
cn/guowuyuan/2014 - 03/14/content _ 2638989. htm，2014 年 3 月
14 日。

[31] 中央政府门户网站.新华时评：简政放权就应一放到位
[EB]. http：//www. gov. cn/xinwen/2014 - 08/20/content _ 2737707.
htm，2014 年 8 月 20 日。

中央政府门户网站：《中央本级 2013 年"三公"经费预算执行
和 2014 年预算安排情况》，http：//www.gov.cn/xinwen/2014-04/18/
content_ 2662397.htm，2014 年 4 月 18 日。

重庆市政府网：《重庆市 2013 年公众安全指数为 92.51%》，ht-
tp：//www.cq.gov.cn/today/news/2014/1/6/1177995.shtml，2014 年 1
月 6 日。

孙博洋：《大众创业万众创新：你我都是中国经济增长新引擎》，
人 民 网，http：//finance. people. com. cn/n/2015/0305/c1004 -
26643284.html，2015 年 3 月 5 日。

中央政府门户网站：《促进非公有制经济发展有哪些新举措?》，
http：//www.gov.cn/2013zfbgjjd/content_ 2365459.htm，2013 年 3 月
29 日。

《中国财政》杂志社：《关于 2013 年中央和地方预算执行情况与
2014 年中央和地方预算草案的报告》，http：//wcm.mof.gov.cn/pub/
newczzz/caijingziliao/caijingshuju/201407/t20140731 _ 1120821. html，

2014 年 7 月 31 日。

重庆市人力资源和社会保障网：《2012 年度重庆市人力资源和社会保障事业发展统计公报》，http：//www.cqhrss.gov.cn/c/2013－08－26/44139.shtml，2013 年 8 月 26 日。

重庆市政府网：《市科委启动实施"3 个 1000"专项行动加速培育创新主体》，http：//www.cq.gov.cn/publicinfo/web/views/Show！detail.action？sid=4023993，2015 年 9 月 30 日。

重庆市政府网：《把科技作为创新驱动的核心重庆加快推进四大重点举措》，http：//www.cq.gov.cn/today/news/2015/9/21/1393577.shtml，2015 年 09 月 21 日。

重庆市政府网：《市工商局联合重庆日报举办重庆市首届微型企业创业大赛》，http：//www.cq.gov.cn/publicinfo/web/views/Show！detail.action？sid=3931555，2014 年 10 月 23 日。

重庆市政府网：《重庆新增 11 海外人才创新创业项目》，http：//www.cq.gov.cn/today/news/2015/8/24/1389208.shtml，2015 年 8 月 24 日。

重庆市政府网：《关于实施重庆市大学生创业引领计划的通知》，http：//www.cq.gov.cn/publicinfo/web/views/Show！detail.action？sid=4055902，2015 年 12 月 10 日。

重庆市就业服务管理局网站：《泛海扬帆杯重庆大学生创业行动》，http：//fanhaiyangfan.org/www/index/。

重庆市政府网：《开年以来重庆市内资市场主体平稳增长》，http：//www.cq.gov.cn/publicinfo/web/views/Show！detail.action？sid=3808640，2014 年 3 月 1 日。

重庆市政府网：《2014 年上半年我市微型企业发展态势良好》，http：//www.cq.gov.cn/publicinfo/web/views/Show！detail.action？sid=3913281，2014 年 7 月 27 日。